整合管理系列丛书
ZHENGHE GUANLI XILIE CONGSHU

程宏伟 王 艳 丁 宁 等编著

财务管理
案例分析精要

CAIWU GUANLI ANLI FENXI JINGYAO

西南财经大学出版社
Southwestern University of Finance & Economics Press

图书在版编目(CIP)数据

财务管理案例分析精要/程宏伟主编 . —成都:西南财经大学出版社,
2010.6(2014.8 重印)

ISBN 978 – 7 –81138 –787 –2

Ⅰ.①财… Ⅱ.①程… Ⅲ.①财务管理—分析 Ⅳ.①F275

中国版本图书馆 CIP 数据核字(2010)第 115446 号

财务管理案例分析精要

程宏伟 王 艳 丁 宁 等编著

责任编辑:孙 婧
助理编辑:高小田 植 苗
封面设计:何东琳设计工作室
责任印制:封俊川

出版发行	西南财经大学出版社(四川省成都市光华村街 55 号)
网 址	http://www.bookcj.com
电子邮件	bookcj@foxmail.com
邮政编码	610074
电 话	028 – 87353785 87352368
印 刷	四川森林印务有限责任公司
成品尺寸	185mm × 260mm
印 张	14.5
字 数	315 千字
版 次	2010 年 6 月第 1 版
印 次	2014 年 8 月第 2 次印刷
印 数	3001— 5000 册
书 号	ISBN 978 – 7 – 81138 – 787 – 2
定 价	29.80 元

内容提要

　　本书直面中国上市公司快速发展中出现的主要问题，以企业声誉竞争力为主线，构建了财务管理案例分析框架，分别从财务成长与企业声誉、财务能力与企业承诺、财务整合与企业战略、财务危机与企业生存、财务风险与企业安全、财务流动与企业活力、财务赊销与企业竞争、财务分配与企业和谐、财务并购与企业扩张、财务腐败与企业治理等方面剖析了蒙牛、五粮液、国美电器等企业的财务管理问题。本书可作为高等院校经济管理类专业学生的财务管理案例教学教材，也可作为财务管理教材的案例分析内容，对于综合性案例教学具有更强的适用性。同时，本书可作为相关专业教师的案例教学与案例开发的参考书，也可供社会相关人士参阅。

前　言

　　探讨中国企业面临的现实环境并概括出中国企业财务管理理论是中国企业财务管理教学面临的核心问题。企业管理实践是企业财务管理生存与发展的土壤。借助于中国经济不断持续发展的大潮，市场体系的多层次、立体化发展使中国企业不断拓展财务管理的边界，并迫使财务管理的理论研究与教学从迷恋于验证西方资本市场经典模型中扭转过来，深入思考在21世纪的世界经济舞台上中国将演绎怎样的旋律，以及中国的财务管理研究与教学能够对世界作出怎样的贡献。

　　中国经济转型的特点决定了财务管理研究与教学需要更多的案例解剖。当我们将问题聚焦于揭示中国企业财务管理的内在逻辑时，我们需要的就是采用何种更合理的方式进行研究与教学。财务规律在相对稳定的环境中更易被挖掘，但在波动幅度较大的环境中更多表现出的是偏离均衡状态的异常财务行为。现实环境决定了案例解剖式的研究与教学更有利于认识现实问题，更有利于激发学生探索中国企业财务管理的问题，更能够培养学生在未来变革环境下的应变能力。

　　产业与财务分析是使财务管理案例分析具有现实解释力的有效方式。离开产业竞争分析，财务数字背后的真实意义将无法得到有效揭示。作为资源整合效果的财务数字，其内在逻辑恰恰不在数字本身，而是企业所在的产业链各种利益主体的博弈过程。通过产业链财务分析，财务利益可以更加直观地呈现出来，并直接指向企业的症结所在。

　　财务管理案例分析需要系统的框架，而不仅是对财务管理教材的补充。我们以企业声誉竞争力为主线，构建了一个财务管理案例分析框架。企业声誉是企业存在与发展的核心，企业声誉建立在企业履行承诺的基础上，而企业履行承诺的方式取决于企业依据战略对于资源的配置。企业的发展以企业生存为前提，要能够化解财务危机，释放财务风险，从而使企业安全。企业要发展，必须保持企业活力，并进行有效的企业竞争，在和谐中发展，并不断通过财务并购实现扩张。所有的一切都以企业治理为基础，否则财务腐败可以毁掉企业的一切。

　　企业发展的逻辑与财务管理的逻辑存在内在一致性，从而形成十大对应关系，即财务成长与企业声誉、财务能力与企业承诺、财务整合与企业战略、财务危机与企业生存、财务风险与企业安全、财务流动与企业活力、财务赊销与企业竞争、财务分配与企业和谐、财务并购与企业扩张、财务腐败与企业治理。十大关系以蒙牛乳业巨额亏损、阿继电器股改承诺、五粮液与茅台多元化经营战略、琼华侨资不抵债、中信泰富衍生品投资、国美电器营运资本管理、四川长虹巨额坏账损失、中石油股利政策、中铝公司海外并购、古井贡群体性腐败等企业案例为背景，综合运用了多种分析工具。

案例分析逻辑沿着个案问题导引、整体特征、个体财务分析、产业竞争分析、理论分析框架提炼等思路展开。为了使全书在保持整体性的同时具有相对独立性，案例分析采用了相似的分析路径，即由个案引发的具有普遍性的问题入手，以上市公司的总体特征描述为背景，对个案进行企业财务分析与产业竞争分析，最终概括出具有一般意义的理论分析模型，以增强对同类问题的解释能力。

本书是团队协作的结果。程宏伟主持撰写，提出总体撰写思路，负责全书理论框架构建与写作大纲设计，提炼各章的基本理论分析模型，选择各章案例分析对象，收集、筛选主要资料，并在各章撰写初稿的基础上对全书进行修改，最终定稿。本书各章的具体写作分工为：第一章，程宏伟、冯茜颖、赵平飞；第二章，赵平飞；第三章，覃琳、王艳；第四章，张永海；第五章，王艳；第六章，丁宁、梁晓路；第七章，王艳、刘丽；第八章，王川、丁宁；第九章，梁晓路；第十章，丁宁。

本书期望构建一个系统的财务管理案例分析框架，通过企业财务管理案例解析来阐述财务管理的主要内容，同时也探索财务管理案例教学的方式。对于书中存在的不当之处，恳请读者朋友批评、指正。

程宏伟

2010 年 1 月

目　录

3　财务整合与企业战略

4　财务危机与企业生存

1 财务成长与企业声誉
——蒙牛乳业声誉危机分析

1.1 引言

蒙牛乳业 2008 年亏损 9.2446 亿元，而 2007 年蒙牛乳业盈利 11.0865 亿元，2001—2007 年蒙牛乳业一直保持着 79.24% 的平均利润增长率。高速成长的蒙牛乳业为什么在 2008 年遭受巨额亏损？2008 年伊利股份、光明乳业分别亏损 17.3671 亿元和 2.6756 亿元。为什么出现行业性巨额亏损？

事件缘起于乳业危机。乳业危机的显露始于 2008 年上半年，国内陆续发现婴儿因食用三鹿牌婴儿奶粉致患肾结石病例。2008 年 9 月 11 日，三鹿承认部分批次婴幼儿奶粉受三聚氰胺污染，并对外宣称是不法分子为增加原料奶或奶粉的蛋白质含量而加入毫无营养价值且有微量毒性的三聚氰胺所致。14 日，公安部门对三鹿牌婴幼儿配方奶粉重大安全事故进行调查，依法传唤了 78 名有关人员，其中 19 人因涉嫌生产、销售有毒有害食品被刑事拘留。16 日，国家质量监督检验检疫总局（以下简称"国家质检总局"）检查结果证实全国 22 家企业 69 批次的奶粉受到污染，液态奶污染企业扩散到蒙牛乳业、伊利股份、光明乳业等龙头企业。随后国家质检总局宣布撤销蒙牛乳业、伊利股份、光明乳业等企业部分产品中国名牌产品称号，并重申今后将不再直接办理与企业和产品有关的名牌评选活动；发布公告决定废止已实施将近九年的食品质量免检制度，食品类生产企业立即停止其相关宣传活动，已使用的国家免检标志不再有效。蒙牛乳业——昔日的国家免检产品，这份至高无上的荣誉终被取消。奶品污染事件是导致蒙牛乳业巨额亏损的直接原因。

蒙牛乳业 2008 年的巨额亏损实属罕见，是蒙牛乳业自成立以来的首次亏损。而据蒙牛乳业 2009 年发布的半年度报告显示：截至 2009 年 6 月 30 日，蒙牛乳业实现本期利润 7.2236 亿元。经过短短半年努力，蒙牛乳业迅速摆脱了奶品污染事件的影响，完成了扭亏为盈的转变。那么，此次事件缘何发生？此次事件的发生是必然还是偶然？类似事件还会发生吗？突如其来的打击是否会影响到蒙牛乳业的高速增长？

1.2 蒙牛乳业的极速成长与广告策略

1.2.1 蒙牛乳业的极速成长[①]

本着"致力于人类健康的牛奶制造服务商"的企业定位,蒙牛乳业在短短十年中,创造出了举世瞩目的"蒙牛速度"和"蒙牛奇迹"。从创业初期"零"的开始,直至2008年年底,销售收入实现238.65亿元,年均递增104%。蒙牛乳业完成了从中国乳业第1116名到第1名的飞越,如表1-1所示。

表1-1　　　　　蒙牛乳业历年销售收入、行业排名和发生的重大事件

时间	销售收入（亿元）	排名	发生的重大事件
1999	0.37	119[(1)]	内蒙古蒙牛乳业（集团）股份有限公司成立
2000	2.47	11	树立了"为内蒙古喝彩"的广告牌,也树立了做大草原品牌的决心
2001	7.24	5	倡导将呼和浩特建设为"中国乳都"
2002	16.69	4	获得国际顶级投资公司摩根士丹利、鼎辉投资、英联投资一次性注资2600多万美元;1999—2001年度中国超速成长百强企业（非上市、非国有控股）中,蒙牛乳业名列榜首
2003	40.71	3	被定为"中国航天员专用牛奶",荣获中国香港市场"新产品表现优秀奖"
2004	72.14	2	在香港交易所正式挂牌上市,一举摘得当年最佳IPO桂冠
2005	108.25	2	牛根生董事长将自己与家人在蒙牛乳业所持的约10%的股份全部捐出,成立用于社会公益事业的"老牛专项基金"
2006	162.46	2	夺得"世界乳业创新大奖",入选"亚洲品牌500强",获得"最具创造力的中国企业"称号,特仑苏还获得"亚洲品牌创新奖",蝉联"最佳企业公众形象奖"和"中国最受尊敬企业"
2007	213.18	1	高科技乳品研究院暨高智能化生产基地落成,荣获"最具市场竞争力品牌",被授予"全国企业文化建设示范基地"称号,荣获"人民社会责任奖"
2008	238.65	1	获得"最佳年度公益企业奖",获得"SIAL金奖国别奖",被国际著名金融公司摩根士丹利评选为至2012年全球50只最优质股票之一

注:（1）蒙牛乳业1999年1月成立时名列中国乳业的第1116位,1999年末排名跃升到119位。

资料来源:根据蒙牛乳业官方网站（www.mengniu.com.cn）披露的内容整理所得。

2009年初,蒙牛乳业荣获"改革开放30年内蒙古快速成长企业先锋"称号。国家统计局、中华工商联合会等多项权威调查数据显示,蒙牛乳业液态奶、酸奶及乳酸饮料销量

---

① 根据蒙牛乳业官方网站（www.mengniu.com.cn）披露的内容整理所得。

均为全国第一，蒙牛已成为消费者首选乳品品牌。2009 年 7 月，被誉为"欧洲最具持续发展力银行"的荷兰合作银行发布最新的全球奶业公司排名报告，蒙牛乳业位列 19，代表中国奶业首次跻身 20 强，如表 1-2 所示。当月，蒙牛乳业与中粮集团和厚朴投资结成战略合作伙伴。借助中粮遍及世界的业务网络，将推动蒙牛乳业的"三化进程"，即原料市场更趋一体化、食品安全更趋国际化和战略资源配置更趋全球化，助力蒙牛乳业步入世界乳业巨头的行列。

表 1-2　　　　　　　　　　全球乳业 20 强

排名	公司名称	所属国家	2008 年营业额（十亿美元）	2008 年营业额（十亿欧元）
1	Nestlé	瑞士	27.2	18.5
2	Danone	法国	15.7	10.7
3	Lactalis	法国	13.7	9.3
4	Friesland Campina	荷兰	13.7	9.3
5	Fonterra	新西兰	12.0	8.2
6	Dean Foods	美国	11.8	8.1
7	Dairy Farmers of America	美国	10.1	6.9
8	Arla Foods	丹麦—瑞典	10.1	6.9
9	Kraft Foods	美国	7.5	5.1
10	Unilever	荷兰—英国	6.6	4.5
11	Parmalat	意大利	5.4	3.7
12	Saputo	加拿大	5.3	3.6
13	Bongrain	法国	5.2	3.6
14	Meiji Dairies	日本	4.7	3.2
15	Morinaga Milk Industry	日本	4.3	3.0
16	Land O'Lakes	美国	4.1	2.8
17	Nordmilch	德国	3.7	2.5
18	Schreiber Foods	美国	3.7	2.5
19	蒙牛	中国	3.4	2.4
20	Müller	德国	3.4	2.3

资料来源：RABOBANK INTERNATIONAL. Global dairy top-20 [EB/OL]. 2009-07-03. http://www.rabobank.com/content/images/Global_dairy_top-20_Voorbergen_jul2009_tcm43-89002.pdf.

10 年来，按照"立足自主开发，强化联合作业，培育核心产品，抢占技术高端"的工作思路，蒙牛乳业累计投入科研资金上亿元，走出了一条独特的自主创新之路。在国内外申请商标注册 430 件，申请国家专利 847 件（其中发明 166 件，实用新型 14 件，外观设计 667 件）。目前，蒙牛乳业已成长为中国最大的乳品供应商：主要产品市场占有率超过了 35%；UHT 牛奶销量全球第一；液体奶、冰淇淋和酸奶销量居全国第一；乳制品出口量、出口的国家和地区居全国第一。

1.2.2 蒙牛乳业的广告策略

支撑蒙牛乳业如此高速增长的重要因素是其独具特色的广告策略。蒙牛乳业非常巧妙地将企业发展融入社会关注的焦点与热点问题，通过与众不同的宣传方式结合密集式投放，产生了非常强烈的社会反响，契合了中国乳品市场快速成长的营销模式。

蒙牛乳业的广告策略具有两个十分突出的特点——公益营销法和事件营销，蒙牛把公益营销和事件营销法发挥到了极致。[①]

（1）公益营销——市场定位

1999 年，蒙牛乳业刚刚起步即将 900 万元启动资金中的 1/3 用于公益广告宣传。1999 年 5 月 1 日在呼和浩特市一夜之间就出现 500 多块户外广告牌，上写"发展乳品行业，振兴内蒙古经济"，底下是"创内蒙古乳业第二品牌"。大家都知道乳业老大哥是伊利，老二却不知是谁，蒙牛乳业站出来说是第二品牌，消费者就认同它是第二品牌。这样的大手笔在蒙牛乳业后来的营销中也屡屡出现。就这样，蒙牛乳业的产品还没开始销售，在消费者心中就成了第二品牌了，蒙牛乳业成功地利用广告提高了知名度。同时，"发展乳品行业，振兴内蒙古经济"的口号，跳出了企业自我宣传的圈子，以企业担当地方经济发展责任的公益行为博得了大众和社会的认可。

2001 年 6 月，蒙牛乳业携手伊利以"我们共同的品牌——中国乳都"为主题，在呼和浩特市主要街道高密度地投放了公益灯箱广告，将经营企业品牌与经营地区品牌有机地结合到一起。通过多种媒体的广泛传播，"中国乳都·呼和浩特"的概念已在国人心目逐渐形成。蒙牛乳业在为内蒙古创造了一笔巨大的无形资产的同时，不仅巧妙地扩大了自己的知名度，而且联合自己最大的竞争对手伊利，共同做大了市场这块"蛋糕"，扩大了影响力，最为关键的是借此消除了伊利的戒心。

（2）公益营销——爱心捐赠

2003 年非典时期，由于对牛奶的需求增加，部分城市的乳制品市场曾出现抢购现象，一些小的乳品企业趁机提升牛奶价格，赚取超额利润。而蒙牛乳业却禁止经销商涨价，并严厉规定违者开除或者终止其经销权。随后蒙牛乳业向国家卫生部率先捐款 100 万元，向全国 30 个城市的医务工作者和消费大众捐款 900 万元，捐奶价值达 300 万元。非典后期，蒙牛乳业以"向人民教师送健康"为主题，向全国 17 个城市的 125 万名教师，每人赠送

---

① 张利庠，孔祥智.2008 中国奶业发展报告.北京：中国经济出版社，2009.

牛奶一箱，总价值达 3000 万元。蒙牛乳业在非典期间的公益行为，在社会上引起巨大的反响，使之再次成为媒体竞相追逐的焦点。当时蒙牛乳业在各大媒体的报道是"全国首家资助非典防治工作企业"。非典过后，效果立竿见影，蒙牛乳业被公认为有公益责任心的社会企业，又一次成为消费者首推的品牌。

（3）事件营销——捐助奥运

2001 年炎热的夏季，国人的目光都聚焦在"申奥"事件上。7 月 10 日，距揭晓 2008 年奥运会主办城市事件还有三天，蒙牛乳业豪迈地向世人宣布：如果北京申奥成功，蒙牛乳业将捐款 1000 万！在信息发布之时，蒙牛乳业举行了新闻发布会，进行了公证，同时向中国奥林匹克运动委员会致信，《光明日报》、《经济日报》等几十家媒体对此作了报道。7 月 13 日，北京"申奥"成功，呼和浩特市人民政府向北京市发出贺电，贺电强调了蒙牛乳业的助奥承诺，第二天中央人民广播电台播发这一贺电。此后，蒙牛乳业在《北京晚报》、《南方周末》等全国 40 多个城市的主力报纸上，做了《一个"两岁半的孩子"为何向奥运捐款 1000 万元》的软性宣传。一时间，"蒙牛旋风"席卷大江南北，"一个两岁半的孩子"与"捐款 1000 万元"形成强烈反差，在社会上产生了极大的舆论效应。

2004 年，在蒙牛的努力下，国家体育总局训练局选定蒙牛乳品为"国家体育总局训练局运动员"的特供食品，邀请奥运冠军张军、李娜、张怡宁、罗玉通等出席新闻发布会，营造了蒙牛乳业支持奥运、支持运动健儿的形象。

（4）事件营销——借力"神五"

2003 年"神舟五号"载人飞船成功发射，引起了国内外媒体的竞相关注。10 月 16 日早上 7 点"神舟五号"一落地，门户网站第一时间出现了蒙牛乳业的广告，9 点左右蒙牛乳业在中央电视台的广告成功启动。中午 12 点所有电视广告、路牌广告也都相继在北京、广州、上海等城市实现了"成功对接"，全国 30 多个城市的候车厅被蒙牛的广告占据。印有"中国航天员专用牛奶"标志的蒙牛牛奶相继出现在全国的各大卖场，"蒙牛牛奶，强壮中国人"和"蒙牛牛奶，航天员专用牛奶"的口号，仿佛一夜间充斥着整个城市的大街小巷。蒙牛乳业这一次赚足了社会公众的目光。

（5）事件营销——娱乐营销

2005 年娱乐文化业中影响最大、讨论最多、最具综合社会文化效应的品牌营销案例，非"蒙牛酸酸乳超级女声"莫属。"超级女声"一开始只是很普通的娱乐比赛，却在良好的运作之下，成为全民狂欢的"平民秀"，超越了一个年轻人娱乐节目的界限，观众面急速扩大，知识精英群体和高话语权的媒体亦表示出高度的关注，其实际影响力扩大至全社会。这显然给蒙牛带来了意想不到的品牌增值，蒙牛品牌在原有的健康、天然的基础上，增添了自信、创新、迈向未来等极为难得的品牌价值，这是很多中国品牌一直渴望却难以达到的。

1.3 蒙牛乳业巨额亏损的财务分析

1.3.1 收入与利润增长趋势分析

蒙牛乳业 2008 年年报显示：凭借固有的市场领导地位及多元化的产品组合，本年度蒙牛乳业销售收入增长了 11.90%，达到 238.6498 亿元。国家统计局中国行业企业信息中心及商业联合会分别发布的统计数据显示：蒙牛乳业的市场销售总量以及液体奶和冰淇淋的销量均为行业第一。然而，受下半年奶品污染事件影响，蒙牛乳业出现 9.2446 亿元的巨额亏损。通过查阅蒙牛乳业以往的年报发现：自 2001 年以来，蒙牛乳业的销售收入一直处于高速增长中；直至 2008 年，受奶品污染事件影响，销售收入增长率才有所放缓，但仍取得了 11.9% 的销售收入增长率，如图 1-1 所示。2001 年以来蒙牛乳业的利润也一直处于高速增长中。直至 2008 年，受奶品污染事件影响出现 9.2446 亿元的巨额亏损，净利润增长率为 -183.32%，如图 1-2 所示。那么，11.9% 的销售收入增长率缘何带来的却是 -183.32% 的利润增长率？牛根生和蒙牛乳业一时间被舆论推向了风口浪尖，牛根生开始在各大媒体上现身说法，甚至向在长江商学院学习的其他老总发出了"万言书"求援。是什么使得牛根生和蒙牛乳业深陷泥潭？难道仅仅是奶品污染事件的始作俑者三聚氰胺？

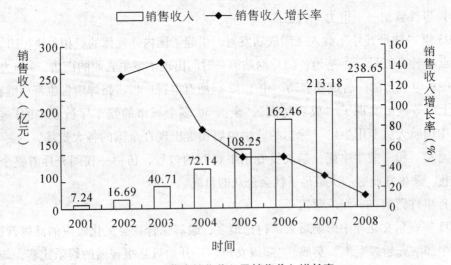

图 1-1 蒙牛销售收入及销售收入增长率

资料来源：根据蒙牛乳业有限公司年度报告整理所得。

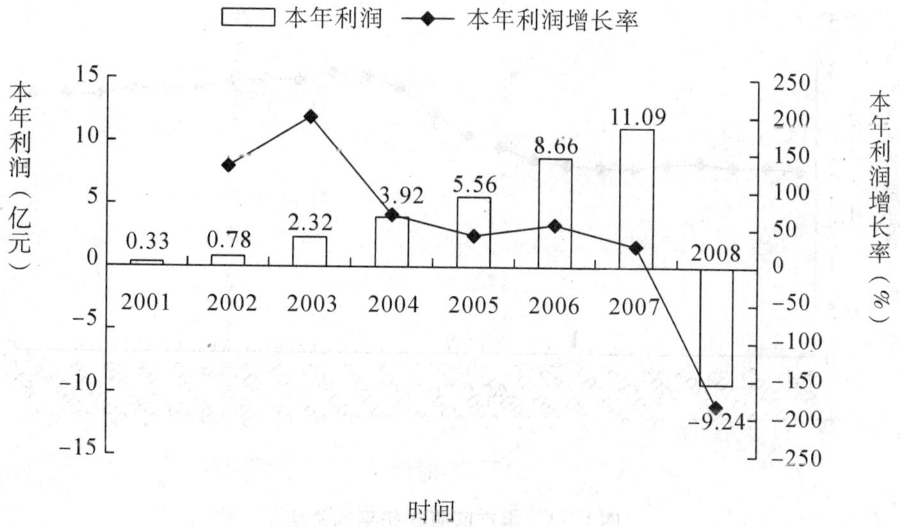

图1-2 蒙牛本年利润及本年利润增长率

资料来源：根据蒙牛乳业有限公司年度报告整理所得。

1.3.2 成本费用变动趋势分析

原因之一：销售成本增加

2007年年初至2008年年末主产区原料奶平均价格持续上涨，从2007年1月份的1.93元/公斤上涨到2008年12月份的2.68元/公斤，上涨了38.86%，如图1-3所示。由于受奶品污染事件的影响，蒙牛乳业提高了对产品销售的推广力度并积极加强奶源安全的多重检验。原料奶平均价格的上涨、产品销售的推广力度增加、奶源安全的多重检验无疑增加了蒙牛乳业的销售成本，如图1-4所示。2008年与2007年相比，销售成本占销售收入的比重增长了2.96%。销售成本的增加降低了蒙牛乳业的毛利率，从而构成了蒙牛乳业净利润下降的原因之一。

原因之二：三类费用增加

2008年9月国家质检总局对蒙牛乳业部分批次的乳制品进行了实验测试，部分批次的乳制品被发现含有三聚氰胺。蒙牛乳业为应对危机销毁了价值6.5522亿元的存货。2008年12月31日，蒙牛乳业同时对账面乳制品存货做出了1.7987亿元的减值准备。销毁存货和计提存货减值准备使得其他经营费用大幅提升。2008年与2007年相比，其他经营费用占销售收入的比重增长了3.57%。其他经营费用的增加降低了蒙牛乳业的经营利润，从而构成了蒙牛乳业净利润下降的原因之二，如图1-5所示。

2008年蒙牛乳业的销售及经销费用为44.2803亿元，占销售收入的比重为18.6%，其中广告及宣传费用占销售收入的比重为9.3%。2008年与2007年相比，广告及宣传费

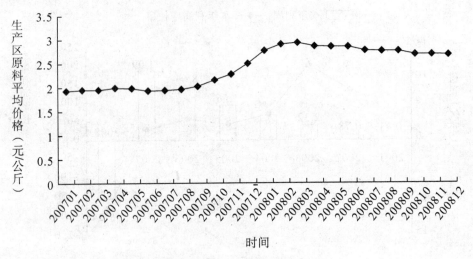

图1-3 主产区原料奶平均价格

资料来源：根据《中国饲料》、《中国牧业通讯》2007—2008年发布的数据整理所得。

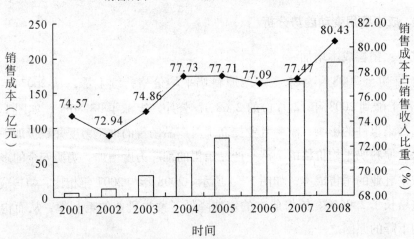

图1-4 蒙牛销售成本及销售成本占收入比重

资料来源：根据中国蒙牛乳业有限公司年度报告整理所得。

用占销售收入的比重增长了2.1%，主要因为恰逢奥运年，作为中国乳制品行业的领袖品牌，蒙牛乳业举行了多项概念性的宣传活动。此外，2008年下半年，蒙牛乳业加大了广告宣传的力度，让更多消费者对生产环节及强化措施增加了解。销售及经销费用的增加降低了蒙牛乳业的经营利润，从而构成了蒙牛乳业净利润下降的原因之二，如图1-5所示。

蒙牛乳业自成立以来一贯重视媒介宣传，甚至不惜花重金在各大媒体上进行广告宣传。蒙牛乳业的广告策略是：用媒介战略资源换取消费者的心智。蒙牛乳业在媒介投放上瞄准主要竞争对手，又瞄准中国市场上最有影响力的媒体——中央电视台。在蒙牛乳业实

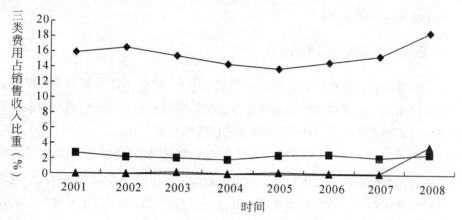

图 1-5 三类费用占销售收入比重

资料来源：根据蒙牛乳业有限公司年度报告整理所得。

现品牌增值的道路上，中央电视台成为了其强大的助推剂。①蒙牛乳业更是一举夺得了央视黄金剧场 2004 年和 2010 年上半年的标王，如图 1-6 所示。

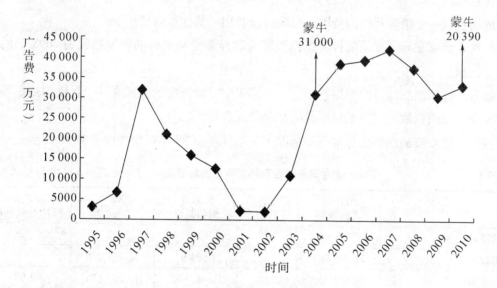

图 1-6 央视历届标王夺冠金额

注：蒙牛以 20 390 万元获得了 2010 年上半年的标王，纳爱斯以 12 850 万元获得了 2010 年下半年的标王。

资料来源：根据新浪网财经频道、凤凰网财经频道提供的数据整理所得。

---

① 梅晓鹏．蒙牛管理模式全集．武汉：武汉大学出版社，2007.

独具特色的广告策略帮助蒙牛乳业制作出一个又一个不断变大的"蛋糕",从而拉动了蒙牛乳业销售收入的高速增长。同时,巨额的广告费用也增加了蒙牛乳业的销售及经营费用,从而降低了经营业务利润。

1.3.3 巨额亏损带来的财务链效应

销售成本的增加和三类费用的增加是导致蒙牛乳业 2008 年度亏损的根本原因。为测算销售成本的增加和三类费用的增加这种异常情况发生后对税前利润的影响数额,我们利用财务预测法对无异常情况下 2008 年利润表进行模拟编制。

通过原因之一和原因之二的分析,我们得出销售成本的增加和三类费用的增加是 11.9%的销售收入增长率带来 -183.32%的本年利润增长率的根本原因。因此,我们将销售成本、销售及经销费用、行政管理费用和其他经营费用设定为异常变动项目,将销售收入、其他收入及收益、利息收入、融资成本、应占联营公司利润及亏损设定为非异常变动项目,将毛利、经营业务利润率、税前利润设定为汇总项目。

首先,计算异常变动项目的模拟数额。我们用 2007 年销售成本占销售收入的比重、销售及经销费用占销售收入的比重、行政费用占销售收入的比重和其他经营费用占销售收入的比重乘以 2008 年销售收入的实际发生数额,作为无异常情况下蒙牛乳业 2008 年利润表中的销售成本、销售及经销费用、行政管理费用、其他经营费用。

其次,计算非异常变动项目的模拟数额。非异常变动项目的模拟数额为 2008 年的实际发生数额。

最后,计算汇总项目的模拟数额。将利润表中已计算出的异常变动项目模拟数额和非异常变动项目模拟数额按照汇总项目的计算公式进行汇总。

按照上述步骤编制的无异常变动情况下蒙牛乳业 2008 年利润表如表 1 - 3 所示。

表 1 - 3　　　　　　　　蒙牛乳业综合利润表异常变动情况　　　　单位:人民币千元、%

项目	2007 年实际数额	占销售收入百分比	2008 年模拟数额	2008 年实际数额	实际数额与模拟数额差额
持续经营业务					
销售收入	21 318 062		23 864 975	23 864 975	
销售成本	16 514 557	77. 47	18 487 585	19 195 576	707 991
毛利	4 803 505		5 377 390	4 669 399	707 991
其他收入及收益	98 096		122 654	122 654	
销售及经销费用	3 302 020	15.49%	3 696 519	4 428 027	731 508
行政费用	461 902	2. 17%	517 086	622 162	105 076
其他经营费用	21 829	0. 10	24 437	876 033	851 596
经营业务利润	1 115 850		1 262 002	1 134 169	2 396 171

表1－3(续)

项目	2007 年 实际数额	占销售收 入百分比	2008 年 模拟数额	2008 年 实际数额	实际数额与 模拟数额差额
利息收入	43 566		54 841	54 841	
融资成本	50 060		39 394	39 394	
应占联营公司利润及 亏损	20 954		29 447	29 447	
税前利润	1 130 310		1 306 896	1 089 275	2 396 171

注：2008 年模拟数额中除变动异常点的数额为模拟数额外，其他为 2008 年实际数额。毛利、经营业务利润及税前利润为实际数额和模拟数额的汇总额。蒙牛乳业 2008 年终止经营业务没有出现异常变动，在列表中不予考虑。

资料来源：根据蒙牛乳业有限公司年度报告整理所得。

由表1－3可知，如果不发生异常变动，2008 年蒙牛乳业的税前利润模拟数额为盈利13.069 亿元；由于发生异常变动，导致 2008 年蒙牛乳业的税前利润实际数额为亏损10.8927 亿元。异常变动情况的发生导致税前利润额减少了 23.9617 亿元。其中，销售成本增加导致的税前利润额减少了 7.0800 亿元，销售及经销费用增加导致的税前利润额减少了 7.3150 亿元，行政费用增加导致的税前利润额减少了 1.0507 亿元，其他经营费用增加导致的税前利润额减少了 8.5160 亿元。查阅蒙牛乳业 2008 年年报发现，与处理奶品污染事件直接相关的费用包括销毁价值 6.5522 亿元的存货，计提 1.7987 亿元的存货减值准备。因此，奶品污染事件对蒙牛乳业的直接经济损失为 8.3509 亿元。那么余下的 15.6108（23.9617 － 8.3509）亿元应为销售成本增加和销售及经销费用的增加（其中广告及宣传费用增加了 238.6498 亿元×2.1％ ＝5.0116 亿元）所引起的。

不难发现，11.9％的销售收入增长率带来 －183.32％的本年利润增长率的最终原因为奶品污染事件带来的直接经济损失 8.3509 亿元，销售成本增加和销售及经销费用增加（其中广告及宣传费用增加了 5.0116 亿元）引起的 15.6108 亿元成本和费用。

可以说奶品污染事件只是造成蒙牛乳业 2008 年巨额亏损的导火索，只算得上是冰山一角，带来的亏损额为 8.3509 亿元，而销售成本的增加和销售及经销费用的增加带来的成本和费用增加额却高达 15.6108 亿元。大量的广告投入和原料奶价格的上涨构成了蒙牛乳业巨额亏损的主要原因。

2008 年蒙牛乳业巨额亏损会带来怎样的现金流变化呢？查阅蒙牛乳业 2008 年年报可知，自 2003 年以来，蒙牛乳业通过引进国际顶级投资公司摩根士丹利、鼎辉投资、英联投资，上市融资从而逐步降低资产负债率；但 2008 年，受奶品污染事件的影响，蒙牛乳业巨额亏损 9.2446 亿元。而当年经营业务产生的现金净流入为 5.8688 亿元，投资活动产生的现金净流出为 12.4981 亿元；为了保证生产经营活动正常有序进行，蒙牛乳业通过举债的方式获得了 14.6550 亿元的银行贷款。此举使得蒙牛的资产负债率增加了 18.9％，增至 58.13％，如图 1－7 所示。

图 1-7　资产负债率

资料来源：根据蒙牛乳业有限公司年度报告整理所得。

蒙牛乳业具体负债结构如表 1-4 所示。由表 1-4 可知，蒙牛乳业 2008 年增加的流动负债构成为应付账款 8.3987 亿元，计息银行贷款 10.2550 亿元；增加的非流动负债为计息银行贷款 4.4000 亿元。流动负债合计 18.6537 亿元，这笔负债将于 2009 年年底到期，届时蒙牛乳业将面临高额的到期债务。

表 1-4　　　　　　　　　　　蒙牛负债构成　　　　　　　　　　单位：人民币千元

负债项目	2007 年年末	2008 年年末	增加数额
流动负债			
应付账款	1 315 395	2 155 265	839 870
计息银行贷款	183 156	1 208 660	1 025 504
非流动负债			
计息银行贷款	80 000	520 000	440 000

资料来源：根据蒙牛乳业有限公司年度报告整理所得。

1.3.4　奶品污染事件带来的资本市场反应

蒙牛乳业的市值是否会因奶品污染事件影响而受挫呢？投资者将如何作出抉择？是否会选择"用脚投票"？下面通过事件研究法来分析奶品污染事件所带来的市场反应。

数据来源：

蒙牛乳业历史交易数据由 Google 财经蒙牛乳业历史交易数据得到。

恒生指数历史交易数据由 Google 由财经恒生指数历史交易数据得到。

根据 Brown and Warner（1985）的市场调整模型①，构建出计算超额收益和累积超额收益的模型：

$$R_{i,t} = \frac{P_{i,t} - P_{i,t-1}}{P_{i,t-1}}$$

$$R_{m,t} = \frac{P_{m,t} - P_{m,t-1}}{P_{m,t-1}}$$

$$AR_{i,t} = R_{i,t} - R_{m,t}$$

$$CAR_{i,T} = \sum_{t=t_1}^{t_2} AR_{i,t}$$

$$(T = t_2 - t_1 + 1)$$

式中：$P_{i,t}$ 表示 i 公司的股票在第 t 日的收盘价格，$P_{m,t}$ 表示恒生指数在第 t 日的收盘点数，$R_{i,t}$ 表示公司的股票在第 t 日的日收益率，$R_{m,t}$ 表示恒生指数在第 t 日的日收益率，$AR_{i,t}$ 表示 i 公司的股票在第 t 日的超额收益率，$CAR_{i,T}$ 表示 i 公司的股票在时间段 T 的累积超额收益率。

本书研究的事件日是指蒙牛乳业 2008 年 9 月 17 日发布《停牌公告及通知》的当日（t = 0），而事件的窗口期为事件日前后 10 天（-10 ≤ t ≤ 10）。计算蒙牛乳业的超额收益率的时间段共有 20 个交易日。经计算得出了蒙牛乳业发布《停牌公告及通知》当日前后 10 个交易日内的公司股票超额收益率和累积超额收益率，如图 1-8 所示。

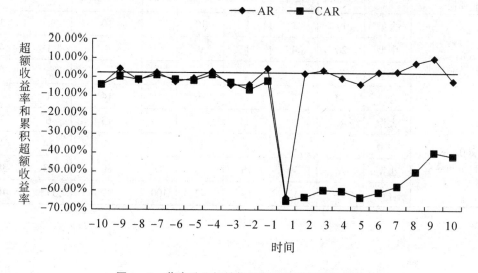

图 1-8　蒙牛乳业超额收益率和累积超额收益率

资料来源：根据 Google 财经蒙牛乳业、恒生指数历史交易价格经计算整理所得。

---

① BROWN S, WARNER J. Using daily stock returns：the case of event studies. Journal of Financial Economics，14（1）．

通过对计算结果的研究发现：从事件日前10天至事件日前1天的10个交易日内累积超额收益率仅为−1.84%，而从事件日前10天至事件日后10天的20个交易日内的累积超额收益率达到了−41.63%。也就是说，从事件日至事件日后10天的10个交易日内的累积超额收益率达到了−39.80%。[①]就公司股价而言，受奶品污染事件影响，消费者行为致使公司在产品市场上蒙受巨大损失，同时引起了资本市场上股东对蒙牛乳业的不满。

1.4 蒙牛乳业亏损的产业链分析[②]

1.4.1 乳制品产业现状

我国乳业的发展历程以计划经济体制下的政府主导和国企垄断为起点，随着市场化进程的深入，通过股份制改造，以蒙牛为代表的股份有限公司和进驻国内新兴乳业市场的外资乳业巨头以及主要分布于畜牧大省的民营中小企业开始了激烈的市场份额争夺。表1−5中，从2001年到2008年，乳制品企业数以平均74.71%的速度增长，2008年的企业单位数已达到2001年的9.3倍。

表1−5　　　　　　　　　　　乳制品制造业累计企业单位数　　　　　　　　　　单位：个

企业规模 ＼ 企业性质		国有企业	集体企业	股份合作企业	股份制企业	私营企业	外商和港澳台投资企业	其他	合计
2001年乳制品制造业	大型	14	1	1	10		10		36
	中型	26	4	1	9		4	1	45
	小型								
	合计	40	5	2	19		14	1	81
2002年乳制品制造业	大型	8		1	6		13	6	34
	中型	11	3	3	6	3	6	14	46
	小型	78	39	15	30	97	30	93	382
	合计	97	42	19	42	100	49	113	462

---

① 蒙牛乳业于2008年9月17日发布停牌公告，于2008年9月23日复牌当天，收盘价从20港元/股暴跌至7.95港元/股，股价下挫60.25%。

② 程宏伟，冯茜颖，赵平飞. 资源控制权、和谐产业链与声誉危机治理——以乳品产业链为例. 中国工业经济，2009（4）.

表1-5(续)

企业规模	企业性质	国有企业	集体企业	股份合作企业	股份制企业	私营企业	外商和港澳台投资企业	其他	合计
2003年液体乳及乳制品制造业	大型	8		1	7	4	12	7	39
	中型	7	3		4	3	8	20	45
	小型	61	35	14	39	153	37	138	477
	合计	76	38	15	50	160	57	165	561
2004年液体乳及乳制品制造业	大型	2			3		3		8
	中型	6	2	1	14	12	16	34	85
	小型	53	25	15	42	205	41	162	543
	合计	61	27	16	59	217	60	196	636
2005年液体乳及乳制品制造业	大型				4	1	3	1	9
	中型	9	2	1	18	12	16	41	99
	小型	48	15	20	48	230	45	176	582
	合计	57	17	21	70	243	64	218	690
2006年液体乳及乳制品制造业	大型				3		5	1	9
	中型	4	2	2	17	17	14	51	107
	小型	37	14	15	47	244	56	188	601
	合计	41	16	17	67	261	75	240	717
2007年液体乳及乳制品制造业	大型				3		8	1	12
	中型	3	3	3	15	17	28	51	120
	小型	24	14	11	40	268	57	183	597
	合计	27	17	14	58	285	93	235	729
2008年液体乳及乳制品制造业	大型				3		7	1	11
	中型	7	2	2	18	17	30	49	125
	小型	22	12	10	42	284	60	190	620
	合计	29	14	12	63	301	97	240	756

资料来源：根据国务院发展研究中心信息网披露数据整理所得。

从企业规模来看，呈现出以中小型企业为主，大型企业由多变少，再到基本稳定的分布格局。尽管中小型企业平均达到92%的比例，但根据AC尼尔森的调查数据，蒙牛乳业、伊利股份、光明乳业三大液体乳制造商的市场占有率在2007年年底合计达68.8%。市场集中度相当高，行业话语权掌握在少数几家知名企业手中。

从企业性质来看，体现了"国退民进"的改革思路，股份制企业、私营企业、外商和港澳台投资企业的比重不断上升。群体行为的直接后果带来了牧民饲养奶牛积极性的空前高涨以及乳制品产量的迅速提高，如表1-6所示。

表1-6　　　　我国乳牛存栏量、牛奶产量、液体乳及乳制品工业销售产值

	2003	2004	2005	2006	2007
乳牛存栏量（万头）	893.20	1107.96	1216.09	1068.89	1218.91
牛奶产量（万吨）	1746.30	2260.60	2753.37	3193.41	3525.24
液体乳及乳制品工业销售产值（亿元）	494.80	640.01	863.46	1 037.09	1315.12

资料来源：根据中国农业统计资料和国研网工业统计数据库提供的数据整理所得。

近三年来我国乳制品①的进口量仍远大于出口量，如表1-7和图1-9所示，贸易差额和消费差额驱使乳品企业谋求生产能力的快速扩张。

表1-7　　　　　　　　　我国乳制品进出口情况　　　　　　　　　单位：美元

海关产品代码	2006		2007		2008	
	出口	进口	出口	进口	出口	进口
0401	23 849 298	5 199 718	29 494 690	6 618 177	30 118 479	12 859 051
0402	67 243 606	291 618 552	192 146 793	325 871 709	248 404 093	401 257 858
0403	816 095	1 724 306	1 821 859	2 036 480	1 763 643	2 870 421
0404	487 356	194 171 660	3 940 027	319 473 708	4 911 141	313 032 615
0405	196 913	27 049 773	13 347 476	36 838 009	17 151 714	59 043 904
0406	1 626 791	38 127 546	1 508 702	53 796 025	0	73 827 072
合计	94 220 059	557 891 555	242 259 547	744 634 108	302 349 070	862 890 921

注：0401——未浓缩、未加糖或其他甜物质的乳及奶油；0402——浓缩、加糖或其他甜物质的乳及奶油；0403——酪乳、结块的乳及奶油、发酵或酸化乳和奶油；0404——乳清、其他编号未列名的含天然乳的产品；0405——黄油及其他从乳提取的脂、油、乳酱；0406——乳酪及凝乳。

资料来源：根据国研网对外贸易数据库提供的数据整理所得。

---

① 主要包括：未浓缩、未加糖或其他甜物质的乳及奶油；浓缩、加糖或其他甜物质的乳及奶油；酪乳、结块的乳及奶油、发酵或酸化乳和奶油；乳清、其他编号未列名的含天然乳的产品；黄油及其他从乳提取的脂、油、乳酱；乳酪及凝乳六大类。

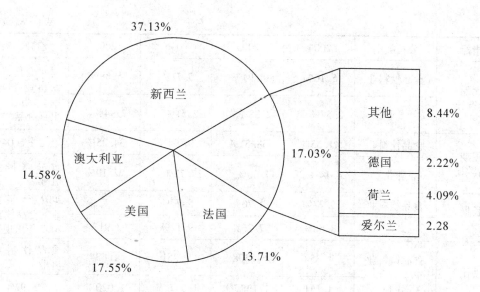

图 1-9 2008 年我国六类乳制品进口主要来源国

资料来源：根据国研网对外贸易数据库提供的数据整理所得。

1.4.2 乳制品产业财务特征

我们通过查阅国泰安股票市场交易数据库中食品饮料行业以及乳业上市公司（蒙牛乳业、伊利股份、光明乳业、三元股份、新希望）2004—2007 年的年报数据，将体现公司财务能力的指标进行整理，比较乳品行业上市公司与食品饮料行业财务能力的平均水平，如表 1-8 所示。

表 1-8   五家乳品行业上市公司与食品饮料行业上市公司财务能力平均水平的比较

指标	公司类别	2004	2005	2006	2007	趋势、幅度
主营业务收入对数	食品饮料业	20.460	20.652	20.754	20.957	↑ 0.80%
	乳业	22.131 **	22.304 **	22.485 **	22.682 **	↑ 0.82%
资产对数	食品饮料业	21.205	21.262	21.269	21.342	↑ 0.21%
	乳业	21.926 **	21.995 ***	22.134 ***	22.353 ***	↑ 0.65%
流动资产比	食品饮料业	48.02%	49.04%	48.78%	50.71%	食品饮料业＞乳业，差距呈扩大之势
	乳业	44.24%	42.87%	40.51% **	38.71% ***	↓ -4.35%
固定资产比	食品饮料业	34.44%	35.24%	36.10%	31.73%	同向变化，乳业＞食品饮料业，平均高出 5.88 个百分点
	乳业	39.97%	40.23%	42.56%	38.25%	

表1-8(续)

指标	公司类别	2004	2005	2006	2007	趋势、幅度
无形资产比	食品饮料业	5.16%	4.94%	5.71%	5.88%	同向变化,食品饮料业 > 乳业,平均高出 2.82 个百分点
	乳业	2.57% **	2.38% **	2.51% *	2.94% *	
短期借款比	食品饮料业	41.35%	38.31%	34.94%	34.25%	↓ -6.04%
	乳业	24.14% ***	17.50% ***	17.72% **	22.19%	食品饮料业 > 乳业
长期借款比	食品饮料业	5.27%	4.76%	5.77%	5.22%	2007 年年前乳业 > 食品饮料业,2007 年出现转折
	乳业	8.58%	7.26%	9.12%	3.91%	
流动比率	食品饮料业	1.352	1.308	1.351	1.434	食品饮料业 > 乳业
	乳业	1.151	1.125 ***	1.097 ***	1.020 **	↓ -3.92%
资产负债率	食品饮料业	47.54%	46.37%	46.23%	45.26%	↓ -1.62%
	乳业	44.22%	43.81%	44.58%	43.10%	食品饮料业 > 乳业
存货周转率	食品饮料业	3.203	3.765	4.411	4.617	↑ 13.12%
	乳业	8.942 *	10.046 *	8.572 **	10.331 ***	乳业 > 食品饮料业
资产周转率	食品饮料业	0.620	0.699	0.761	0.882	↑ 12.5%
	乳业	1.337 **	1.496 ***	1.556 ***	1.534	乳业 > 食品饮料业
主营业务利润率	食品饮料业	25.18%	24.77%	25.73%	29.75%	食品饮料业 > 乳业
	乳业	23.85%	23.85%	23.25%	21.60% ***	↓ -3.2%
财务张力	食品饮料业	22.11%	20.24%	20.34%	21.41%	2007 年年前乳业 > 食品饮料业,2007 年出现转折
	乳业	24.58%	24.10% ***	20.56%	19.71%	↓ -6.93%
新增投资	食品饮料业	5.06%	2.72%	4.09%	3.55%	乳业 > 食品饮料业,且差距呈扩大之势
	乳业	12.27%	8.77%	13.97%	16.99%	
行业集中度	食品饮料业	542	592	624	628	↑ 5.09%
	乳业	2620	2805	3038	3069	↑ 5.46%
行业风险度	食品饮料业	3.180	3.643	4.850	6.052	↑ 24.16%
	乳业	0.968	0.868	0.795	0.541	↓ -16.9%

注:个别指标的计算:财务张力 = (现金 + 短期投资)/总资产 + 未使用的债务能力,其中未使用的债务能力 = MAX (0,同行业的平均负债比率 - 本公司的负债比率);新增投资 = (本期末:固定资产净额 + 在建工程净额 + 长期

投资净额）－（上期末：固定资产净额＋在建工程净额＋长期投资净额）／期初总资产；行业集中度＝以主营业务收入为基础计算的 HHI；行业风险度＝息税前利润总额／总资产的标准差。对前 13 个反映公司财务能力的指标运用单样本 T 检验，将乳业上市公司与食品饮料业财务能力平均水平间的差异性进行显著性检验，用以表示乳业公司财务能力偏离平均水平的幅度，＊，＊＊，＊＊＊分别表示在 1%、5%、10% 的水平上显著。

资料来源：根据国泰安股票市场交易数据库提供的数据整理所得。

由表 1－8 可知，乳品公司的规模每年有稳定的增长，增长速度明显快于食品饮料业的平均水平；资产结构中流动资产比率以平均每年 4.35% 的速度下降，固定资产比率高于平均水平 5.88 个百分点，无形资产比率低于平均水平 2.82 个百分点；负债结构总体上来看，短期借款比率低于平均水平，长期借款比率在 2007 年之前高于平均水平，2007 年出现转折；尽管负债率一直低于平均水平，但流动比率却逐渐下滑；存货和总资产的营运能力优于平均水平；主营业务利润率低于平均水平，且以每年平均 3.2% 的速度下降；在投资速度远远快于平均水平的情况下，财务张力却逐年萎缩；行业集中度高于平均水平 4.83 倍，和食品饮料业风险逐年上升不同，乳品行业风险呈下降趋势。

可见，乳品公司在个别财务能力上具有优势，如资产营运能力和行业良好的发展前景，这是在乳品产业生命周期发展到一定阶段后财务资源集成效应的体现。但潜在的财务风险也初现端倪，毛利率的下降说明乳品企业通过主营业务从终端市场获取利润的能力在下滑，而短期偿债能力和财务张力的后劲不足表明企业在临时资金的周转能力以及财务资源在保持目前投资速度的支撑力度上存在问题。

乳品企业通过"先建市场"，靠外部环境的驱动在较短的时间内积累了大量的原始资本，尽管存在一定的财务风险，但并非没有财务能力，甚至在个别能力上还有高于平均水平的突出表现。当不确定因素对所有行业的影响都在增大时，乳品企业完全可以通过对财务能力的有效运用来使风险最小化，但结果恰恰与之相反。接下来我们通过乳品企业的费用结构对其资金去向进行分析。

表 1－9 中，从食品饮料业到乳业再到蒙牛乳业、伊利股份、光明乳业三家乳品公司，销售费用占主营业务收入的比例依次变大，且差距扩大的速度逐年递增，管理费用、财务费用占主营业务收入的比例则依次变小。相比平均水平，乳业的投资方向显然集中于产业链的下游营销渠道。从主营业务成本占主营业务收入的比重来看，乳业＞蒙牛乳业、伊利股份、光明乳业平均水平＞食品饮料业，乳业高于食品饮料业的平均水平，这是由乳业的特性及近年来乳品市场的快速扩张所致。乳品产业链实际上是资源产业链，对资源禀赋的双重依赖决定了生产成本要经过多个环节的归集，相对比率应该要略高一些。前三大巨头蒙牛乳业、伊利股份、光明乳业这一比重还低于乳业平均水平，在主营业务收入不断攀升的情况下，是否意味着对生产环节的投入不够呢？蒙牛乳业与伊利股份原奶的供应结构在一定程度上印证了我们的分析。蒙牛乳业和伊利股份将近 3/4 的原奶来源于分散的农户，"蒙牛有 6 家牧场，除本部澳亚牧场占股 30% 外，其余只有 10% 的参股，这些牧场只能提供 10% 的奶源，另

90%的奶源还是靠奶农提供，而伊利的牧场基本上是一种合作关系"。①

表 1-9 乳业上市公司与食品饮料行业上市公司费用结构的比较

指标	比较对象	2004	2005	2006	2007
主营业务成本/主营业务收入	C_1	69.15%	69.98%	69.69%	70.25%
	C_2	75.91%	75.98%	76.57%	78.40%
	C_3	71.91%	72.51%	72.60%	73.28%
销售费用/主营业务收入	C_1	12.65%	10.68%	10.30%	10.48%
	C_2	16.26%	16.29%	16.45%	17.02%
	C_3	19.63%	19.76%	20.37%	21.60%
管理费用/主营业务收入	C_1	23.92%	11.11%	10.47%	7.94%
	C_2	5.70%	6.05%	4.44%	3.83%
	C_3	3.21%	3.49%	3.22%	3.55%
财务费用/主营业务收入	C_1	9.37%	2.54%	2.63%	2.28%
	C_2	0.67%	0.53%	0.54%	0.71%
	C_3	0.26%	0.12%	0.18%	0.18%

注：（1）C_1＝食品饮料业上市公司；C_2＝乳业上市公司，包括蒙牛乳业、伊利股份、光明乳业、三元股份、新希望；C_3＝蒙牛乳业、伊利股份、光明乳业。（2）把蒙牛乳业、伊利股份、光明乳业作为研究对象单列出来，是为了进一步比较创造了增长神话，但在危机中又难以置身事外的三大巨头费用结构与食品饮料业以及乳业平均水平的差异。（3）在计算口径统一上，国内上市公司与蒙牛年报中会计科目的对应关系为销售费用相当于销售及经销费用，管理费用相当于行政费用，融资成本相当于财务费用。

资料来源：根据国泰安股票市场交易数据库提供的数据整理所得。

乳业发展高速度和奶源建设低速度不匹配的矛盾催生了奶站在产业链上的畸形快速发展。如图 1-10 所示，蒙牛乳业只拥有 6 家牧场，却在全国建有 23 个生产基地。奶站的利益诉求无形中拉大了乳品企业和产业链关键环节之间的控制距离，这为事后交易成本的增加带来了极大的风险。乳业生命周期演化到一定阶段后，企业已经通过市场扩张获得大量的资源，如何把有限的财务能力在奶源建设、营销渠道等产业链环节上进行有效地分布，需要企业财务战略与营销战略的匹配。在乳品行业已经濒临增长极限时，乳品企业仍然选择信息传递的路径成本更低、对市场扩张的推动作用更直接的产业链下游作为其投资重点，而不是将所获资源反哺决定乳品质量的奶源建设以巩固市场和培育市场。

1.4.3 乳制品产业链结构

（1）乳制品产业链上游之奶源圈地战

乳制品产业链获得稳定的原材料供给的保证是拥有数量众多且质量可靠的奶源。乳品

---

① 陈钢. 乳制品行业研究报告——乳制品新政将引领行业稳步发展. 国金证券研究所行业研究报告，2008.

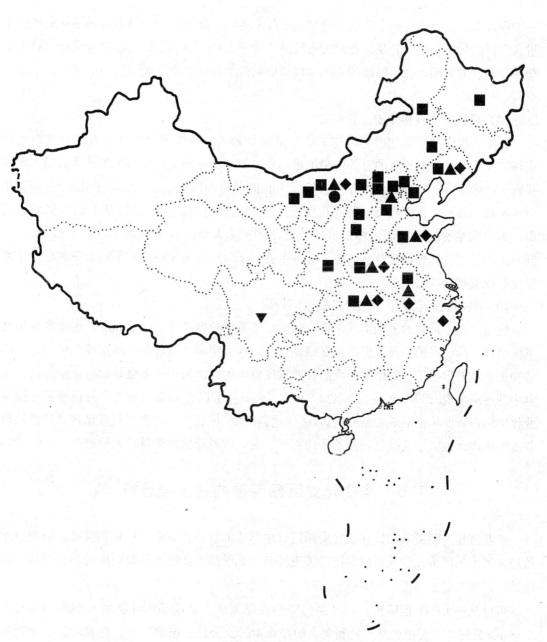

图 1 - 10 蒙牛乳业生产基地示意图

注：■——UHT 奶及乳饮料；▲——酸奶；◆——冰淇淋；●——其他乳制品；▼——正在建设。

资料来源：蒙牛 2008 年年报。

企业要建设规模牧场和得到能够控制的奶源需要投入大量的具有沉没性质的专用性投资，建设周期较长，不确定性较大。由于乳品需求市场的迅速扩张，为了抢夺有利先机，乳品企业把奶源圈地的目标瞄准了分散的牧民。原奶保鲜期有限的商品特点使得企业个体和众多零散的奶农产生了降低交易成本的需要，社会化运作的流动奶站应运而生。通过奶站这一中间环节，乳品企业把零散的奶源纳入了收购范畴，而政府恰恰没有对奶站从业者设定进入门槛的标准限制。乳品企业以失去乳品产业链关键环节的资源控制权为代价，换来了奶源圈地战的频频告捷，浮躁的心态和监管的缺位为存在严重质量问题的奶站留下了滋生空间。

（2）乳制品产业链中游之资本战

行业内推崇的"先建市场再建工厂"的运作模式一度为乳品企业打开了空前巨大的市场。如果乳品企业本身的财务资源不足以支撑随之而来的生产能力扩张，那么引入风险投资、产融结合、与外资合作等就自然成为它们寻求外援的途径。如蒙牛乳业在2002年引入摩根士丹利、鼎晖投资、英联投资三家境外投资机构的战略投资基金约5亿元人民币，为"蒙牛速度"神话的缔造奠定了充足的资金基础。资本的积累弥补了资金缺口，同时也激发了乳品企业投资的欲望，乳品企业基于对产业链关键环节不同的理解形成了差异化的投资结构。

（3）乳制品产业链下游之价格战和广告战

乳品产业价格战的表现形式包括：通过渠道直接锁定终端，降低成本；通过降价快速刺激消费，薄利多销；通过促销抢夺顾客资源，扩大市场；通过新产品直接低价上市，打造物美价廉的形象等。价格战是乳品行业过度竞争的突出表现，直接导致行业整体销售毛利率的逐渐下滑。2006年毛利率比2001年年末下降了将近12%，而资产负债率和亏损企业比例均在乳业价格战最为激烈的2004年达到峰值。[①] 此外，乳制品行业销售费用占销售收入的比例远远大于食品制造业的平均水平，而且两者间的差距呈扩大的趋势。

1.5 蒙牛乳业巨额亏损的利益链分析[②]

产业链作为利益共同体在整合资源过程中形成的价值状态的实质是利益链，而利益矛盾最为突出的环节往往就是产业链的关键环节。乳制品产业链各环节对应的利益主体和相应的产品输入输出如图1-11所示。

可以从图1-11推算出：在乳品污染事件爆发前，乳制品产业链的利润空间大致为3.38元/公斤，上游原奶生产的利润大约在0.46元/公斤，原奶生产、奶站收购、企业加工、超市零售的利润分别占33.82%、5.88%、7.35%、52.94%，而成本费用的投入比大约为53.67%、2.29%、43.57%、0.46%。上游奶牛养殖和原奶收购环节用近60%的投入只换来了40%左右的利润，而营销环节却以不到0.5%的投入获得了最大的收益。成本收益的不匹配使得利益重心向产业链下游偏移，企业对市场份额的过度关注通过杠杆效应

① 数据来源：根据国务院发展研究中心信息网披露数据整理所得。
② 程宏伟，冯茜颖，赵平飞. 资源控制权、和谐产业链与声誉危机治理——以乳品产业链为例. 中国工业经济，2009（4）.

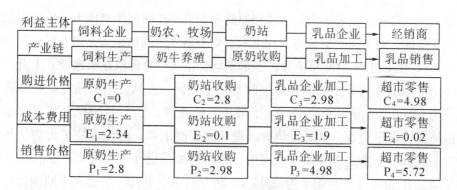

图 1 - 11 乳品产业链利益流向分析

资料来源：杨伟民，胡定寰. 中国乳业食品安全危机的根源及对策. 中国畜牧杂志，
2008（22）.

的传导，把上游利益矛盾积累的风险推向了极致。可见，尽管价格战压缩了乳品企业的利
润空间，但是真正为价格战买单的是基本上不具有谈判能力的上游奶源供应者。

影响奶农收益的直接因素是原奶收购价格和占到养殖成本绝大部分比例的饲料成本。
奶农贩卖原奶的收益包含两个部分：一是现实收益，即当前原奶的收购价格减去已发生的
饲料成本；二是潜在的未来收益即时间溢价，如因为某项政策的出台而导致原奶收购价大
幅提高的可能性等。如果奶农发现贩卖牛肉的即时收益持续大于贩卖原奶的收益，他们就
会退而求其次，贩卖能为其带来正收益的替代品——牛肉。这是乳制品产业链上游利益矛
盾积累到一定程度后，处于弱势群体的奶农自发形成的一种风险转移机制。奶农的利益空
间分布如图 1 - 12 所示。

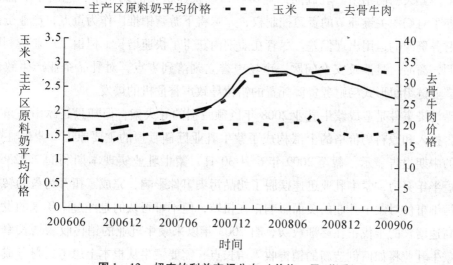

图 1 - 12 奶农的利益空间分布（单位：元/公斤）

资料来源：根据中国畜牧业信息网、《中国饲料》、《中国牧业通讯》2006—2009 年发布的数据整理所得。

由图 1－12 可知，玉米平均价格线和原奶平均价格线间的距离能大致反映出奶农贩卖原奶的利益空间，而牛肉平均价格线和玉米平均价格线之间的距离是奶农贩卖牛肉的利益空间。从 2006 年 1 月到 2008 年 7 月，玉米平均价格线呈分四段逐级递增式上升，截止到 2007 年 5 月，贩卖牛肉和原奶的利益空间都几乎相同。在这之后，随着原奶收购价的暂时下调，奶农贩卖原奶的利益空间进入了最狭窄的通道，尽管在 2007 年年底国家出台八项政策措施扶持奶业发展，原奶收购价出现了大幅度上调，但在维持了大约半年后，从 2008 年 3 月起又呈下滑趋势。而与此同时，牛肉价格受近年来食品类产品物价水平总体攀升的带动，自 2007 年 5 月起平均每月以 2.56% 的速度上升，远远大于同期食品 CPI 平均每月的增长速度。面临贩卖牛肉的利润空间高出原奶且两者差距还有扩大之势的客观现实，奶农清醒地认识到乳制品产业链上集中度较高的乳业巨头和众多分散的奶农在话语权上的力量悬殊，等待时机的耐心也逐渐消失，在时间溢价等于零的情况下杀牛倒奶，避免更大的损失成为理性的选择。奶农清算资产退出，这只是乳制品产业链利益失衡的表现形式之一。另一种表现形式就是当处于弱势地位的上游奶源提供者意识到他们在对原奶收购价没有话语权，唯一能实施控制的只有生产成本时，为降低成本，奶农或奶站可能在原奶中添加三聚氰胺来达到扩大盈利区间的目的。此次乳业声誉危机就是乳品产业链的关键环节上游利益矛盾激化后的一次集中爆发。

1.6　乳制品产业链声誉危机治理

乳制品产业声誉危机产生的主要原因是以产业链为载体的多重利益主体在内因与外因的作用下博弈失衡的结果。乳制品产业链在市场快速扩张的诱惑下，忽略了商品核心属性，放弃了对奶源关键环节的资源控制权，一味将下游营销推广作为重点，产业链的组织形式和财务资源的运用出现偏差。尽管在短期内获得了快速增长，但由于产业链利益分布的不协调，商品一旦涉及安全问题，市场声誉立刻落到零点，对乳品企业产生致命性打击。对产业链组织形式与财务资源配置的错位导致声誉危机的爆发。

奶品污染事件是造成蒙牛乳业 2008 年巨额亏损的导火索，但却只是冰山一角，而大量的广告投入和原料奶价格的上涨构成了蒙牛乳业巨额亏损的主要原因。蒙牛乳业 2009 年发布的中期报告显示，截至 2009 年 6 月 30 日，蒙牛乳业实现本期利润 7.2236 亿元。经过短短半年努力，蒙牛乳业迅速摆脱了奶品污染事件影响，完成了扭亏为盈的转变。虽然奶品污染事件对蒙牛乳业的负面影响正在扭转，但不可否认的是经过十年来的发展，蒙牛乳业高速增长的步伐正在逐渐放缓，自 2003 年以来蒙牛乳业的销售收入增长率正逐年递减。蒙牛乳业将如何创造新的销售收入增长点，需要蒙牛从根本上思考：财务成长的目的是什么？企业声誉危机为什么会出现？如何建立和谐的产业利益链？

2 财务能力与企业承诺
——阿继电器股改承诺分析

2.1 引言

2007 年 10 月 18 日，阿继电器发布《阿城继电器股份有限公司提示性公告》，称公司接到大股东哈尔滨电站设备集团公司（以下简称"哈电集团"）通知，哈电集团将严格履行股改承诺，在禁售期内不转让阿继电器的控股权，并保证在现行的国家及相关部门的法律、法规框架下，根据阿继电器存在退市风险的情况，继续依法合规地探讨和推进对阿继电器的资产重组方式，最大限度地保护全体股东利益。但由于资产注入存在一定障碍，有不确定性，请投资者注意投资风险。①公告一经发出，股市一片哗然。自公告发布当日至接下来的 6 个交易日共 7 个交易日内阿继电器连续出现 7 个跌停，流通市值蒸发了约 8.5 亿元。阿继电器的这则公告为什么会震惊股市呢？流通股股东为什么会用脚投票呢？事件缘起于股改承诺。

为使股权分置改革方案能够在股东大会上获得通过，非流通股股东除了向流通股股东支付对价外，还要作出各种各样的股改承诺。这些股改承诺或多或少地给予了流通股股东对上市公司行为与业绩的某种预期。股改承诺的履行与否不仅关系到流通股股东的切身利益，而且关系到股权分置改革是否能够顺利进行。提高对股改承诺履行的监管水平，不仅能促使股权分置改革顺利完成，而且能规范上市公司的治理结构、提高资源的配置效率、促进资本市场健康稳定的发展。

纵观中国资本市场的发展历程，财务造假、内幕交易、操纵股价、掏空上市公司等现象司空见惯。从过去的郑百文、金荔科技、科龙电器，到近年的麦科特、杭萧钢构、丹东化纤……信用缺失已成为中国资本市场存在的最大问题，言而无信的现象司空见惯。

在这种失信的资本市场上，非流通股股东股改承诺履行与否的影响因素是什么？监管机构该如何制订监管方案来迫使非流通股股东履行股改承诺？流通股股东和媒体如何通过监督促使非流通股股东履行股改承诺？

---

① 阿继电器 2007 年 10 月 18 日在深圳证券交易所发布的公告：《阿城继电器股份有限公司提示性公告》。

2.2 股权分置改革基本背景

股权分置是指"A股市场的上市公司股份按能否在证券交易所上市交易被区分为非流通股和流通股"。①

随着我国经济的快速发展、体制改革的逐步深入、中国特色社会主义市场经济体制的确立和资本市场的发展，股权不流通导致的同股不同价、同股不同酬、股票的流通性较差、不能公开交易、国有资产价值被严重低估等问题已经成为资本市场体系完善与发展的桎梏。针对这一弊端，十六大明确指出要实现投资主体的多元化，完善国有资本有进有退、合理流动的机制。股权分置改革有利于引进市场化的激励和约束，形成良好的自我约束机制和有效的外部监督机制，进一步完善公司法人治理结构，并消除股权分置这一股票市场最大的不确定因素，有利于股票市场的长远发展。基于这一政策方针，2005年4月29日，中国证券监督管理委员会发布《关于上市公司股权分置改革试点有关问题的通知》，正式启动股权分置改革，促使公开发行前股份暂不上市交易的非流通股向流通股转变，实现资本市场的全流通，并设计出一个折中方案，将原有的限售股份折股成流通股份。对流通股股东来说，通过股改得到非流通股股东支付的对价，自身的权益得到了保障。

为使股权分置改革方案能够在股东大会上获得通过，非流通股股东除了向流通股股东支付对价外，还要作出各种各样的股改承诺。上海证券交易所、深圳证券交易所对股改承诺的分类如表2-1所示。

表2-1　　　　　　　　　　　　　　股改承诺类型及举例

序号	股改承诺类型	采用该类承诺的公司举例	承诺内容
1	限售	股改公司法定义务	自改革方案实施之日起，在12个月内不得上市交易或者转让。
2	股份减持	股改公司法定义务	持有上市公司股份总数百分之五以上的原非流通股股东，在限售期满后，通过证券交易所挂牌交易出售原非流通股股份，出售数量占该公司股份总数的比例在12个月内不超过5%，在24个月内不超过10%。
3	最低持股比例	（600001）邯郸钢铁	邯钢集团承诺自改革方案实施之日起五年内，如果邯钢集团在邯郸钢铁的持股比例低于40%，将不通过交易所的集中竞价系统出售股份。

① 详见2005年8月24日发布的《关于上市公司股权分置改革的指导意见》的第一条第二款。

表2-1(续)

序号	股改承诺类型	采用该类承诺的公司举例	承诺内容
4	建议分红	(600003)ST东北	黑龙江省高速公路公司、华建交通经济开发中心、吉林省高速公路集团有限公司承诺将在2006年年度股东大会上提出东北高速2006年度现金分红比例不少于公司当年实现的可供股东分配利润的70%的分红提案,并保证在股东大会表决时对该议案投赞成票。
5	提议转增	(600033)福建高速	在本次改革方案实施后,福建省高速公路有限责任公司和华建交通经济开发中心承诺将提议并赞同福建高速2006年中期实施公积金转增股本议案:福建高速向全体股东实施公积金转增股本,转增比例为每10股转增5股。
6	增持	(600078)澄星股份	澄星集团承诺在澄星股份股权分置改革方案实施完成后的30日内,如澄星股份的股票价格降至每股6元以下,澄星集团将投入累计不超过5000万元的资金,通过上海证券交易所以集中竞价的交易方式来增持澄星股份的流通股。
7	追加对价	(600053)中江地产	拟追加对价的股份数量为760.5万股,按现有流通股股份计算,每10股流通股获送1股。(若触发追加对价条件,才会追加对价)
8	股权激励	(600131)岷江水电	在本次股权分置改革工作实施完成以后,公司第一大股东阿坝州水利电网资产经营公司将提议岷江水电根据国家相关管理制度和办法,实施管理层激励计划。
9	延长限售时间	(600345)长江通信	武汉长江光通信产业有限公司、武汉新能实业发展有限公司持有的非流通股股份,在36个月内不上市交易或转让。
10	严格限售条件	(600105)永鼎股份	永鼎集团在所持有的原非流通股股份自股权分置改革方案实施之日起12个月内不上市交易或转让的承诺期期满后,通过证券交易所挂牌交易出售该等股份,出售数量占本公司股份总数的比例在12个月内不超过4%,在24个月内不超过8%。
11	其他	(000922)阿继电器	股权转让完成后,将由哈电集团按本股权分置改革方案执行对流通股股东的对价安排;在股权分置改革方案实施完毕后,择机启动资产重组工作,将哈电集团旗下自动控制相关资产以资本运作方式整合入上市公司,实现上市公司的战略转型。

资料来源:根据上海证券交易所、深圳证券交易所披露的数据整理。

2.3 阿继电器股权分置改革情况

2.3.1 哈电集团简介

阿继电器的实际控制人为哈电集团。哈电集团是由国家"一五"期间前苏联援建的156项重点建设项目中的六项沿革而成,是在原哈尔滨电机厂、哈尔滨锅炉厂、哈尔滨汽轮机厂、阿城继电器厂等骨干企业的基础上,为适应成套开发、成套设计、成套制造和成套服务的市场发展要求，组建而成的我国大型发电设备制造基地和成套设备出口基地。1987 年哈电集团成为全国首批 55 家试点企业集团之一，2003 年成为中央管理的 53 户关系国家安全和国民经济命脉的国有重要骨干企业之一。①哈电集团产权及控制关系如图 2－1 所示。

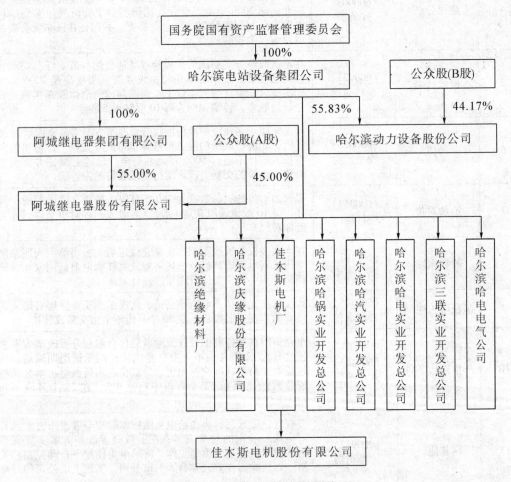

图 2－1　哈电集团产权及控制关系

注：截至 2006 年报告期末，阿城继电器股份有限公司股东总数 24 323 户，其中非流通股股东 1 户，流通 A 股股东 24 322 户，前十大流通股股东中不存在持股比例超过 5% 的股东；哈尔滨动力设备股份有限公司股东总数 66 户，其中国有法人股股东 1 户，H 股股东 65 户，H 股股东中 HKSCC Nominees Limited 持股比例高达 43.45%，其余 H 股股东持股比例合计 0.72%。

资料来源：根据阿继电器、哈动力 2006 年年度报告、哈尔滨电站设备集团网站资料整理所得。

---

① 阿继电器 2007 年 2 月 28 日在深圳证券交易所发布的公告：《阿城继电器股份有限公司收购报告书》。

2.3.2 阿继电器股权分置改革过程

阿继电器于 1999 年 6 月 18 日在深圳证券交易所首发上市。2007 年 1 月 8 日公司发布《阿城继电器股份有限公司股权分置改革说明书修订稿》，称本次股权分置改革方案实施股权登记日登记在册的流通股股东，每持有 10 股流通股将获得 2.8 股股份。公司唯一非流通股股东阿城继电器集团有限公司（以下简称"阿继集团"）需向流通股股东执行 37 604 000 股股份的对价总额。同时，公司非流通股股东做出如下承诺：①其所持股份自获得上市流通权之日起，在 12 个月内不上市交易或者转让，在前项承诺期期满后，其通过证券交易所挂牌交易出售的股份占公司股份总数的比例在 12 个月内不超过 5%，在 24 个月内不超过 10%。②阿继集团向哈电集团出售其所持有的 16 413.5 万股本公司股票，用股权出售获得的现金清偿大股东占款 1600 万元；通过与债权银行协商，阿继集团以代本公司承担银行债务的方式清偿人股东占款 17 483 万元。另外，哈电集团承诺，若以上方案无法顺利实施，则由哈电集团于 2006 年 12 月 31 日前代替阿继集团清偿对本公司的资金占用。③股权转让完成后，将由哈电集团按本股权分置改革方案执行对流通股东的对价安排；在股权分置改革方案实施完毕后，择机启动资产重组工作，将哈电集团旗下自动控制相关资产以资本运作方式整合入上市公司，实现上市公司的战略转型。具体方式为：择机在公司股东大会上提出资产整合的相关议案，并对该议案投赞成票（法律、法规、规章规定需要回避的除外）。[①] 2007 年 3 月 8 日，国务院国有资产监督管理委员会批复批准该项股权分置改革方案，相关临时公告发布于当日。2007 年 3 月 16 日，公司召开股东会议审议并通过了该项股权分置改革方案，相关临时公告发布于次日。2007 年 4 月 9 日，公司发布《股权分置改革方案实施公告》，称实施股权分置改革的股份变更登记日为 2007 年 4 月 10 日，流通股股东获付对价股份到账日期为 2007 年 4 月 11 日，公司股票将于 2007 年 4 月 11 日恢复交易。

2.3.3 哈电集团履行股改承诺情况

截至 2006 年 12 月 31 日，公司原大股东阿继集团占用资金已经全部清偿完毕，相关临时公告发布于 2007 年 1 月 4 日。[②] 至此，公司大股东阿继集团在股权分置改革方案中做出的关于清偿占用资金的第二项承诺履行完毕。

2007 年 9 月 4 日，公司发布《股票交易异常波动公告》，称公司大股东哈电集团在公司股改时承诺："在股权分置改革方案实施完毕后，择机启动资产重组工作，将哈电集团

---

① 阿继电器 2007 年 1 月 8 日在深圳证券交易所发布的公告：《阿城继电器股份有限公司股权分置改革说明书修订稿》。

② 阿继电器 2007 年 1 月 4 日在深圳交易所发布的公告：《阿城继电器股份有限公司关于大股东资金占用清偿完毕的公告》。

旗下自动控制相关资产以资本运作方式整合入上市公司，实现上市公司的战略转型。"自2007年4月公司股权分置改革完成后，哈电集团一直在探讨资产注入的方式、方法，但目前尚未形成具体方案。①公司大股东哈电集团正在设法履行其在股权分置改革方案中做出的关于注入自动化控制相关资产的第三项承诺。

2007年9月28日，公司接到大股东哈电集团通知：哈电集团拟向东兆长泰投资集团有限公司转让阿继电器的控股权，因尚未签订股权转让协议，且本次股权转让，需国务院国有资产监督管理委员会的批准，此次转让尚存在重大不确定性。②临时公告发布于2007年10月8日。公司大股东哈电集团有意公然违背其在股权分置改革方案中做出的关于减持股份的第一项承诺。

2007年10月17日，公司接到大股东哈电集团通知，哈电集团将严格履行股改承诺，在禁售期内不转让阿继电器的控股权，并保证在现行的国家及相关部门的法律、法规框架下，根据阿继电器存在退市风险的情况，继续依法探讨和推进对阿继电器的资产重组方式，最大限度地保护全体股东利益，但由于资产注入存在一定障碍，有不确定性，请投资者注意投资风险。③相关临时公告发布于2007年10月18日。公司大股东哈电集团有意公然违背承诺，在遭到了深圳交易所、中国证券监督管理委员会、国务院国有资产监督管理委员会（以下简称"国资委"）迅速而强烈地反对后，将继续履行其在股权分置改革方案中做出的关于减持股份的第一项承诺。

2007年10月25日，公司发布《澄清公告》，称公司大股东哈电集团明确表示大股东的利益和全体流通股东的利益是一致的，大股东将继续严格履行股改承诺。④

2009年10月29日，公司发布《阿城继电器股份有限公司2009年第三季度报告全文》，称大股东哈电集团对注入自动化控制相关资产的承诺在报告期内暂未履行。

2.4 哈电集团违背股改承诺的原因分析

2.4.1 财务能力与股改承诺

哈电集团有意公然违背股改承诺的动机何在？哈电集团对注入资产的承诺为何迟迟不能实现？下面将从财务能力的角度进行分析。

数据来源：国泰安中国上市公司治理结构研究数据库基本数据库中提供的全部52家电器机械及器材制造业上市公司；其财务数据来自于国泰安中国上市公司财务报表数据库电器机械及器材制造业上市公司2007年资产负债表、利润表，网易财经频道阿继电器

---

① 阿继电器2007年9月4日在深圳交易所发布的公告：《阿城继电器股份有限公司股票交易异常波动公告》。
② 阿继电器2007年10月8日在深圳交易所发布的公告：《阿城继电器股份有限公司提示性公告》。
③ 阿继电器2007年10月18日在深圳交易所发布的公告：《阿城继电器股份有限公司提示性公告》。
④ 阿继电器2007年10月25日在深圳交易所发布的公告：《阿城继电器股份有限公司澄清公告》。

2003—2007 年资产负债表、利润表。

通过构建企业经营状况综合评价指标体系和模型来评价上市公司的财务状况。

首先，根据财政部、经贸委、人事部和计委在 1999 年 6 月 1 日颁布试行的《国有资本金效绩评价操作细则》构建出企业经营状况的综合评价指标体系，具体指标及权重如表 2 - 2 所示。

表 2 - 2　　　　　　　　企业经营状况的综合评价指标体系及权重

指标类别	指标细分	标识	计算方法
财务效益状况 (0.42)	净资产收益率 (0.3)	A_1	$\dfrac{\text{净利润}}{\text{平均净资产}} \times 100\%$
	总资产报酬率 (0.12)	A_2	$\dfrac{\text{息税前利润总额}}{\text{平均资产总额}} \times 100\%$
资产营运状况 (0.18)	总资产周转率 (0.09)	A_3	$\dfrac{\text{营业收入净额}}{\text{平均资产总额}} \times 100\%$
	流动资产周转率 (0.09)	A_4	$\dfrac{\text{营业收入净额}}{\text{平均流动资产总额}} \times 100\%$
偿债能力状况 (0.22)	- 资产负债率 (0.12)	A_5	$-\dfrac{\text{负债总额}}{\text{资产总额}} \times 100\%$
	流动比率 (0.10)	A_6	$\dfrac{\text{流动资产}}{\text{流动负债}}$
发展能力状况 (0.18)	销售增长率 (0.09)	A_7	$\dfrac{\text{营业收入增长额}}{\text{上年营业收入总额}} \times 100\%$
	资本积累率 (0.09)	A_8	$\dfrac{\text{所有者权益增长额}}{\text{年初所有者权益}} \times 100\%$

注：由于数据的可得性，用流动比率指标替代了已获利息倍数指标，权重不变。由于资产负债率越低，公司的偿债能力越强，因此，在比较时选择资产负债率的相反数。

资料来源：根据国家财政部、国家经济贸易委员会和国家人事部等于 1999 年 6 月 1 日颁布试行的《国有资本金效绩评价操作细则》整理所得。

其次，根据构建出的企业经营状况的综合评价指标体系建立企业经营状况的综合评价模型：

$$W_j = \sum_{i=1}^{8} w_i \times (53 - p_{ji}) \quad j = 1, 2, \cdots, 52$$

式中：W_j 表示第 j 个公司的最后得分，w_i 表示第 i 个评价指标的权重，p_{ji} 表示第 j 个公司第 i 个指标的降序排名，表示第 j 个公司第 i 个指标的最后得分（也就是说：第 i 个指标排名第 1 位的公司第 i 个指标得分为 52 分……第 i 个指标排名第 52 位的公司第 i 个指标得分为 1 分）。

最后，对所有公司的 W_j 进行降序排列，就可以得到第 j 个公司经营状况的综合评价排名 P_j。

将从国泰安中国上市公司财务报表数据库资产负债表、利润表中提取出来的电器机械及器材制造业的 52 家上市公司 2007 年的财务数据代入上述构建的企业经营状况的综合评价模型，经计算得出了电器机械及器材制造业的 52 家上市公司的经营状况的综合评价排名，如表 2－3 所示。

表 2－3　　　　　　　　　企业经营状况的综合评价排名

股票代码	A_1 (0.3)	A_2 (0.12)	A_3 (0.09)	A_4 (0.09)	A_5 (0.12)	A_6 (0.1)	A_7 (0.09)	A_8 (0.09)	总分	排名
000049	43	42	11	16	40	32	45	44	16.62	45
000400	34	27	41	48	19	17	39	36	20.82	37
000418	14	13	8	10	24	23	41	21	34.86	9
000521	44	45	6	5	42	48	16	43	18.26	42
000527	7	10	3	4	39	37	6	17	38.62	5
000533	13	16	12	20	46	39	14	24	31.46	19
000536	1	4	37	35	47	47	44	8	30.72	22
000541	22	6	44	38	1	2	33	18	33.39	15
000561	2	52	42	39	52	52	50	20	21.13	36
000585	50	51	39	27	21	27	35	51	12.98	49
000651	9	31	5	8	45	38	11	10	34.32	11
000727	51	50	49	17	28	50	5	50	12.45	50
000806	45	40	48	31	27	42	4	14	18.53	41
000893	36	38	10	14	41	33	12	33	23.21	31
000921	49	26	4	2	51	51	23	48	17.03	44
000922	42	41	51	51	35	46	49	40	9.49	51
002005	38	35	13	13	36	44	37	37	19.68	40
002028	12	7	38	32	7	12	8	4	39.14	4
002074	26	22	35	41	15	18	31	28	26.81	25
002112	29	25	7	12	25	20	25	7	31.71	18
002123	10	5	27	42	4	3	7	2	41.6	3
002169	23	20	30	44	18	13	20	5	31.33	20
002180	19	8	50	50	2	1	38	3	33.31	16
002202	5	3	21	30	17	5	1	1	43.83	2
600067	16	32	26	40	48	25	34	19	25.39	27
600089	15	15	18	19	38	26	9	13	34.23	12

表2-3(续)

股票代码	A_1 (0.3)	A_2 (0.12)	A_3 (0.09)	A_4 (0.09)	A_5 (0.12)	A_6 (0.1)	A_7 (0.09)	A_8 (0.09)	总分	排名
600097	40	39	45	47	23	22	51	42	14.71	47
600112	31	30	34	33	5	8	19	16	29.52	24
600183	11	9	15	11	20	28	26	22	36.76	7
600192	35	36	32	36	22	16	40	34	21.16	35
600202	4	2	24	28	34	24	10	15	38.15	6
600336	52	49	36	37	49	49	17	52	7.96	52
600340	47	47	31	24	19	19	18	46	19.93	39
600379	41	43	25	25	8	7	32	41	22.81	32
600481	21	23	14	6	32	34	2	30	32.02	17
600482	28	24	16	15	29	30	13	9	30.47	23
600517	6	1	9	21	10	4	3	6	45.97	1
600520	46	46	40	34	3	10	48	45	17.29	43
600550	18	17	43	45	37	40	42	23	23.35	30
600577	24	19	2	3	31	21	24	11	34.1	13
600580	25	18	20	18	11	15	27	38	31.25	21
600590	33	34	29	26	30	31	30	32	21.79	34
600619	32	37	17	9	33	45	21	29	23.66	29
600627	17	11	23	7	9	29	29	26	34.95	8
600690	27	21	1	1	12	9	22	35	34.73	10
600724	30	28	33	29	26	36	43	25	22.22	33
600753	39	44	52	52	16	6	46	39	16.49	46
600835	20	14	19	22	14	14	28	27	33.6	14
600847	8	12	47	46	43	41	52	12	25.77	26
600854	48	48	46	49	13	11	47	47	13.17	48
600873	37	33	22	23	44	43	15	31	20.17	38
600875	3	29	28	43	50	35	36	49	25.08	28

注：①A_1为净资产收益率；A_2为总资产报酬率；A_3为总资产周转率；A_4为流动资产周转率；A_5为－资产负债率；A_6为流动比率；A_7为销售增长率；A_8为资本积累率。

②括号内部的数代表权重。

资料来源：根据国泰安中国上市公司财务报表数据库资产负债表、利润表中提供的数据经计算整理所得。

通过对排名结果的分析发现，阿继电器经营状况的综合评价排名在所有上市的电器机械及器材制造业的 52 家企业中排名第 51 位。具体指标的数值及排名情况如表 2-4 所示。

表 2-4　　　　　　阿继电器经营状况的综合评价指标数值与行业平均值比较

	A1 （%）	A2 （%）	A3 （%）	A4 （%）	A5 （%）	A6	A7 （%）	A8 （%）	综合 排名
电器机械及器材 制造业平均值	10.88	5.04	91.96	143.17	-60.44	1.57	22.34	38.35	
阿继电器	2.41	3.57	25.75	43.86	-63.78	0.97	-24.72	2.44	
在行业中的排名	42	41	51	51	35	46	40	49	51

注：A1 为净资产收益率；A2 为总资产报酬率；A3 为总资产周转率；A4 为流动资产周转率；A5 为 - 资产负债率；A6 为流动比率；A7 为销售增长率；A8 为资本积累率。括号内部的数代表权重。

资料来源：根据国泰安中国上市公司财务报表数据库资产负债表、利润表中提供的数据经计算整理所得。

由表 2-4 可知，阿继电器的所有八项反映企业经营状况的评价指标都低于电器机械及器材制造业的平均水平。就财务状况而言，阿继电器的盈利能力不明显，经营效率低下，债务负担较重，而且偿债能力不足，成长能力较差。

通过对阿继电器 2003—2008 年的资产负债表、利润表的分析发现，自 2004 年以来，阿继电器的营业利润一直为负数。而 2003 年年末至 2008 年年末 5 年间，阿继电器的所有者权益从 5.48 亿元锐减到 1.22 亿元。阿继电器控股股东哈电集团 2006 年年底直接和间接付出了 2.16 亿元现金从其全资子公司阿继集团手中受让了阿继电器 55% 的股份，然而，阿继电器不仅不能给哈电集团带来任何利润，而且接连出现亏损。一次两次的亏损，作为国家安全和国民经济命脉的国有重要骨干企业之一的哈电集团是有能力帮助阿继电器扭亏为盈的，但是，持续不断的亏损对哈电集团来说，将是个无底洞。而此时，东兆长泰打算接手阿继电器，哈电集团此时若将阿继电器这个壳资源出售，无疑将获得一笔可观的现金，并且能甩掉阿继电器这个沉重的包袱，这正是哈电集团兵行险招的原因。下面将对阿继电器的财务能力进行详细分析。

阿继电器的主营业务范围为开发、生产、销售继电保护及自动化产品（含工程软件）、电源及电力电子产品、计算机网络产品、工业过程自动化成套设备、通信设备（不含卫星广播地面接收设备）、日用电器、环保产品、高低压开关元件及设备、立体停车设备、变压器、电抗器、互感器、粮食仓储控制系统产品、化工电镀、模具开发与制造、塑料制品、精密铸造、板材型材加工、按《中华人民共和国进出口企业资格证书》批准范围从事经营活动。而阿继电器的业务属完全竞争行业，产品更新换代快，常规产品市场不断萎缩，新产品投入市场形成新的收入增长点尚需一定周期。2005 年阿继电器对 X 运行模式和营销策略进行了调整，加强了客户信誉的评估工作。在营销过程中，对信誉程度低、资金没有保障的客户、毛利率低的产品和非电力行业，特别是房地产行业客户等进行了严格筛选和控制，停止了没有利润的合同，拒签了一大批风险合同。受常规产品市场萎缩、营销策略调整的影响，阿继电器的主营业务收入显著下降，如图 2-2 所示。

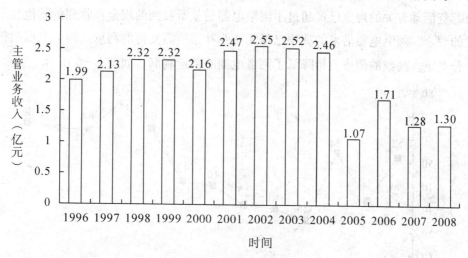

图 2-2　阿继电器主营业务收入

资料来源：根据新浪网财经频道提供的阿继电器历年财务报表整理所得。

在主营业务收入出现显著下降的同时，阿继电器的主营业务利润率也出现显著下降，如图 2-3 所示。1996—2008 年，阿继电器的主营业务利润率从 50% 骤降到 4%，甚至在 2006 年降到 -9%。

图 2-3　阿继电器主营业务利润率

资料来源：根据新浪网财经频道提供的阿继电器历年财务报表整理所得。

自 1999 年以来，阿继电器的资产负债率不断攀升，1999—2008 年阿继电器的资产负债率从 25% 攀升到 66%，增长了 41%，如图 2-4 所示。资产负债率的增长加大了阿继电器的债务负担，增加了财务费用，使得 2003—2008 年阿继电器筹资活动产生的现金流量净额为负数，如图 2-5 所示。即 2003—2008 年阿继电器偿还债务所支付的现金和支付的其他与筹资活动有关的现金已经超过了阿继电器借款所收到的现金和收到的其他与筹资活动有关的现金，阿继电器借来的款项已经无法弥补其所需支付的利息。阿继电器的债务负担已十分严重。高额的债务负担降低了阿继电器的营业利润，如图 2-6 所示。

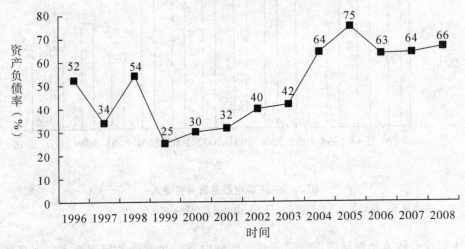

图 2-4　阿继电器资产负债率

资料来源：根据新浪网财经频道提供的阿继电器历年财务报表整理所得。

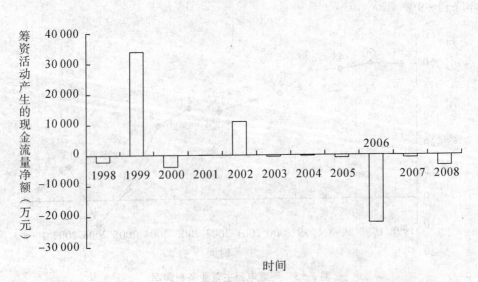

图 2-5　阿继电器筹资活动产生的现金流量净额

资料来源：根据新浪网财经频道提供的阿继电器历年财务报表整理所得。

由图 2-6 可知，自 2004 年以来，连续五年，阿继电器的营业利润一直为负数，处于亏损状态。如无特殊情况发生，连续三年出现亏损的上市公司理应作退市处理。为了保住上市公司这个壳资源，哈尔滨政府部门对阿继电器实施了干预措施。2004 年阿继电器被认定为双软企业，享受超过税负3%缴纳的增值税即征即退的优惠政策，本期获得退回增值税5 749 313.69元。2007年阿继电器又收到哈尔滨财政局财政拨款7 000万元。由于2004年的补贴收入和2007年的营业外收入，阿继电器2004年的净利润为1 529 839.68元，2007年的净利润为6 403 057.27元，如图2-7所示。阿继电器薄弱的盈利能力以及政府的适时干预使得阿继电器游走在退市的边缘。阿继电器如果不能提升其财务能力，单靠政府的扶持是很难走出困境的。政府的适时干预只能在一定程度上缓解阿继电器暂时遇到的困难，阿继电器要想走出困境还得靠提升自身的财务能力。

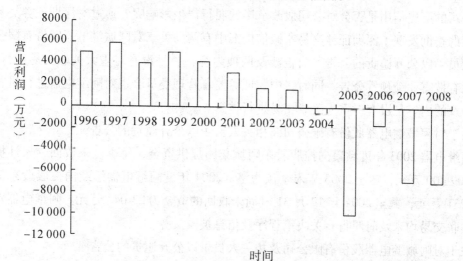

图2-6　阿继电器营业利润

资料来源：根据新浪网财经频道提供的阿继电器历年财务报表整理所得。

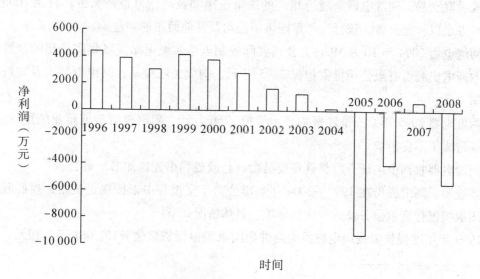

图2-7　阿继电器净利润

资料来源：根据新浪网财经频道提供的阿继电器历年财务报表整理所得。

哈电集团同时还承诺过择机启动资产重组工作，将哈电集团旗下自动控制相关资产以资本运作方式整合注入上市公司，实现上市公司的战略转型。就目前的状况来看，哈电集团的注资承诺没有规定具体的履行期限。如果阿继电器不能改善其财务能力，哈电集团即便是注入资产也难帮阿继电器走出财务困境，很有可能哈电注入的资产也会被吞噬掉。因此，阿继电器要想很快得到哈电集团的注资，必须改善其财务能力。

2.4.2　历史信用与股改承诺

公司的历史信用是否会对公司股改承诺的履行产生影响呢？通过对深圳证券交易所诚信档案的查询发现了深圳证券交易所诚信档案中有两条关于对阿城继电器股份有限公司及相关人员予以公开谴责的公告。公告涉及两项内容：一是没有对重大关联交易进行披露；二是没有披露业绩预亏公告。同时，中国证券监督管理委员会也对阿继电器进行过行政处罚，涉及的内容是没有对重大关联交易进行披露。

关于对阿城继电器股份有限公司及相关人员予以公开谴责的公告①

阿继电器 2003 年度频繁向控股股东阿城集团提供资金，每季度末收回，累计提供资金达 109 400 万元，截至 2003 年末余额为零。2004 年度阿继电器继续向控股股东提供资金 34 231 万元，截至 2004 年 12 月 31 日尚未收回的资金为 23 043 万元。阿继电器对上述重大关联交易均未及时履行相关决策程序及信息披露义务。

关于对阿城继电器股份有限公司及相关人员予以公开谴责的公告②

自 1998 年以来阿继电器将控股股东阿继集团在银行的贷款变更到阿继电器名下，为阿继集团承担银行债务 214 370 000 元，截至 2005 年 12 月 31 日阿继集团仍未偿还。该事项构成关联交易，阿继电器未履行相应的决策程序和及时信息披露义务，直至 2006 年 2 月 9 日方予以补充公告。该行为严重损害了公司及其他股东的利益。

阿继电器 2004 年 10 月 19 日为公司实际控制人哈尔滨电站设备集团公司的全资子公司佳木斯电机股份有限公司提供担保 2895 万元，构成关联交易，阿继电器未及时履行信息披露义务。

阿继电器 2005 年第三季度报告显示亏损 1766 万元，阿继电器未披露业绩预亏公告，对市场造成了不良影响。

阿继电器收到中国证券监督管理委员会《行政处罚事先告知书》的公告③

经查明，阿继股份在 1999—2004 年上市公司年度报告中未按规定披露为控股股东阿继集团承担银行贷款债务及财务费用事项。具体情况如下：

1999 年年度报告未按规定披露为阿继集团承担银行贷款债务151 081 732.79元，财务

---

①　http：//www. szse. cn/UpFiles/cfwj/2005 - 03 - 24 _000922446. htm。

②　http：//www. szse. cn/UpFiles/cfwj/2006 - 04 - 12 _000922499. htm。

③　http：//disclosure. szse. cn/m/finalpage/2008 - 04 - 11/38675930. PDF。

费用9 148 436.64元；2000年年度报告未按规定披露为阿继集团承担银行贷款债务151 081 732.79元，财务费用5 430 328.70元；2001年年度报告未按规定披露为阿继集团承担银行贷款债务141 081 732.79元，财务费用12 201 071.86元；2002年年度报告未按规定披露为阿继集团承担银行贷款债务140 081 732.79元，财务费用9 427 596.23元；2003年年度报告未按规定披露为阿继集团承担银行贷款债务160 581 732.79元，财务费用9 245 224.40元；2004年年度报告未按规定披露为阿继集团承担银行贷款债务215 100 000元，财务费用4 872 419.22元。

同时，2001—2008年阿继电器信息披露考评结果都不太理想，甚至2005年、2006年的考评结果为不合格，如表2-5所示。阿继电器的历史信用较差，在股权分置改革过程中，哈电集团不仅有意违背其在股权分置改革中所做出的有关减持股份的第一项承诺，而且对注入自动控制相关资产的第三项承诺至今未能履行。

表2-5 阿继电器信息披露考评

公司代码	公司简称	考评结果	考评年度
000922	ST 阿 继	合格	2008
000922	ST 阿 继	合格	2007
000922	ST 阿 继	不合格	2006
000922	ST 阿 继	不合格	2005
000922	ST 阿 继	良好	2004
000922	ST 阿 继	良好	2003
000922	ST 阿 继	良好	2002
000922	ST 阿 继	合格	2001

资料来源：深圳证券交易所。

2.4.3 市场反应与股改承诺

哈电集团有意公然违背股改承诺所带来的后果是什么呢？流通股股东会作出什么样的反应呢？流通股股东会不会"用脚投票"呢？下面将通过事件研究法来分析股改承诺的履行情况所带来的市场反应。

数据来源：

阿继电器历史交易数据：国泰安中国证券市场交易数据库日数据。

深证成分指数历史交易数据：新浪财经频道深证成分指数历史交易数据。

根据 Brown and Warner（1985）的市场调整模型①，构建出计算超额收益和累积超额收益的模型：

$$R_{i,t} = \frac{P_{i,t} - P_{i,t-1}}{P_{m,t-1}}$$

$$R_{m,t} = \frac{P_{m,t} - P_{m,t-1}}{P_{m,t-1}}$$

$$AR_{i,t} = R_{i,t} - R_{m,t}$$

$$CAR_{i,T} = \sum_{t=t_1}^{t_2} AR_{i,t} \quad (T = t_2 - t_1 + 1)$$

式中：$P_{i,t}$ 表示 i 公司的股票在第 t 日的收盘价格，$P_{m,t}$ 表示深圳成分指数在第 t 日的收盘点数，$R_{i,t}$ 表示 i 公司的股票在第 t 日的日收益率，$R_{m,t}$ 表示深圳成分指数在第 t 日的日收益率，$AR_{i,t}$ 表示 i 公司的股票在第 t 日的超额收益率，$CAR_{i,T}$ 表示 i 公司的股票在时间段 T 的累积超额收益率。

事件日是指阿继电器有意违背股改承诺在遭到了深圳证券交易所、中国证券监督管理委员会、国务院国资委迅速而强烈的反对后发布提示性公告的当日（t = 0），而事件的窗口期为事件日前后 10 天（−10≤t≤10）。计算阿继电器的股票的超额收益率的时间段共有 21 个交易日。经计算得出了阿继电器有意违背股改承诺遭到了深圳证券交易所、中国证券监督管理委员会、国务院国资委迅速而强烈的反对而发布提示性公告当日前后 10 个交易日内的公司股票超额收益率和累积超额收益率如图 2−8 所示。

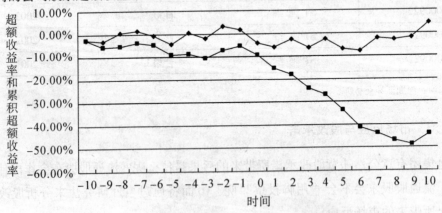

图 2−8 阿继电器超额收益率和累积超额收益率

资料来源：根据国泰安中国证券市场交易数据库日数据和新浪财经频道深圳成分指数历史交易数据经计算整理。

---

① BROWN S, WARNER J. Using daily stock returns: the case of event studies. Journal of Financial Economics, 1985, 14 (1): 3−31.

通过对计算结果的研究发现：从事件日前 10 天至事件日前 1 天的 10 个交易日内累积超额收益率仅为 -5.42%，而从事件日前 10 天至事件日后 10 天的 21 个交易日内的累积超额收益率达到了 -44.16%。也就是说，从事件日至事件日后 10 天的 11 个交易日内的累积超额收益率达到了 -38.74%。从事件日开始，累积超额收益率开始下降一直到事件日后的第 9 天，累积收益率降到了最低，为 -43.27%。就公司股价而言，由于阿继电器的控股股东哈电集团有意违背股改承诺，导致了流通股股东对阿继电器失去了信心，以致阿继电器连续 9 天的超额收益率都为负数。[①]

2.5　信用机制监管与股改承诺履行

尽管中国证券监督管理委员会发布了《上市公司股权分置改革管理办法》等多项规范上市公司股权分置改革的文件，但是效果并不明显，上市公司非流通股股东违背股改承诺的行为依然存在。[②] 如何对哈电集团的行为进行约束，保证哈电集团履行股改承诺呢？

我们将哈电集团作出的第一项承诺定义为确定性股改承诺，属于《上市公司股权分置改革管理办法》第二十七条规定的、哈电集团必须履行的承诺。在对价支付完毕后，哈电集团已委托中国证券结算登记有限责任公司深圳分公司对其持有的有限售条件的流通股份办理临时保管手续，确保其履行该项法定承诺。如果哈电集团违背该项法定承诺，将接受《上市公司股权分置改革管理办法》第五十条规定的处罚。因此，法律监管对该项承诺的履约具有较强的保障作用。哈电集团做出的第二项承诺关系到股改方案能否通过，是哈电集团必须履行的，同样属于确定性股改承诺，该项承诺哈电集团已履行完毕。

哈电集团做出的第三项承诺为或有股改承诺。[③] 由于该项承诺没有规定具体的履约期限，因此，法律监管对该项承诺的履约保障作用较弱。那么，除了法律监管外，还有没有其他的监管方式能保证哈电集团履行该项或有股改承诺呢？我们从博弈和期权的角度进行分析。

哈电集团或有股改承诺履行与否的关键是不履约后增加的收益与履约后增加的收益的比较，我们通过建立博弈模型说明利益机制对哈电集团或有股改承诺实施的约束。流通股股东与哈电集团的博弈模型如图 2-9 所示。在方框图中，第一个数字或字母代表流通股股东增加的收益，第二个数字或字母代表哈电集团增加的收益。

博弈模型的假设：

（1）博弈模型的参与者为流通股股东，即哈电集团。

---

① 其中从事件日至事件日后 6 天的 7 个交易日内阿继电器连续出现 7 个跌停，流通市值蒸发了约 8.5 亿元。

② 据证券之星 2008 年 10 月 27 日的报道，有 18 家上市公司开出空头支票。

③ 我们将或有股改承诺定义为："由于没有规定具体的履约期限等导致未来履约的发生依赖于公司的财务能力而具有不确定性的股改承诺。"

（2）流通股股东的行为具有同质性。

（3）信息可以低成本地迅速传播。

（4）阿继电器无退市风险。

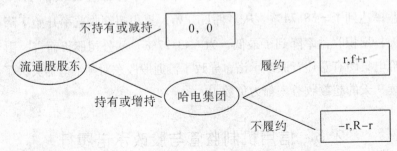

图 2-9 流通股股东与哈电集团博弈模型

博弈模型的分析：

在博弈的第一阶段，流通股股东是否持有或增持阿继电器的股票取决于流通股股东对或有股改承诺可信度的判断。如果流通股股东预期阿继电器履行或有股改承诺的可信度低，流通股股东将不会持有或增持阿继电器的股票，博弈结束，双方增加的收益均为 0；如果流通股股东预期阿继电器履行或有股改承诺的可信度高，流通股股东会持有或增持阿继电器的股票，博弈进入第二阶段，轮到哈电集团进行决策。如果哈电集团履行或有股改承诺，哈电集团预期会在产品市场上增加单位的收益，在资本市场上增加单位的收益，流通股股东预期会增加 f 单位的收益；如果哈电集团不履约，哈电集团预期会在产品市场上增加 R 单位的收益，在资本市场上不会增加收益，而是产生 r 单位的机会成本，流通股股东预期不会增加收益，而是产生 r 单位的机会成本。

那么，哈电集团履行或有股改承诺的条件为：

$$(f - R) + 2r \geq 0。[1]$$

为了求解 f 和 R 的值，特做如下假设：

假设哈电集团将注入的自动控制相关资产的价值为 S，目前哈电集团的财务管理能力使得该项资产每年的收益为 X。如果将该项资产注入阿继电器，要么阿继电器的财务管理能力提高使得该项资产每年的收益为 S_u，并且 $S_u > X$，要么阿继电器的财务管理能力减弱使得该项资产每年的收益为 S_d，并且 $S_d < X$。阿继电器财务管理能力提高的概率为 P，阿继电器财务管理能力减弱的概率为 1 - P。假定财务管理能力确定后变化幅度微小，折现率为 r_0。

哈电集团现在手中好比有一个预定价位的买权，用于购买阿继电器未来创造的收益现

---

[1] 如果 (f - R) + 2r = 0，哈电集团可以选择履行或有股改承诺也可以选择不履行或有股改承诺。如果选择履行或有股改承诺，会提高公司信用；如果选择不履行或有股改承诺，会影响公司信用。因此，哈电集团会选择履行或有股改承诺。

金流。这是一个美式期权，因为随时可以执行。期权的有效期限可以认定为无限长。

如果哈电集团现在不履约，用净现值法进行评估，由于哈电集团的财务管理能力使得该项资产每年的收益为 X，因此净现值为：

$$R = NPV = -S + \frac{X}{1+r_0} + \frac{X}{(1+r_0)^2} + \frac{X}{(1+r_0)^3} + \cdots = -S + \frac{X}{r_0}$$

如果哈电集团将该项资产注入阿继电器，履行或有股改承诺，可能出现两种情况：

（1）阿继电器财务管理能力强使得该项资产每年的收益为 S_u，因此净现值的计算有：

$$NPV_{up} = -S + \frac{S_u}{1+r_0} + \frac{S_u}{(1+r_0)^2} + \frac{S_u}{(1+r_0)^3} + \cdots = -S + \frac{S_u}{r_0}$$

（2）阿继电器财务管理能力弱，由于每年的收益为 S_d，因此净现值的计算有：

$$NPV_{down} = -S + \frac{S_d}{1+r_0} + \frac{S_d}{(1+r_0)^2} + \frac{S_d}{(1+r_0)^3} + \cdots = -S + \frac{S_d}{r_0}$$

因此，如果哈电集团将资产注入阿继电器，履行或有股改承诺的话，用净现值法来评估，平均净现值为：

$$f = P \times NPV_{up} + (1-P) \times NPV_{down} = -S + \left[P \times \frac{S_u}{r_0} + (1-P) \times \frac{S_d}{r_0} \right]$$

那么，这份实物期权的价值就为：

$$C = f - R = \frac{PS_u + (1-P)S_d - X}{r_0}$$

哈电集团履行或有股改承诺的条件为：

$$\frac{PS_u + (1-P)S_d + 2rr_0 - X}{r_0} \geq 0$$

从哈电集团履行或有股改承诺的条件可以看出，阿继电器通过提高财务管理能力，使得哈电集团注入的资产在未来产生更多的现金流，才能促使哈电集团履行或有股改承诺；[①] 或者哈电集团自身的财务管理能力急速下降，已经不能通过自身的经营来获得更多的现金流，而不得不将资产注入财务管理能力强于自己的阿继电器时，哈电集团才会履行或有股改承诺。另外，哈电集团可以通过在资本市场上获得的收益来弥补在产品市场上遭受的部分损失，因此，哈电集团履行或有股改承诺后预期在资本市场上增加的收益越大时，对产品市场上遭受的损失的弥补能力越强。所以，流通股股东对哈电集团不履约的反应越强烈时，也就是市场信用机制监管越明显时，哈电集团在资本市场上产生的机会成本也就越大，履行或有股改承诺后增加的收益也就越大，履行或有股改承诺的概率越高。

---

① 如招商地产控股股份有限公司2005—2007年的净资产收益率稳步上升，分别为11.67%、14.00%、18.64%，财务能力较强，招商局蛇口工业区有限公司将新时代广场等优质资产注入到了招商地产控股股份有限公司；四川成发航空科技股份有限公司2005—2007年的净资产收益率分别为5.36%、8.49%、13.36%，财务能力较弱，成都发动机（集团）有限公司没有履行"逐步向成发科技注入其拥有的优质资产及业务"的或有股改承诺。

因此，阿继电器的财务管理能力、哈电集团的财务管理能力、市场信用机制监管等对哈电集团履行或有股改承诺与否的影响重大。提高阿继电器的财务管理能力，加强市场信用机制监管，加强新闻媒体、学术界等的监管，可以提高哈电集团履行或有股改承诺的概率。

阿继电器股改承诺履行情况的监管机制如图2-10所示。

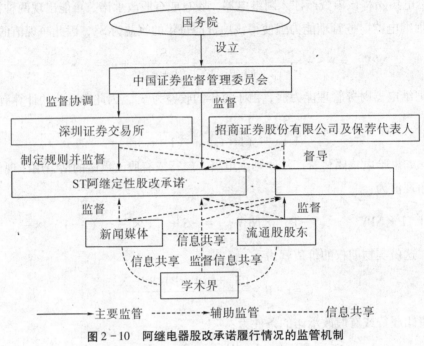

图2-10 阿继电器股改承诺履行情况的监管机制

通过对阿继电器的案例分析，可以得到如下结论：①阿继电器的财务状况恶劣，在所有上市的电器机械及器材制造业的52家企业中排名第51位，其盈利能力不明显，经营效率低下，债务负担较重，而且偿债能力不足，成长能力较差。②阿继电器的历史信用较差。在股权分置改革的过程中，哈电集团不仅有意违背有关减持股份的承诺，而且对或有股改承诺至今未能履行。③由于哈电集团有意违背股改承诺，导致了流通股股东对阿继电器失去了信心，以致阿继电器连续9天的超额收益率都为负数，从而使阿继电器从事件日至事件日后9天的10个交易日内的累积超额收益率降到了最低，为－43.27%。④履行或有股改承诺实际上是哈电集团向流通股股东进行利益补偿，由于阿继电器恶劣的财务状况已经不能给哈电集团带来利益，如果哈电集团向流通股股东进行补偿的话，那么哈电集团的利益从何而来呢？因此，如果阿继电器不能改善自己的财务管理能力，那么哈电集团是很难在短期内履行或有股改承诺的。提高阿继电器的财务管理能力，加强市场信用机制监管，可以提高哈电集团履行或有股改承诺的概率。⑤对确定性股改承诺的监管以法律监管为主，市场信用机制、新闻媒体、学术界的监管为辅；对或有股改承诺的监管以市场信用机制监管为主，法律、新闻媒体、学术界的监管为辅。⑥通过建立预警机制，对股改公司的财务状况、治理结构、历史信用等的动态监管，对非流通股股东违背股改承诺的概率进行分类，对预测的违背股改承诺概率高的公司进行重点监管，从而合理有效地分配资源，引导非流通股股东履行股改承诺，可有效降低非流通股股东违背股改承诺的概率。

3 财务整合与企业战略
——五粮液与茅台多元化经营分析

3.1 引言

中国自古就是酒的王国，按照酿造工艺和产品口感的不同，主流白酒产品有浓香型、酱香型、清香型和兼香型之分。长久以来浓香型和酱香型白酒市场的霸主地位分别被五粮液和茅台占据着，两者分庭抗礼，逐渐发展成为白酒行业的两大旗帜性品牌。五粮液连续15年在白酒市场上的销售量第一，被誉为"白酒之王"；贵州茅台以尊贵、品位著称，享拥有中国"国酒"的称号。目前，全国白酒生产厂家大约有3万家，高档白酒的销量只占整体白酒行业销量的0.5%，但是产生的利润占白酒行业利润总量的2/3左右，如今贵州茅台、四川五粮液拥有高档白酒市场份额的70%左右，显示出了强大的竞争力。

1998年五粮液在深圳证券交易所成功上市，随后2001年茅台在上海证券交易所上市，然而这两家中国A股市场的高档白酒生产企业的经营战略却截然不同。五粮液采用的是不相关多元化战略，涉足了众多行业；而茅台则是围绕酒产业展开相关多元化战略。不同的战略带来了不同的效果：上市10年来茅台的主营业务收入和净利润分别增长了12倍和26倍，而五粮液仅为1.81倍和2.27倍。在茅台保持稳步的固定资产投资增长速度的同时，五粮液的固定资产扩张幅度却远远超过其净利润增长幅度，达4.41倍。资本市场上，五粮液的市值从2个茅台变成1/2个茅台。同是白酒生产厂家，为何发展差异如此之大？不同的企业战略对企业的财务整合有什么影响？财务整合在企业的发展战略中起到了怎样的作用？

3.2 五粮液与茅台的发展之路

3.2.1 五粮液的多元化扩张①

五粮液集团有限公司（五粮液集团）位于"万里长江第一城"——中国西南腹地的

---

① 根据五粮液官方网站（www.wuliangye.com.cn）披露的内容整理所得。

四川省宜宾市北面的岷江之滨。其前身为20世纪50年代初几家古传酿酒作坊联合组建而成的"中国专卖公司四川省宜宾酒厂"，1959年正式命名为"宜宾五粮液酒厂"，1998年改制为四川省宜宾五粮液集团有限公司。

五粮液集团有限公司是以五粮液及其系列酒的生产、销售为主，同时进行生产经营精密塑胶制品、大中小高精尖注射和冲压模具、制药、印刷、电子器件、物流运输和相关服务等产业的多元化发展的大型现代企业集团。公司经过多元化发展，拥有17个全资或控股子公司，6个下属子集团公司。其下属子集团的主营业务内容如表3-1所示。

表3-1　　　　　　　　　　　五粮液集团下属子集团公司介绍

公司名称	主营业务
普什集团有限公司	以塑胶制品和现代模具制造为主，包括防伪瓶盖、PET原料及成型制品、塑胶管材管件等几大类产品的生产
丽彩集团有限公司	业务已从酒包装扩展到以烟包装、食品包装等为主，造纸原料等为辅的印刷产业链
环球集团有限公司	以生产各种玻璃制品和包装材料为主
安吉物流集团有限公司	为集团公司提供配套物流服务
五粮液集团进出口有限公司	以经营和代理各类商品及技术等进出口业务为主，系五粮液集团公司下属全资子公司
四川川橡集团有限公司	该公司以研发、设计、制造、经营轮胎为主营业务，是国家轮胎定点生产企业和四川省唯一生产轮胎的大型骨干企业

资料来源：根据五粮液官方网站（www.wuliangye.com.cn）披露的内容整理所得。

宜宾五粮液股份有限公司（五粮液，600519）是1997年8月19日由四川省"宜宾五粮液酒厂"独家发起，采取募集方式设立的股份有限公司。由于上市时受发行额度限制，宜宾五粮液酒厂将完整的生产经营体系一分为二，仅将酒类的酿酒生产车间、包装车间等不到三分之一的优质资产用于设立上市公司，而包装物生产、运输、酒瓶生产等其余资产则形成"五粮液集团"及其下属子公司体系。五粮液集团及五粮液上市公司经过多元化发展，最终股权关系如图3-1所示。

宜宾市国资委持有五粮液56.07%的股份的同时也全资拥有五粮液集团。五粮液集团虽然是上市公司的发起人但是并未持有上市公司五粮液的任何股份，正是由于五粮液集团对上市公司五粮液只"控制"不"控股"，不能合并上市公司的业绩，因而只能通过大量的关联交易将上市公司的利润转移至集团公司。

五粮液的成名产品"五粮液酒"是浓香型白酒的杰出代表，是以高粱、大米、糯米、小麦和玉米五种粮食为原料，以"包包曲"①为动力，经陈年老窖发酵，长年陈酿，精心

---

① 五粮液用以发酵的曲块被称为"包包曲"，原因是人们都说它包天包地，能更加广泛而全面地使微生物结合，促进酯化、生香。

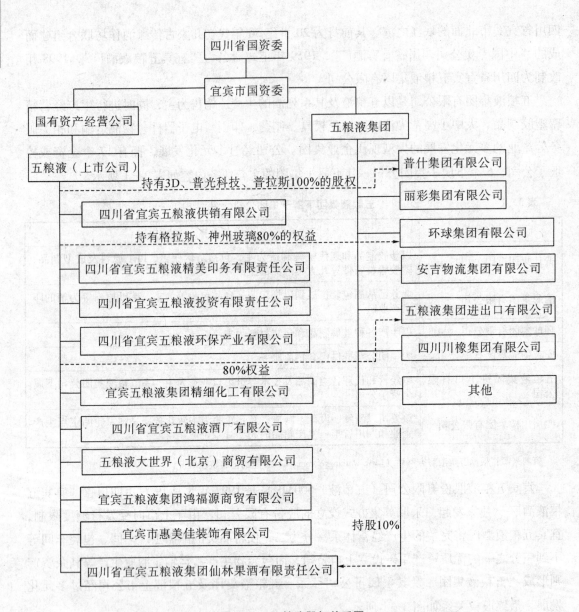

图 3-1 五粮液股权关系图

注: 3D、普光科技、普拉斯为普什集团下属子公司, 格拉斯、神州玻璃为环球集团下属子公司。

资料来源: 根据五粮液 2008 年年报整理所得。

勾兑而成, 以独有的自然生态环境、600 多年明代古窖、五种粮食配方、古传秘方工艺、和谐品质、十里酒城等六大优势, 成为当今酒类产品中出类拔萃的珍品。自 1915 年首获"巴拿马万国博览会"金奖以来, 五粮液酒又相继在世界各地的博览会上共获 36 次金奖。

20 世纪 80 年代中后期, 五粮液集团抓住改革开放和机制转变的大好时机, 有计划地实施了"质量效益型"、"质量规模效益型"、"质量规模效益及多元化"三步发展战略,企业得到了长足的发展，进一步巩固了"中国酒业大王"的地位。

第一步战略：走质量效益型道路。1985—1990年，五粮液位于产品生命周期的"引入期"。厂长王国春将危机和压力视为企业发展的难得机遇，通过推行全面质量管理观念，促进优质品率的提高，不断改进外观质量和科技含量，增加附加值，收到很大成效。因此五粮液集团经受住了1989年紧缩银根、名酒不准上宴席、由国家专卖改为自己找市场的严峻考验，夺取了市场先机。

第二步战略：走质量规模效益型道路。1991—1996年，五粮液位于产品生命周期的"成长期"。号称"铁腕"的王国春在保证提升质量的前提下，利用改革开放的大好形势，大幅度提高产品的知名度，扩大产能，加快扩大生产规模，使五粮液获得了巨大的规模效益。因其创造了年均增长40%，连续10多年销量第一的行业记录，五粮液成为国内白酒业的领军者。

第三步战略：走质量规模效益及多元化发展道路。随后五粮液进入产品生命周期的"成熟期"。随着五粮液集团的组建和五粮液股份公司的上市，五粮液集团从以白酒为主业瞬间发展为跨越多个陌生行业的多元化集团，并在这条不相关多元化的道路上越走越快。

1997年成立的普什集团，是五粮液集团持股99%的控股子公司，是五粮液集团体系内除五粮液以外效益最好的公司，同时也是五粮液集团进行多元化战略的主要公司，其经营范围是生产和销售塑胶制品、机电产品、建筑材料、塑料原料、模具以及发展进出口业。下属主要子公司有普什模具公司、普什铸造公司、普什工具公司、普什汽车零部件公司、广州普什公司、普什驱动公司、普什重机公司、普什宁江机床公司、绵阳新华公司、南京六和普什公司等子、合资公司。

2005年，五粮液集团宣布涉足日化行业，首期投资1亿元，通过香港互通集团合资组建一家新公司——普什互美日化有限公司，持有大约60%的股份。

随后五粮液集团又宣布正式进军服装领域，以4.2亿元投资打造号称中国西南最大的服装企业。2009年，由五粮液集团和华晨汽车集团共同投资的绵阳新晨动力机械有限公司、绵阳新华内燃机股份有限公司50万台动力轴承灾后异地重建项目也在绵阳正式启动。

2007年3月20日宜宾市国资委任命唐桥从宜宾市副市长职位调离接任五粮液董事长，五粮液从此开始了"唐桥时代"。为了改善大量的关联交易，五粮液股份公司与五粮液集团也开始了"分家之旅"。

在五粮液集团进行多元化发展的同时，五粮液股份公司也涉足了少许多元化产业，但并不十分成功。2002年组建了四川省宜宾五粮液集团精细化工有限公司、四川省宜宾五粮液集团仙林果酒有限公司；2005年控制宜宾五粮液集团鸿福源商贸有限公司65%的股份；2006年投资五粮液大世界（北京）商贸有限公司和宜宾市惠美佳装饰有限公司，投资比例分别为95%和100%。具体如表3-2所示。

表 3 - 2　　　　　　　　　2008 年五粮液主要控股公司及参股公司介绍

控股公司名称	主要产品或服务	注册资本（千元）	投资额（千元）	投资比例
四川省宜宾五粮液供销有限公司	采购及酒类销售	20 000	50 456	99%
四川省宜宾五粮液精美印务有限责任公司	包装物、刊物印刷	14 000	49 374	97%
四川省宜宾五粮液投资（咨询）有限责任公司	投资各行业	50 000	47 500	95%
四川省宜宾五粮液环保产业有限公司	工业用蒸汽等产品销售	2000	1020	51%
四川省宜宾五粮液集团仙林果酒有限责任公司	生产销售果酒、果类副产品	3000	2700	90%
宜宾五粮液集团精细化工有限公司	生产销售精细化工等产品	5000	4500	90%
四川省宜宾五粮液酒厂有限公司	生产销售白酒及相关产品	80 000	3 375 730	99%
五粮液大世界（北京）商贸有限公司	销售包装材料、提供机动车公共停车服务	20 000	304 000	95%
宜宾五粮液集团鸿福源商贸有限公司	销售果酒类产品	7000	4550	65%
宜宾市惠美佳装饰有限公司	销售包装材料、提供机动车公共停车服务	1000	304 000	95%

资料来源：根据五粮液 2008 年年度报告资料整理所得。

3.2.2　茅台的专业化成长[①]

　　贵州茅台酒厂有限责任公司（茅台集团）位于酒都——仁怀市赤水河畔茅台镇，其前身是国营茅台酒厂。贵州茅台股份有限公司（贵州茅台，000858）成立于 1999 年 11 月 20 日，茅台集团作为主发起人，联合贵州茅台酒厂技术开发公司、贵州省轻纺集体工业联社、深圳清华大学研究院、中国食品发酵工业研究院、北京市糖业烟酒公司、江苏省糖烟酒总公司、上海捷强烟草糖酒（集团）有限公司共同发起设立的股份有限公司，其股权结构如图 3 - 2 所示。2001 年 8 月，贵州茅台股票在上海证券交易所挂牌上市，经营范围包括茅台酒系列产品的生产与销售，饮料、食品、包装材料的生产、销售，防伪技术开发，信息产业相关产品的研制、开发。

　　贵州茅台的主导产品贵州茅台酒与法国科涅克白兰地、英国苏格兰威士忌并称世界三

---

　　① 根据贵州茅台官方网站（http：//www.china - moutai.com/maotai/intro.html）披露的内容整理所得。

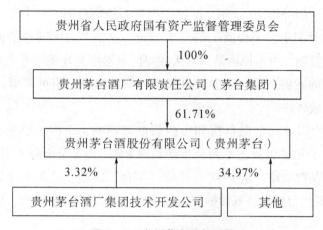

图 3-2 贵州茅台股权结构

资料来源：根据贵州茅台 2008 年年报资料整理所得。

大（蒸馏）名酒，是我国大曲酱香型白酒的鼻祖和典型代表。近一个世纪以来，贵州茅台酒已先后 14 次荣获各种国际金奖，并蝉联历次国内名酒评比之冠，被公认为中国国酒。

（1）初始及成长阶段

据贵州史学工作者考证，茅台酒的物质初始形态为"枸酱"。《史记》记载汉武帝饮枸酱之后发出"甘美之"的赞叹，更有诗句"汉家枸酱知何物，赚得唐蒙习部来"。这些既表明了茅台酒酿造历史的久远，又界定了其源生地——今天的茅台镇地区。对茅台酒及其文化的成长，《贵州六百年经济史》就说道：仁怀的茅台村，大约在明万历年间即有酿酒作坊。清乾隆时期，开修赤水河，茅台地方盐业兴隆，商贾云集，对酒的需求与日俱增，兴起了许多"烧房"。及至清道光年间，茅台酒已久负盛名，远销云、贵、川、湘四省的广大地区。

（2）丰富及发展阶段

1915 年对于"国酒茅台"来说，是一次里程碑式的品牌飞跃。这一年巴拿马万国博览会在旧金山开幕。这是 20 世纪初世界范围内最大的一次国际博览会，参展单位超过 20 万家。当时，身着长袍、梳着长辫的中国人被视为"东亚病夫"，用土陶罐盛装的茅台酒无人问津。展会即将结束，一位中国代表心生一计，佯装失手摔坏了一瓶茅台酒，顿时酒香四溢。评委们一下子被吸引住了，经反复品尝后一致认定"茅台酒"是世界上最好的白酒，于是向茅台酒补发了金奖。

1975 年，时任国务院副总理的王震，在一次全国性会议上正式宣布："贵州茅台酒是国酒。"如同可口可乐之于美国文化、依云矿泉水之于法国文化，从此"茅台"对于每一个中国人来说，就成为一种民族自豪感和爱国主义情节的载体。

20 世纪 70 年代为了提高产量，国家有关方面组织专门队伍，在名城遵义市郊筹建了茅台酒异地试验场，并依样画葫芦从茅台酒厂搬来了全套酿造工艺、最好的酿酒技师、发酵的大曲乃至窖泥。但经历 10 余年，酿出的仍然不是茅台酒。经十年科学实践鉴定，得出了"离开茅台镇就酿不出茅台酒"的科学结论。这给茅台酒增添了神秘的色彩。茅台酒不可克隆、不可复制，根本原因是其得天独厚的自然酿造环境不可克隆。历史上，海内外都有过不少失败的案例。不知多少人感叹茅台酒的珍贵，明里暗里，挖空心思偷师学艺，结果无不以失败告终。

20 世纪 90 年代因亚洲金融危机和山西假酒案影响，中国白酒的销售进入萧条期。1998 年上半年，茅台酒的销量还不到全年计划的 1/3。为了全面融入市场经济发展大潮，大力实施茅台酒的品牌战略，从 1998 年开始"茅台"实施了从传统计划经济时代的"昂贵商品"，向符合现代市场经济规律的"经典名牌商品"的全面转型，成功实现了跨越式发展。

（3）创新及升华阶段

1997 年 1 月茅台集团成立，现代企业制度逐步建立起来。1998 年，茅台酒厂集团兼并习酒公司，运作了中国白酒行业最大的资产重组项目，勾画了"国酒世纪大勾兑"的精彩蓝图。

贵州茅台始终秉承"做好酒的文章，走出酒的天地"，不断丰富自己的主流产品——酱香型茅台酒，研发出 43°、38°、33°茅台酒，拓展了低度酒的发展空间，同时推出茅台王子酒、茅台迎宾酒以满足中低档消费者的需求。15 年、30 年、50 年、80 年陈年茅台酒填补了我国极品酒、年份酒、陈年老窖市场的空白。贵州茅台拥有低度、高中低档、极品三大系列 70 多个品种的产品，全方位跻身市场，从而占据了白酒市场的制高点，称雄于中国极品酒市场。

为了满足不同消费者的需求，贵州茅台在酱香型白酒的基础上推出了浓香型白酒。秉承茅台集团"一品为主，多品开发"的战略思路，公司以"茅台醇"为中心，相继开发了"贵州福禄寿禧酒"、"茅仙酒"、"贵州王"、"贵州特醇"、"江山多娇"、"家常酒"等品牌。这些品牌各树一帜、各具特色，形成了一品为主，百花齐放的格局，不断丰富壮大着茅台家族。

除了占领白酒的各类细分市场外，贵州茅台又相继成立贵州茅台啤酒有限责任公司，控股昌黎葡萄酒公司，并利用茅台酒的品牌效应推出茅台啤酒和茅台干红。经过上市近 10 年的发展，目前贵州茅台酒股份有限公司拥有 9 个全资子公司，12 个控股公司，11 个参股公司，如表 3－3 所示。

表 3-3　　　　　　　　　　　　**贵州茅台主要下属公司**

贵州茅台酒股份有限公司	公司主要负责贵州茅台酒系列产品的生产和销售，同时进行饮料、食品、包装材料的生产和销售，防伪技术开发和信息产业相关产品的研制开发。
贵州茅台酒厂（集团）昌黎葡萄酒业有限公司	生产干红系列、干白系列和礼品系列三大类 30 多个品种产品
贵州茅台酒厂技术开发公司	担当起浓香型白酒研制开发的重任
贵州茅台酒厂（集团）习酒有限责任公司	主导品牌为"习酒"和"习水"
贵州茅台酒厂（集团）保健酒业有限公司	生产经营保健酒系列
贵州茅台啤酒有限责任公司	经营茅台牌系列啤酒
茅台酒厂投资公司	进行市场投资
贵州茅台酒进出口有限责任公司	主要负责茅台酒及其系列产品的出口，原辅材料、机械设备、仪器、相关技术的进口以及进行补偿贸易等

资料来源：根据贵州茅台官方网站（http：//www.china-moutai.com/maotai/intro.html）披露的内容整理。

3.3　五粮液与茅台的财务整合能力分析

财务整合是企业战略得以实现的重要路径，财务整合的目标是利用现有的财务能力更好地实现企业的战略。从五粮液和贵州茅台的成长道路来看，两者采取的企业战略截然不同。五粮液进行的是不相关多元化战略，涉足了众多行业；而茅台则是围绕酒产业展开相关多元化。不同的多元化战略给企业的财务整合带来了怎样的影响？而企业的财务整合能力又是否能支撑企业的战略？

3.3.1　财务整合效果

1998 年贵州茅台的净利润为 1.46 亿元，五粮液的净利润为 5.53 亿元，约是贵州茅台的 4 倍；10 年后的 2008 年五粮液的净利润为 18 亿元，此时贵州茅台的净利润已经远远超过五粮液，达到 37 亿元。不同的盈利能力从侧面反映出企业的财务效率和各产业财务投入的整合能力。

（1）利润对比分析

我国白酒企业数量很大，白酒品种很多，尤其是中低档酒由于价格低廉、品牌众多、口感等各方面相差不大，因此可替代性较强。但是对于价格较高的高端白酒，如茅台、五粮液等，因其具有较强的品牌效应和较高的环境及地理等资源垄断性，可替代性不是很强，因此少数几家高端白酒处于垄断地位，属于卖方市场。这就保证了茅台、五粮液公司较稳定的销售量和较强的盈利能力。五粮液和贵州茅台的销售净利率如图3-3所示。

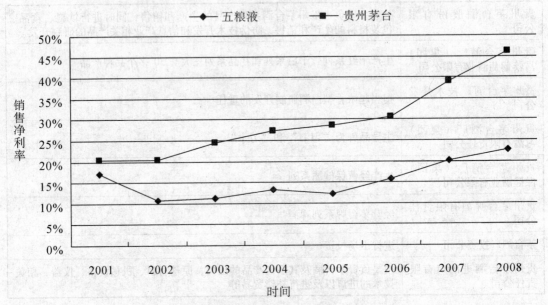

图3-3　五粮液与贵州茅台的销售净利率对比

资料来源：根据五粮液、贵州茅台2001—2008年年报数据整理所得。

由图3-3可知，贵州茅台的销售净利率在2008年为46.10%，比2007年略有增长；五粮液的销售净利率在2008年为22.82%。2001—2008年的数据显示贵州茅台的销售净利率均比五粮液高出很多，这体现出贵州茅台较强的盈利能力。

影响销售净利率的因素主要有毛利率、营业税金及附加、期间费用和投资收益。贵州茅台的营业税金及附加和期间费用比五粮液公司略高，但金额相差不大，对销售净利率造成的影响较小。同时，两个公司的投资收益金额都很小，在一百万至四百万之间，对销售净利率造成的影响也较小。盈利能力差异的根本原因是贵州茅台的毛利率比五粮液高。两家公司2001—2008年的毛利率对比如图3-4所示。

由图3-4可知，贵州茅台的毛利率很高，2008年增长到82.02%，而五粮液的毛利率在2008年为47.26%。白酒行业2008年的平均毛利率为36.12%。如此高的毛利率其实来源于两家公司拥有不可替代的环境、地理资源，这样的垄断资料就产生了相应的高利润率。但是同时拥有这样垄断能力的两家公司为何毛利率会相差一倍呢？

观察两家公司的产品价格不难发现，2001年贵州茅台的各种产品的均价为31.5万元/吨，五粮液的各种产品的均价为2.63万元/吨，茅台产品的均价是五粮液的12倍。如今贵州茅台产品均价达到40万元/吨，五粮液仍在5万元/吨左右。[①]五粮液2008年年报

---

①　资料来源于五粮液10年：市值从两个茅台到半个茅台（http://www.chinanews.com.cn/cj/cyzh/news/2009/03-23/1613772.shtml）。

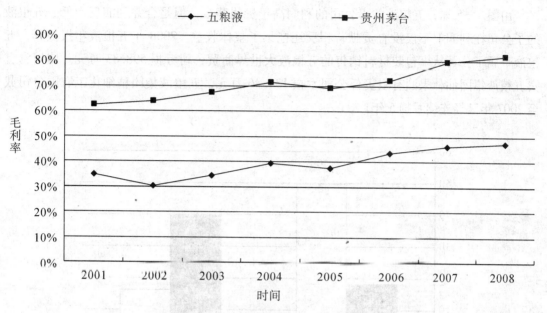

图 3-4　五粮液与茅台的毛利率对比

资料来源：根据五粮液、贵州茅台 2001—2008 年年报数据整理所得。

中披露酒类销售收入 23% 来源于中低价位的酒。高价位酒的毛利率为 66.73%，中低价位的毛利率仅为 16.65%。由此可以看出，茅台的经营策略师紧紧抓住高端客户，在高端市场进行有效细分，从而占领了高端市场这一利润大、竞争相对较弱的市场，获得了更大的效益。五粮液则以拥有的 60 多个品牌，在高、中、低三个市场上同时出击，因而虽然在白酒市场上的总体份额较大，但毛利率却很低。

（2）收入对比分析

由表 3-4 可知，茅台所有的营业收入均来自酒类，五粮液的营业收入绝大多数来自酒类，占到 98.5%，仅有 1.5% 的收入是来源于其他产业。由此可以看出，五粮液在其他产业上的盈利效果并不明显。那么五粮液的多元化投入是否带来了相应的利润？下面笔者将通过比较两家公司的合并利润和母公司利润进行分析。

表 3-4　　　　　　　　　　　　2008 年分行业营业收入对比表　　　　　　　　　单位：元

	贵州茅台		五粮液	
酒类	824 163 163.54	100%	7 815 902 808.11	98.5%
印刷	0	0	62 643 269.23	0.79%
化工	0	0	26 222 698.13	0.33%
其他	0	0	28 299 947.74	0.38%

资料来源：根据五粮液、贵州茅台 2008 年年报资料整理。

由图 3 - 5 知, 五粮液的母公司的利润高于贵州茅台, 但是合并利润反而低。五粮液的子公司在利润上不仅没有贡献, 相反还拖累了整体收益。2008 年五粮液年报披露, 五粮液下属子公司从事包装材料销售的五粮液大世界商贸公司亏损 598.83 万元。四川省宜宾五粮液集团仙林果酒有限责任公司亏损 134.46 万元, 五粮液集团精细化工有限公司截至 2007 年已经连续亏损 5 年。

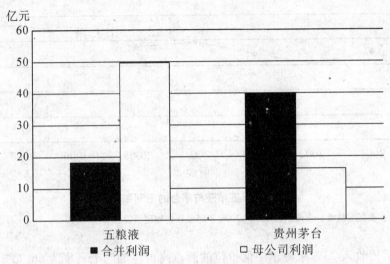

图 3 - 5　五粮液、贵州茅台合并利润和母公司利润对比

资料来源: 根据五粮液、贵州茅台 2008 年年报资料整理所得。

五粮液在多元化过程中没有对其子公司进行很好的财务整合, 因而多元化进程并不十分顺利。反观贵州茅台, 其子公司提供的利润远远超过了母公司。贵州茅台选择"做好酒的文章, 走出酒的天地"的专业化战略, 单从收益看胜过五粮液的多元化战略, 给公司带来了大量的利润。

(3) 成本费用分析

在 2007 年与 2008 年五粮液与茅台的营业收入相当, 所以造成毛利率差异较大的原因在于成本费用结构的不同。

由图 3 - 6 可以看出, 五粮液营业成本占营业收入的比重远远高于茅台。2007 年、2008 年的数据表明, 五粮液公司的营业成本分别占营业收入的 46.1% 和 45.6%, 与茅台酒的 12% 和 7.7% 相比, 高出很多。如此高的成本源于五粮液的大量关联交易和繁杂的品牌。这是因为五粮液在多元化进程中缺乏有效的财务整合, 没有使母公司与各行业的子公司形成财务协同作用。而贵州茅台以酒为中心, 各种资源围绕酒展开, 资本在企业最擅长的行业充分积累, 所以成本较低。

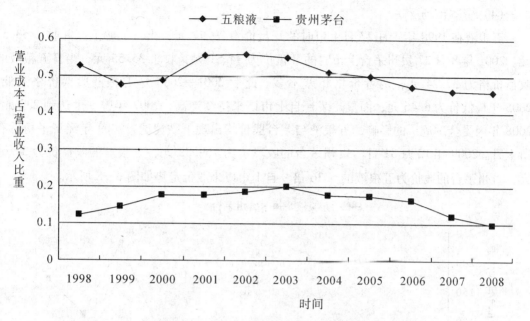

图 3-6　营业成本占营业收入的比重

资料来源：根据五粮液、贵州茅台 2001—2008 年年报数据整理所得。

由图 3-7 可知，从 2004 年开始五粮液的销售费用贡献率逐步低于贵州茅台，且差距越来越大。从五粮液的报表数据可以看出，销售费用主要支出项是市场开发费和广告费。可见五粮液在市场上铺天盖地的广告，并没有取得相应的效果，过多的子品牌形成内耗，吞噬了五粮液应有的利润。

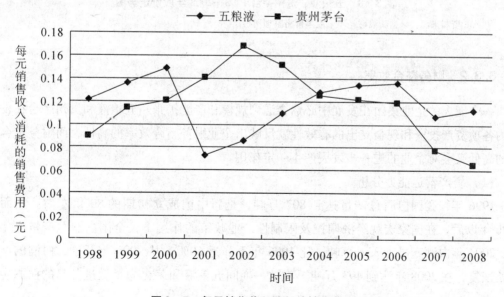

图 3-7　每元销售收入消耗的销售费用

资料来源：根据五粮液、贵州茅台 2001—2008 年年报数据整理所得。

（4）资本市场反映

五粮液在 1998 年 4 月 27 日上市时的开盘价为 29.77 元，当日大幅上涨并收于 53.57 元。2001 年 8 月 27 贵州茅台上市时的开盘价为 34.51 元，收于 35.55 元。当日五粮液的收盘价格为 37.24 元，两者价格相差不多。此后 2001—2005 年五粮液股票价格走低，2005 年最低价为 6.46 元，而贵州茅台自上市以来持续走高，2007 年曾一度达到 230 元。2008 年因受金融危机的影响，五粮液与茅台股价均出现下跌情况，2009 年经济平稳后有所上升。2009 年 12 月 31 日，贵州茅台的收盘价为 169.82 元，五粮液的收盘价为 31.66 元，贵州茅台的股价为五粮液的 5.36 倍。自上市以来股价走势如图 3-8 所示。

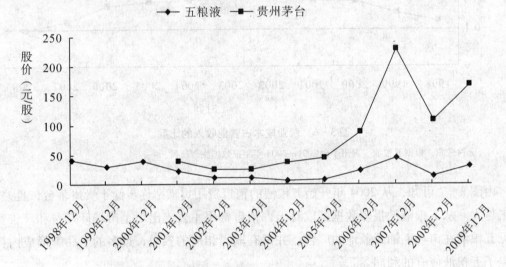

图 3-8 五粮液、贵州茅台 1998—2008 年股价走势图

资料来源：根据新浪财经年末股票价格整理所得。

3.3.2 财务整合效率

一个庞大的企业集团在发展中必然会遇到规模和产能扩张。五粮液和贵州茅台在发展中的各项资产投资和现金支出的有效性就反映出企业财务整合效率的高低，而财务整合效率的高低又会对企业的进一步发展产生一定作用。

（1）资产营运能力分析

1996 年，我国白酒总产量达到 807 万吨，是新中国成立初期的 80 倍左右。然而自 1996 年以后，在国家宏观经济调控及限制性产业政策的作用下，全国白酒总产量逐年下降，2004 年白酒产量为 331 万吨，比 1996 年下降近 60%。从 2005 年开始，白酒的产量开始恢复，在 2008 年达到 493 万吨。[①]在这一期间五粮液和茅台为了促进各自的白酒生产

---

① 根据中华人民共和国国家统计局官方网站（http://www.stats.gov.cn/tjsj/）相关资料整理所得。

能力，纷纷进行产能扩张。固定资产变化如图 3－9 所示。

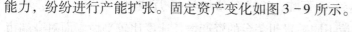

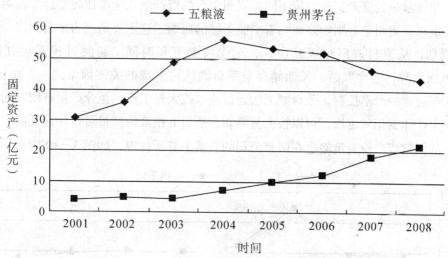

图 3－9　五粮液与贵州茅台的固定资产比较

资料来源：根据五粮液、贵州茅台 2001—2008 年年报数据整理所得。

五粮液的固定资产增长可分为两个阶段：第一阶段是 1998—2000 年，在这一阶段公司主要利用募集的资金扩充产能；第二阶段是 2001—2005 年，这一阶段资金的来源是配股和自有资金，新增的固定资产主要包括收购集团原有的酿酒资产和技改新增固定资产。

第一阶段，五粮液将首次通过公开发行股票的方式募集的近 12 亿资金投入 20 个项目，包括新增 3500 吨系列酒、6000 吨低度酒产能以及收购宜宾塑胶瓶盖厂、宜宾印务总厂等。至 1999 年底这些募资项目全面完工并投入生产，而且迅速产生效益。2000 年五粮液达到 20 万吨的生产能力。

项目完工后公司五粮液系列酒的生产能力和配套能力进一步增强了，使公司在激烈的市场竞争中保持了较高的成长性，公司各项主要经济指标大幅度增长。1999 年的五粮液收入和净利润分别同比增长了 18% 和 17%；2000 年收入和净利润同比增长了 19% 和 18%。

第二阶段，五粮液在固定资产上的投资频率更高，金额也更大。其中主要有：2001 年以 19.7 亿元的价格置换入 5 个基酒车间；2002 年 5 月，投资 2.9 亿元于年产五万吨制酒技改工程项目；2002 年 10 月，以自有资金 5.9 亿元投资新建四项技改工程；2003 年 2 月，用自有资金 6.2 亿元投资新建七个工程项目；2003 年 5 月，用自有资金 4.72 亿元投资新建 6 个工程项目；2004 年 5 月，用自有资金 1.15 亿元投资两个项目；2005 年 3 月，投资 4.76 亿元于 8 个技术改造项目建设等，金额总计约 50 亿元。经过第二阶段的固定资产投资，2003年五粮液的产能达到30万吨，2004年增加至45万吨。[①]

和五粮液激进的资产扩张政策不同，贵州茅台的资产增长速度比较平稳。面对高端市场的供不应求，贵州茅台则始终面临着产能不够的瓶颈。这主要是因为茅台酒以一年为一个生产周期，从原料进厂到成品出厂，至少需要五年时间。制酒过程需经九次蒸煮（馏），八次发酵，七次取酒，长期储存是茅台酒风格形成的关键因素之一。由于产地、工艺、生产过程的严格控制，茅台酒无法通过流水线大量生产，至今产量有限。而由于浓香型酒的生产体制相对宽松，可以被大量复制，所以五粮液的产量可以快速提高。

不同的固定资产投资策略也在两家公司的收益上有所体现，如图3-10所示。

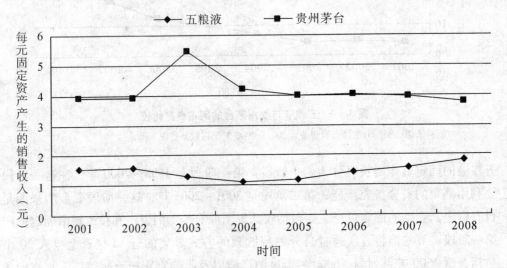

图3-10　每元固定资产产生的销售收入对比

资料来源：根据五粮液、贵州茅台2001—2008年年报数据整理所得。

由图3-10可知，五粮液每元固定资产产生的销售收入不到贵州茅台的1/2，特别是在2001年第二阶段产能扩张后，五粮液的每元销售收入随着产能的扩张呈现下降趋势，可见其固定资产的利用效率逐渐降低。五粮液没有能够合理利用扩张的固定资产，造成大量资产严重闲置。

随着白酒行业竞争的加剧，2007年五粮液的实际销量仅9.78万吨，2008年的销量为7.58万吨，有45万吨的产能过剩。可见五粮液对扩张后的资产整合效率低下，而后期闲置的资产又可能会发生持续的、较大规模的减值计提，从而对企业的利润造成影响。

（2）现金流结构分析

五粮液和贵州茅台都是典型的"现金牛"公司。2008年年末五粮液的货币资金余额为59.25亿元，贵州茅台的货币资金余额为80.92亿元。这些充沛的现金流都来源于较强

---

① 根据和讯新闻（http：//old.news.hexun.com/1795061.shtml　揭密五粮液利益输送途径50亿投资账面不见收益）相关资料整理所得.

的盈利能力和收现能力。

由图 3-11 可知，2002—2008 年贵州茅台的每股现金含量远远高于五粮液，2008 年五粮液的每股现金含量为 0.52 元，贵州茅台为 5.56。两家公司的销售收入相差并不大，为何现金流差异如此巨大？五粮液的现金到底去了何处？现金的主要流出途径有两条：投资和分配。1998 年五粮液股份公司上市之后至 2008 年的 10 年间，五粮液一共投资了大大小小 81 个项目。投资活动现金流出的总和为 77.35 亿元，这些投资大部分用于产能扩建和产业多元化扩张。而这 10 年五粮液的平均净利润增长率为 14.15%，白酒行业的增长率为 21.37%，贵州茅台是 39.77%，茅台约为五粮液的 3 倍。可见五粮液的大量现金流出并没有获得所期望的高收益。

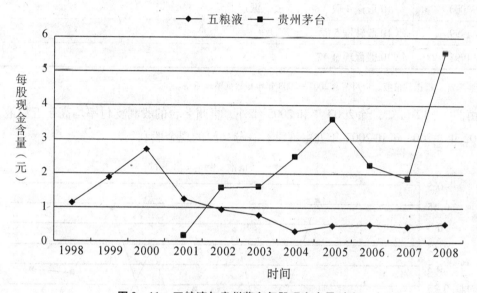

图 3-11　五粮液与贵州茅台每股现金含量对比

资料来源：根据五粮液、贵州茅台 1998—2008 年年报数据整理所得。

五粮液在资本市场上的"一毛不拔"与其多元化投资上的"大手笔"形成鲜明对比。2009 年 2 月 26 日，五粮液公布年报：2008 年实现主营业务收入 79.30 亿元，比上年同期增长 8.25%；实现净利润 18.30 亿元，每股收益 0.477 元，净资产收益率为 15.91%，拟每 10 股派现 0.5 元。五粮液的股利支付率只有 10.4%。大赚特赚的五粮液对股东的吝啬绝不只体现在 2008 年，公司 10 年来的分红记录，如表 3-5 所示。

表 3-5　　　　　　　　　　　　　五粮液与贵州茅台股利政策对比表

时间	五粮液	贵州茅台
2008	每 10 股派现 0.5	每 10 股派现 11.56 元
2007	不分配不转增	每 10 股派现 8.36 元

表3-5(续)

时间	五粮液	贵州茅台
2006	每10股送红股4股、派现金0.60元	每10股派现7元
2005	每10股派现金1.00元	每10股送红股10股、派现3元
2004	不分配不转增	每10股派现5元
2003	每10股送8股、转增2股、派现2元	每10股转增3股、派现3元
2002	每10股转增2股	每10股送1股、派现2元
2001	每10股送1股、转增2股、派现0.25元	每10股转增1股、派现6元
2000	每10股送4股、转增3股、派现1元	
1999	每10股转增5股	
1998	每10股派现金12.5元	

资料来源:根据五粮液、贵州茅台2005—2008年年报数据整理所得。

由图3-12可知,除2003年和2005年外,贵州茅台的股利支付率均高于五粮液,并且2002年、2004年和2007年五粮液没有一分一厘的现金股利。

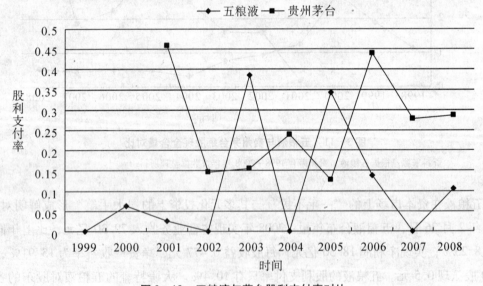

图3-12 五粮液与茅台股利支付率对比

资料来源:根据五粮液、贵州茅台1999—2008年年报数据整理所得。

2007年和2008年是酒类企业在近20年来利润增幅最快的两年,而且还有国家实施的减税政策,作为中国酒业的龙头企业之一的五粮液为何如此吝啬?五粮液股份公司作为五粮液集团的上市公司,五粮液集团却不持有其股份,这种关系一直被认为是"很怪、很复杂"的。上市公司拥有最优质的资产,产生最好的效益但是集团公司却分不到一分一厘，于是集团公司就利用下属公司和上市公司进行大量的关联交易，将上市公司的利润转移到集团公司。股利政策就是这种关系最好的体现，因为集团公司不能获得任何现金或股票红利，所以上市公司一直保持"铁公鸡"式的作风，将利润以其他形式"回馈"给集团公司。

再观贵州茅台的股利分配政策，随着经营业绩的不断提高，公司分红比例也越来越高，尤其是现金股利。这样的高分配政策让贵州茅台在资本市场上声名鹊起，即使是在2008年的金融危机中股价也依然保持在百元以上。

3.4　五粮液与茅台的经营战略分析

通过财务对比可以看出五粮液的盈利能力、营运能力、现金保留能力均低于贵州茅台，这样的差异源于企业战略的不同。

3.4.1　产业多元化战略

白酒经过数千年的发展，形成了自己独有的特征。与其他行业不同的是，白酒对生产环境要求很高，有较强的地域依赖性，因此像五粮液、贵州茅台这样的企业就拥有得天独厚的资源垄断性，因而会获得相应的垄断利润。这也是高档白酒可以获取高毛利的主要原因。但是白酒产业市场容量有限，所以要想持续保持高速增长就变得十分困难。一边是规模扩张十分有限的市场，一边却是公司充沛的现金流，于是将闲置资金投入其他行业，在其他行业谋求新的利润增长点就成为资本的原始动力。而长期股权投资就是产业多元化最直接的表现，2008年五粮液和贵州茅台投资方向的对比如图3-13所示。

由图3-13可知，贵州茅台2008年的对外长期投资占总资产的比重较低，仅为0.025%。公司投资的方向专注于和主营业务有关的对内投资。深入分析2008年公司财务报表附注中关于投资的信息可知，公司本年度累计进行了20项长期投资，这些投资的重点集中于传统生产工艺的技改、营销网络的完善、生产规模和生产能力的提高等对内投资上。投资规模最大的是"十一五"万吨茅台酒工程。通过上述分析可以看出，该公司整体投资思路是以自我发展为主，其风险相对较小，收益的安全性和稳定性较高。

五粮液在上市之后共计参股、控股以及联营了包括高速路、传媒、饮料酒、生化、商贸等诸多行业的16家公司。单以账面股权投资额计，投资总额合计38.56亿元，这些公司至今给母公司贡献的利润累计只有5.62亿元。五粮液的大量投资项目中有6个投资项目至今未见收益，两个项目累计收益贡献为负值，其设立的仙林果酒公司，开发果酒7年累积收益-139万元。其实五粮液对于果酒项目的投资远不止账面上的270万元，在2002年的时候五粮液就在果酒技改工程中投入了1.32亿元资金。五粮液这些多元化战略并没有带来相应的收益，相反还分散了企业的资金集中度，使企业的综合竞争力大大降低。

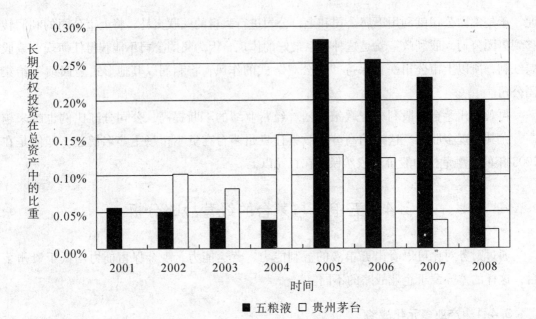

图 3－13　五粮液与贵州茅台长期股权投资在总资产中的比重比较

注：2001 年贵州茅台长期股权投资为 0。

资料来源：根据五粮液、贵州茅台 2001—2008 年年报数据整理所得。

在五粮液上市公司进行多元化投资的同时，五粮液集团通过与五粮液的大量关联交易，转移了上市公司的利润，进行了大规模的产业多元化。

除了白酒自身所处的生物工程，五粮液集团下属的普什集团重点经营的机械制造和环球集团经营的玻璃，正是其多年来四处出击、盈利状况最好的两个行业。2006 年五粮液与中科院光电技术研究所签订了战略合作协议，共同建立光机电行业特色核心技术研发平台。2008 年，五粮液在机械和玻璃行业的年销售额分别达到 40 亿元和 20 亿元。在国家 2009 年推出的十大调整振兴规划中，装备制造业位列其中。五粮液目前已能生产小挖掘机，现正计划生产大挖掘机，另外希望在风电、水电、核电等电力行业的重大装备上能有所突破。五粮液正在通过兼并与合作，增强自身的技术含量与核心竞争力。

五粮液集团继塑料、制药、印刷、金融等多元项目投资后，觊觎芯片产业 20% ~ 50% 的利润回报率，2003 年首次涉足高科技产业，斥资 100 亿元进军芯片制造业。芯片产业是一项投资资金需求量大、投资风险大、技术含量高、技术周期短的高科技产业，对进入芯片制造领域的投资者来说，除了在资金方面的门槛特别高之外，在技术方面的门槛也相当高。同时芯片产业技术周期特别的短，因此要求企业有足够的技术开发能力和支持技术开发的资金实力。五粮液首期的 100 亿人民币只够建一条生产线，同时四川宜宾不仅缺乏芯片产业专门人才，而且缺少芯片生产配套产业链，五粮液根本不具备芯片业的经营能力。

2003 年五粮液集团高调进入汽车业，希望在国家严格审查整车制造资格之前把握机会。五粮液准备通过差异化战略，生产个性化定制轿车、皮卡等非主流车，避免与强敌竞争。在投资巨大、收效却较慢的汽车行业里，五粮液甚至还没有摸着门道，就仓促退出。

2008 年，五粮液普什集团收购了意大利康莱斯公司 67% 的股份。全球只有三家公司有能力同时生产用于纺织和塑料的醋酸纤维，康莱斯是其中的一家。现在，该项目已经处于兴建中。

比较贵州茅台和五粮液的产业多元化战略，贵州茅台是紧紧围绕酒展开，从白酒扩展到葡萄酒和啤酒。五粮液及其集团公司则是采用不相关多元化战略，跨越行业众多。五粮液集团地处四川省宜宾市，宜宾市 70% 市民的收入被五粮液"泡"过，因此五粮液的盈利水平直接关系着宜宾市的 GDP。2009 年宜宾市提出了四个"千亿"目标，其中一条是到 2015 年，要把五粮液集团打造为年产值上千亿元的企业，白酒行业的市场容量有限，郎酒的销售收入才 100 亿元，泸州老窖才 200 亿元，受国资委控股的五粮液要达到 1000 亿元的产值，只有通过投资其他产业获得。可以说五粮液的多元化在一定程度上是政府意志的体现。反观贵州茅台，因其地处茅台镇，压力相对较小，因而可以专注做酒，在白酒高端市场上占尽风头。

3.4.2 品牌战略

品牌是企业经过时间积淀而成的一种无形资产，如何有效地利用这一无形资产？营销专家们往往热衷于各种品牌战略，将品牌进行无限延伸，对于处于白酒业的五粮液和茅台来说，无限延伸真的有好处吗？怎样的品牌战略才是合适的？

贵州茅台紧紧抓住高端客户，在高端市场上进行有效细分，占领高端市场这一利润大、竞争相对较弱的市场，获得了更大的效益，而不是一味追求高产量与高销售额。由于资源的投入相对集中，贵州茅台在原有品牌优势的基础上形成了较强的综合竞争力，从而在高端市场上取得了巨大成功。同时利用高端市场的细分策略，通过不同度数及年份酒产品牢牢地在市场集中度高的白酒高端市场上占据着较大的市场份额。

五粮液的酿造工艺注定了其在众多子品牌的销售与管理上，将长期面临挑战。因为在它 20 多万吨的年产量中，纯正的五粮液也不过万吨。所以绝大部分产量必须以不同档次、不同品牌销售出去，这也决定了它必须要走多品牌开发的道路。五粮液最多时拥有 100 多个品牌，在高、中、低三个市场上同时出击，使得五粮液在白酒市场上的总体份额较大。

在五粮液的品牌系列多元化中，"五粮液式 OEM"起了主要作用。五粮液除了提供品牌支撑外并无其他风险，只负责生产及相关标准的检验，其他一切推广费用（包括产品设计和包装费用）皆由合作方承担。而合作方不但需向五粮液交一定数额的信誉保证金，还要全权完成双方制定的年销售目标，并与五粮液按照协定的比例分享利润。合同到期后，如果合作方没有违背合同，五粮液将保证金如数退还；如果合作方没有完成年销售任务，五粮液有权单方终止协议。

"五粮醇"是第一个被买断经营权的品牌，其第二年即1995年的销售量就达到1670吨，总销售额达到1000多万元，1998年销量高达8580吨。接着，"五粮春"也被买断经营权。尝到了买断经营的甜头，五粮液继续挖掘其品牌的潜在价值，开始突围"五粮"系列，寻找新的合作伙伴。1998年，五粮液分别与北京新华联、湖南浏阳河共同开发了"金六福"和"浏阳河"品牌。"金六福"、"浏阳河"凭借雄厚的资金和营销攻势，在短短5年内使年总销量占到五粮液年总销量的1/5左右。①

经过10多年的品牌扩张，五粮液现存的60多个子品牌中不仅有"五粮春"、"金六福"、"浏阳河"等全国家喻户晓的品牌，也有大量充斥市场、低水平运作的地方牌子，这些品牌价格、品质参差不齐，产生了严重的品牌内耗。为了争夺已经饱和的中低端白酒市场，五粮液旗下的各个子品牌纷纷进行价格战，最终导致五粮液自身价格体系混乱，在人们心目中的高档酒形象也渐渐模糊起来。

白酒生产的技术门槛低，地方保护主义严重，导致小酒厂众多，产品良莠不齐，结构不合理，因而行业集中度非常低，前10位企业的销量只占11.26%。但是高档白酒市场的集中度却很高，只有茅台、五粮液、国窖1573等少数几个品牌。因而高、中、低档白酒的产量和利润分别呈"金字塔"和"倒金字塔"。

五粮液和贵州茅台两者截然不同的品牌战略也就决定了两家公司在酒类生产上的利润：贵州茅台集中资金做高端酒，因而以品质华贵取胜；五粮液则是多品牌出击以市场和数量盈利。后期五粮液在高端酒市场上销售量逐步萎缩终于让管理层意识到品牌价值的发挥并不是盲目的简单重复，而是需要精雕细琢。为了重新夺回高端市场地位和份额，五粮液的品牌重构之路从缩短品牌战线开始。著名的"1+9+8"品牌金字塔应运而生，即一个国际品牌"五粮液"，九个全国性名牌包括"五粮春"、"五粮醇"、"金六福"、"浏阳河"等，八个区域性名牌包括正在开发中的八大片区品牌，如"长三角"、"两湖春"、"丝路花语"、"现代人"等，它们是五粮液贴近普通消费者的大众品牌，是这个金字塔的塔基。

白酒的生产需要特定的环境。白酒的酿造与自然环境息息相关，水质、气候甚至空气中微生物的数量等因素都直接影响着白酒的色、香、味、格，这就使白酒生产必须在特定的地域中。作为资源导向型产业，中国的白酒行业应该充分尊重自然规律，在自然条件的约束下进行合理发展，从而保证品质，而不可盲目进行多元化发展。因此就需要酒类企业在发展过程中进行有效的财务整合，集中资源发展优势产业以提高企业的综合竞争力。

---

① 资料来源于新浪财经 五粮液的品牌抛物线（http://finance.sina.com.cn/review/observe/20050727/11391839800.shtml）。

3.5　自然垄断型企业经营战略的财务整合力

自然垄断型企业拥有不可复制的自然资源优势，这样的优势可以让企业获得高市场占有率和高利润回报率，从而使企业拥有充沛的现金流。如何在企业的经营中合理利用财务资源，需要企业在实施其经营战略的时候进行有效的财务整合，如图3-14所示。

五粮液和茅台的生产受地理和环境的限制，优质白酒的产量始终有限，因此高档白酒市场供不应求的状况使企业得到高利润回报率。同时，也因为这两家白酒生产企业的天然垄断优势和百余年的历史积淀与传承也让它们在业内享有很高的品牌声誉。为了充分利用品牌声誉这一无形资产，企业开始对其品牌进行延伸。而五粮液由其母品牌衍生出众多格调差距巨大的子品牌，缺乏有效整合的大量品牌充斥销售市场，结果不仅品牌之间产生内耗，而且使五粮液在人们心中的形象大打折扣。而茅台进行适当的品牌延伸，不但保持其"尊贵"的品牌声誉，而且也获得了中低档白酒市场的利润。

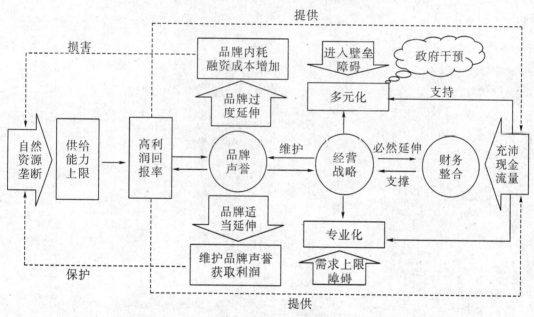

图3-14　五粮液与贵州茅台多元化战略比较

为了维护企业生存的"软土壤"——品牌声誉，就需要一定的经营战略支撑。茅台利用企业高收益获得现金流，进行专业化经营、专业化投资，集中优势资源巩固和加强企业的品牌声誉。五粮液集团则在宜宾市政府"高速增长"的要求下不断谋求新的利润增长点，将主业挣回的大量现金流投向各种产业。由于五粮液在这些产业里的财务支出缺乏有效的整合，因而高投入并没有带来相应的高回报，致使企业经营业绩下滑，最终影响企业的品牌声誉。

在企业的多元化战略实施过程中进行有效的财务整合，能够使企业的财务资源在各产业进行合理的分配，进而获取更高的收益率。同时，企业在进行专业化生产过程中也不能忽视财务整合的作用，因为企业在进行专业化生产时，往往会大幅度增加固定资产，扩张生产能力。而这些资产的扩张是否和企业的销售状况、财务状况相匹配？这就需要财务整合来进行资源协调与配置。

企业在品牌延伸和经营战略实施过程中，都应将人、财、物这些资源进行有效整合，在符合自然约束的条件下合理发展，在发展过程中维护资源所依存的自然环境，在人与自然和谐共处的基础上寻求企业的最大效益。

4 财务危机与企业生存
——琼华侨资不抵债分析

4.1 引言

资本市场的正常逻辑是向投资者提供具有投资价值的上市公司，公司价值存续的前提是依靠企业自身的"造血"能力，实现财务能力的自给自足，即在适度运用财务杠杆的基础上保证股东权益的持续增长。但以琼华侨为代表的大量资不抵债的上市公司在其价值已经显然为负的情况下，通过不断"变脸"，尽管多次游走于退市的边缘，仍然一次次死灰复燃，活跃于我国的证券市场，造成了社会资源的浪费，使广大中小投资者的利益受损，严重影响资本市场资源配置的效率。这是源于投资者的非理性还是制度的非理性？上市公司出现长期资不抵债财务危机的原因是什么？为何中国上市公司长期资不抵债都仍然可以在证券市场上存在？在市场体系发育非均衡的条件下，如何有效避免陷于资不抵债的财务困境？该如何协调资本市场上的法律机制、监管机制与信用机制？上市公司破产退市是市场遵循"优胜劣汰、适者生存"的竞争性结果，企业危机的本质原因在于财务危机，财务危机决定了企业能否生存，长期资不抵债的上市公司构成了典型的财务危机案例。

4.2 资不抵债上市公司特征研究

长期资不抵债上市公司样本的筛选过程如下：①运用《CSMAR 中国上市公司治理结构研究数据库》统计出沪深两市所有的非金融类上市公司作为初始样本，包括已经退市的上市公司；②运用《CSMAR 中国上市公司财务年报数据库》对初始样本存续期间（自上市之年起至 2006 年或退市之年）的资产负债率进行计算；③筛选出资产负债率大于 1 且资不抵债年限大于或等于 3 年的样本公司 31 家，其中 4 家已经退市[①]；④为了更好地进行比较研究，按照中国证券监督管理委员会 2001 年 4 月发布的《上市公司行业分类指

[①] PT 中浩 A（000015）、ST 石化（000013）、ST 猴王（000535）、ST 托普（000583）退市时间分别为 2001 年 10 月 22 日、2004 年 9 月 20 日、2005 年 9 月 25 日、2007 年 5 月 21 日。

引》，选取与样本公司同一行业，上市时间和资产规模最相近的 31 家上市公司作为配比公司。样本公司和配比公司具有同质的外部环境。最终得到有效样本公司和配比公司共 62 个。本书数据主要来源于深圳市国泰安信息技术公司的 CSMAR 中国上市公司财务年报数据库书和中国上市公司治理结构研究数据库，部分数据通过查阅上市公司年度报告获取。

4.2.1 财务特征

这里采用样本公司和配比公司数据的平均值进行财务特征的对比分析。对样本公司和配比公司的各项财务指标进行差异显著性检验，除了流动比率[①]、应收账款周转率、主营业务收入增长率三个指标外，其余指标之间都表现出显著性差异。这说明如果以正常的配比公司为标准，样本公司的整体财务状况确实出现异动。具体表现有以下五个方面。

（1）偿债能力

从基本特征来看，样本公司的平均资产负债率在 1998 年前界于比较正常的波动区间，且中值大于平均值，说明至少有一半的样本公司的资产负债率已达到平均水平，这时样本公司的偿债能力不是一种整体反映。而在此之后，资产负债率开始大幅度上升，全部处于50% 以上，中值小于平均值，说明样本公司的偿债能力趋弱主要是由于少数公司资产负债率出现极大值所致，最大值和标准差的快速上升也印证了这一结论。随着资产负债率的提高，样本公司的财务状况也相应表现出较大差异。据此可以推测，样本公司在前期可能是为了扩张而大量举债，但在不断提高负债的过程中，竞争能力却没有随之提高，导致了经营状况的恶化，此时的高负债率不是因为负债过多导致分子过大，而是因为不断亏损导致分母过小，是被动的高负债。

从负债结构来看，以 1998 年为分界点，之前配比公司的无形资产比率基本高于样本公司，之后样本公司却一直高于配比公司。无形资产在财务会计上是指企业拥有或者控制的没有实物形态的可辨认非货币性资产，是所有资产类项目中定义最含糊、外延最广的项目，而其他的资产项目一般具有非常清晰的内涵和外延，所以无形资产项目往往成为经营者虚夸资产规模的手段。后期样本公司的无形资产比率反而高于正常经营的配比公司，这就说明长期资不抵债上市公司的无形资产的来源值得怀疑，内部人具有强烈的动机来夸大无形资产规模，降低资产负债率，为继续保有上市资格创造条件。

从负债期限来看，样本公司的短期负债率远远大于配比公司，且差距和波动幅度仍呈扩大之势，这与资产负债率的变化趋势一致。样本公司的长期负债率也大于配比公司，但差距不及短期负债率显著。这说明样本公司负债的主要来源是短期负债，一方面大大增加了样本公司的短期偿债压力，另一方面也反映了市场对长期资不抵债公司已逐渐失去信

[①] 由于样本公司 1994 年的平均流动比率高达 6.95，严重偏离了其他年份的流动比率，将此年份的数据剔出再进行显著性检验，则样本公司和配比公司的此项指标在 1% 的水平下具有显著差异。

心。这类公司无法获得长期融资的渠道，只有严重依赖短期融资或借新债还旧债来进行长期投资，公司的资金链条极其脆弱，承受着把财务杠杆运用到极致后的巨大风险。

从偿债能力来看，样本公司在 2001 年之前流动比率均大于 1，1994 年高达 6.95，波动幅度比较剧烈，财务状况异动频繁，明显地受到主观因素的干预。2001 年以后，样本公司的流动比率开始大幅度降低，远远小于 2，这与样本公司资产负债率的变化趋势是一致的。而对比配比公司的流动比率，总体趋势也是逐年减小，但都保持大于 1，平均值为 1.83，接近 2，偿债能力具有保障。当流动比率小于 1 时，说明流动资产小于流动负债，此时企业的营运资本为负值，根本无营运资本可用。由于未来现金流入量的大小和稳定性均具有不确定性，因此，保持一定数额的营运资本才能保障企业的短期偿债能力。而当企业连基本的营运资金都不能保证时，陷于财务困境是不可避免的。

（2）盈利能力

样本公司的资产利润率不断下降，在 1998 年开始由正转负，说明总资产的盈利能力较差且趋于恶化。由于 1998 年也是样本公司开始出现资不抵债的起始年，我们发现在其前三年，即 1995—1997 年，主营业务利润率均为负值，这可能是由于公司在前期盲目多元化扩张导致主营业务不突出，主营业务的盈利能力受到严重影响所造成的，最后不得不陷入资不抵债的困境。在出现资不抵债的情况后，公司缩减了扩张规模，逐渐向主营业务回归，主营业务开始扭亏为盈。但是由于公司前期的非理性投资，导致了公司总成本的增加，尽管主营业务的盈利能力有所改善，但地位仍然不突出，对企业总利润的贡献不够或是不足以弥补其他方面的损失，因此，企业资产的盈利能力就呈现出持续低迷的态势。而反观配比公司，其主营业务利润率一直保持较为稳定的水平，盈利能力较强，这也说明企业要打造核心竞争力，必须牢牢抓住主营业务，谨慎实施多元化战略，切忌随意变更募集资金的投资方向。

（3）营运能力

样本公司和配比公司的应收账款周转率波动都较大，1992—2006 年，有六年样本公司的应收账款周转率比配比公司大，九年比配比公司小，呈交替出现的态势，因此样本公司和配比公司并无显著差异。而对于存货周转率和资产周转率而言，样本公司均小于配比公司，差距明显。总体来看，样本公司的营运能力差，资源的整合能力有待加强。

（4）成长能力

样本公司的主营业务增长率波动异常，甚至可以在短短几年内上升或下降几百个百分点；而配比公司的主营业务收入尽管也出现波动，但是幅度要小得多。可持续发展的目标要求企业在发展过程中必须张弛有度，如果扩张速度过快，资源供给可能相当紧张，一旦管理能力再跟不上，就很容易陷入困境。样本公司前期的主营业务收入大幅度波动可能就是源于企业追求高速度的盲目扩张，使主营业务停滞不前；后期波动则可能是因为主营业务再次恢复正常经营所致。样本公司的资产增长率先正后负，说明公司的前期扩张导致资产大幅度增长，而盲目扩张导致企业陷于经营困境之后，被迫不断缩小规模来止亏。

（5）现金流量

较之配比公司，样本公司每股经营净现金流量比率极低，在1998—2006年的九年之中有四年为负值，说明企业利润并没有充足的现金作为支撑，缺乏持久的盈利能力。此外，该比率波动较大，说明样本公司现金流不稳定，现金偿付风险较大。

从现金流量结构来看，由于总现金流量净额可能为负值，经营活动、投资活动和筹资活动产生的净现金流量也可能为负值，直接计算其构成比例可能导致负负得正的结果。为了避免此问题，运用每股现金流量进行结构分析。样本公司在2002年之前，每股筹资现金流量比率最大，其次是每股经营现金流量比率，但在2003年之后，每股投资现金流量比率最大。经营现金流量贡献率大在一定程度上说明了公司资金的运用效果较好，投入产出水平较高。反观样本公司，每股经营现金流量比率一直都偏低，九年中只有四年的贡献率最大，这说明样本公司偏离了生产经营的主题，经营业务在产品市场的竞争力不强，只有借助不完善的资本市场来获取更多的资金用以维持经营。

4.2.2 治理特征

（1）资金占用

资金占用率用其他应收款与总资产的比值来衡量。样本公司的资金占用率呈上升趋势，在2003年达到最高点，随后下降，但整体仍比配比公司多了5~7倍。我们推测下降的原因可能是样本公司在被大股东掏空后，业绩急剧下滑，财务状况不断恶化，日常经营所用的现金都不能保证，更无法提供大股东继续占用的资金。此外，配比公司也存在一定的资金占用问题，这说明资金占用在我国上市公司中是一种普遍现象，而关联交易是主要途径。

（2）代理成本

代理成本用管理费用与公司总资产的比值来衡量，在同等资产规模下，管理费用越高，说明代理成本越高，上市公司管理团队的管理能力越低。样本公司的代理成本呈上升趋势，从1998年开始就超过5%，而配比公司的代理成本比较稳定，基本维持在5%以下的水平。可见，样本公司管理层的能力较低，样本公司的代理问题较配比公司更严重。样本公司在出现资不抵债的同时，代理成本随之升高，说明管理费用的提高并没有起到激励内部控制人的作用，反而成为了内部人增加在职消费、提高工资率的避风港，加剧了内部人控制的问题，对改善公司的财务困境有害无益。

（3）股份性质

样本公司既有国有企业，又有非国有企业。上市第一年样本公司控股股东的所有权性质绝大部分为国有，其比例高达80.65%，在出现资不抵债前的第一年，该比例降低到58.06%，而2006年第一大股东为非国有性质的比例反而超过了国有性质，比例为

51.61%；相反，配比公司控股股东的性质则趋于稳定。这说明在长期资不抵债上市公司的发展过程中，随意更换大股东，控制权的变更比较频繁，大量非国有企业利用国有企业陷入财务危机的时候趁机获得国有上市公司的壳资源。

4.3 琼华侨资不抵债案例分析

4.3.1 琼华侨简介[①]

琼华侨（现更名为正和股份：600759）原名海南侨联企业股份有限公司，成立于1984 年 8 月，是由一批归侨、侨眷发起组建，经原海南行政区公署海行函（1984）964 号文批准设立，并经原人民银行海南行政区分行、国家外汇管理局批准向社会公众发行人民币股票和美元股票，是海南省最早进行公开发行股票的股份制试点企业。至 1990 年底，公司累计发行股票 21 830 800 元，全部股东均为社会个人。1991 年和 1992 年为优化公司股权结构，海南新产业投资有限公司、海南亚太工贸有限公司、海南正兴投资发展有限公司等六家单位先后向公司投入股本 42 000 000 元，并成为该公司的发起人股东。1992 年12 月 4 日，公司经过股份制规范化重组后，名称由"海南侨联企业股份有限公司"更名为"海南华侨投资股份有限公司"。1992 年 12 月 7 日，公司委托海南证券交易中心对公司的股份进行了重新确认和托管。1996 年 10 月 8 日公司在上海证券交易所挂牌上市，注册资本 93 855.1974 元，发行 3575 万股，发行价 1 元。2002 年 9 月 30 日，福建北方发展股份有限公司受让原琼华侨第一大股东海南新产业投资公司持有的 4646.4 万股（占总股本的 22.28%）及原第二大股东海南物业投资公司持有的 1584 万股（占总股本的 7.59%）而成为第一大股东。从 1999 年至今，琼华侨连续出现长达八年的资不抵债现象，尽管多次游走于退市的边缘，但仍然一次次死灰复燃，活跃于我国的证券市场。

表 4-1 中，琼华侨自上市以来，简称共变更九次，在 1999 年就被中国证券监督管理委员会特别处理。尽管期间经历过北方发展有限公司的重组，但始终未能显著改善其财务状况。2007 年，公司向广西正和实业集团有限公司非公开发行 73 000 万股人民币普通股（A 股），增加注册资本 73 000 万元。完成此次重组后，公司主要经营商业房地产开发与经营。2007 年 4 月换发企业法人营业执照。

表 4-1　　　　　　　　　　　　　　ST 华侨简称变更表

公告日期	更名前简称	更名后简称	更名日期
2008 - 04 - 30	华侨股份	正和股份	2008 - 05 - 07

[①] 本书案例企业简称"琼华侨"，指海南华侨投资股份有限公司，后文中涉及正和股份、华侨投资、ST琼华侨、ST 华侨均指同一公司。

表4-1(续)

公告日期	更名前简称	更名后简称	更名日期
2008-02-21	ST 华侨	华侨股份	2008-02-22
2007-12-03	*ST 华侨	ST 华侨	2007-12-04
2007-11-14	S*ST 华侨	*ST 华侨	2007-11-19
2006-09-28	*ST 华侨	S*ST 华侨	2006-10-09
2006-05-08	ST 琼华侨	*ST 华侨	2006-05-09
2003-01-07	PT 琼华侨	ST 琼华侨	2003-01-07
2001-05-14	ST 琼华侨	PT 琼华侨	2001-05-14
1999-05-04	华侨投资	ST 琼华侨	1999-05-04

资料来源：根据金融界网站（http：//share. jrj. com. cn/cominfo/gmxx _ 600759. htm）资料整理所得。

琼华侨的资产负债率变化趋势如图4-1所示。

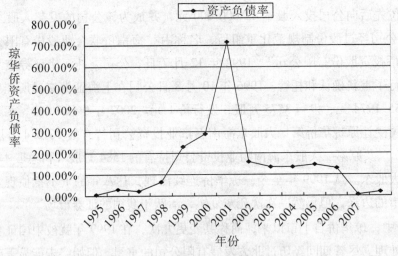

图4-1 琼华侨资产负债率变化趋势图

表4-2中，琼华侨1995年的资产负债率仅为4.56%，上市3年后就开始出现严重资不抵债的情况，2001年负债率更高达715.18%。尽管期间大股东变更后实施了一系列重组活动，但终究逃离不了长达8年资不抵债的命运。2007年，公司资产负债率骤降，降低近124个百分点，其主要原因是会计政策发生变化。公司2007年年报显示，琼华侨会计报表合并范围发生变化，减少了已转让的福建金山生物制药股份有限公司以及通过其间接持股的福建金山医药有限公司报表的合并，增加了新增投资设立的广西正和商业管理有限公司报表的合并。公司将金山制药作价转让给北方发展，且2006年12月31日至实际交割日的期间损益变化由北方发展承担，由此导致短期借款、长期借款、应付票据、应付

账款、预计负债在 2007 年底全部归零，预付账款、应付股利、其他应付款急剧减少，偿债能力得到快速的改善。1996 年，琼华侨每股收益 0.32 元，两年后即下降到 - 0.30 元，1999 年达到 - 0.73 元，仅仅在 2001 年和 2003 年勉强保持为正（0.01 元），如此变化趋势计人不得不怀疑公司为了保住上市资格进行了盈余管理。在管理层已经确定次年必然亏损的情况下，大量计提当期费用或减值准备，通过扩大当期亏损，保证下期盈利，从而达到不退市的目的。

表 4 - 2   琼华侨财务指标一览   单位：元

年份	资产负债率	主营业务收入	净利润	每股收益	每股净资产
1995	4.56%	60 789 564.00	26 895 553.00	0.03	0.33
1996	30.45%	42 897 671.93	34 915 633.26	0.32	3.06
1997	21.50%	126 990 448.83	44 795 618.43	0.21	1.86
1998	64.78%	43 095 302.91	- 62 434 523.61	- 0.30	0.93
1999	228.23%	3 468 046.13	- 151 792 930.23	- 0.73	- 1.67
2000	289.37%	434 108.48	- 68 332 242.47	- 0.33	- 2.29
2001	715.18%	572 642.78	1 144 402.18	0.01	- 1.73
2002	158.84%	13 590 767.75	- 102 058 479.92	- 0.49	- 0.48
2003	135.97%	63 144 679.43	1 233 172.48	0.01	- 0.42
2004	134.69%	139 958 928.04	- 4 554 887.38	- 0.02	- 0.49
2005	146.71%	153 198 296.27	- 37 306 800.75	- 0.18	- 0.67
2006	128.74%	139 365 915.87	56 306 578.01	0.27	- 0.41
2007	4.65%	13 290 220.41	91 587 371.85	0.28	1.50
2008	19.24%	89 688 333.11	129 751 136.36	0.14	1.64

资料来源：根据海南华侨投资股份有限公司年度报告数据整理。

4.3.2 非理性投资行为

（1）盲目多元化

公司多元化战略的制定应该与企业的管理能力相匹配，必须有明确的战略目标。在企业发展初期，不顾现有资源、资本和知识的积累程度，盲目实施多元化战略往往导致投资的失败。国内企业在股市上募集大量资金后，缺乏长期财务战略，在大量资本的驱动下，有一种天然的投资冲动。琼华侨 1996 年在上海证券交易所挂牌，上市总资产是 48 亿，净资产三个多亿。上市募集的大量资金为琼华侨疯狂扩张奠定了资本基础。公司早期主要经营高新技术项目及产品，影视，能源，房地产，旅游资源、旅游产品，建筑材料。北方发展实业公司入主后，主营业务变更为医药，当广西正和实业成为第一大股东之后，公司的主营业务变更为房地产。

琼华侨每股收益变化趋势如图4-2所示。

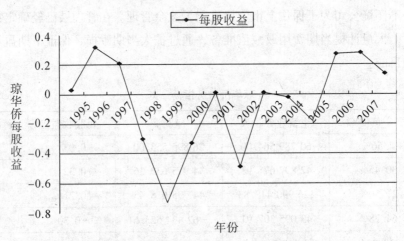

图4-2 琼华侨每股收益变化趋势图

琼华侨在1996年的招股说明书中提到了"开始大规模投入实业、高科技产业、文化产业、旅游业、商业、房地产业等"。从它注册的主营业务来看，有工业和高科技产品、农业综合开发、旅游资源开发、能源开发、旅馆及旅游咨询服务、房地产开发经营、室内外装修、五金交电、摄影器材、化工原料、纺织品及文化传播等，行业之多，分布之广，可见公司从上市之始就采取了相关度极低的多元化战略。最初，琼华侨凭借控股公司北京成像影社制作拍摄的《东边日出西边雨》、《宰相刘罗锅》等电视作品在社会上引起强烈反响，接连收购北京金长城电脑，投资北京阳光广场，参与发起组建海南亚太农业，参股海口椰岛股份等，依托"影视"、"高科技"、"高增长农业"的概念，在资本市场上受到广泛的关注。但在随后的几年，由于公司主要涉足的影视业和高科技产业的规模有限，竞争者逐渐增多，拉低了行业利润率，公司开始出现亏损，各项经营业务严重萎缩。公司盲目多元化的结果直接导致公司的主营业务不突出，产品缺乏核心竞争力。上市公司如果没有一项强大的主导产业，一旦大量的控股子公司和联营企业出现危机，主体企业必定会受到牵连。

表4-3中，琼华侨在上市之初就大量投资各行业，进行非相关多元化。在1998年之后，公司的相关业务基本停滞，其中海南现代实业、北京金都侨业和海南中平木业的经营失败是琼华侨日后财务危机的直接原因。如现代实业公司长期隐瞒对外负债1.29亿元，虚增利润1.35亿元，虚作收入1.7亿元，有4000多万元的资产被侵吞，这直接导致其控股公司琼华侨资产流失5个多亿，负债6个多亿。自1998年起，琼华侨的主营业务就已经全面停止了，公司主要忙于应付20多起诉讼案以及对公司资产和负债的全面清查与审

计。在 1998 年年报中，北京中洲会计师事务所对琼华侨出具了"拒绝表示意见"的审计意见，指出"贵公司提供了全资子公司——海南现代实业发展公司 1994—1997 年应提供而未提供的会计资料。截至 1998 年 12 月 31 日，该账外资产账面值占贵公司总资产的 19.30%，负债账面值占贵公司总负债的 3.57%。我们无法采用满意的审计程序确认"。这说明琼华侨大量的非理性投资使得公司财务管理混乱，为日后的资金黑洞埋下了伏笔。

表 4-3　　　　　　　　　　琼华侨的子公司、分公司及关联企业

公司名称	主营业务	投资额（万元）	持有股份（%）
海南华侨城开发有限公司	房地产开发	5000	100
海南华侨国际旅游娱乐公司	旅游业、餐饮娱乐业、日用百货、食品饮料等	600	100
海南现代实业有限公司	工业和高科技产品的开发、生产、销售等	1000	100
北京金都侨业实业有限责任公司	技术开发、销售机械电器设备、材料、电子产品	2000	100
烟台金海物业有限公司	从事旅游度假区的开发	1800	100
海南华侨商业有限公司	百货商场	15 000	49
海南中平木业有限公司	板材加工、销售	1000	20
三峡资源开发控股有限公司	房地产、旅游、金融、证券的投资等	400	15
海南亚太创汇农业综合开发股份有限公司	热带水果、庄园农业、旅游度假区	1000	10

资料来源：根据 1996 年《海南华侨投资股份有限公司股票上市公告书》整理所得。

实施多元化战略应该与公司积累的资本和资源以及管理能力相匹配。表 4-4 中，琼华侨的管理费用率在 1998—2002 年居高不下，尽管主营业务收入的减少是原因之一，但是管理费用本身的快速增加才是关键。既然经营活动没有为企业创造价值，高额的管理费用就是一种浪费，也是企业管理能力低下的重要表现。琼华侨的管理费用率在经历了 1998—2002 年的高位后，在 2003 年突然降低到最低点 9.60%，但此后又开始了新一轮的攀升，可见公司的管理能力似乎并没有得到本质的提高。

表 4-4　　　　　　　　　　琼华侨管理费用率

年份	管理费用（元）	主营业务收入（元）	管理费用率（%）
1995	8 762 399.00	60 789 564.00	14.41
1996	9 487 113.42	42 897 671.93	22.12
1997	8 325 548.97	126 990 448.83	6.56
1998	37 755 943.75	43 095 302.91	87.61

表4-4(续)

年份	管理费用（元）	主营业务收入（元）	管理费用率（%）
1999	120 233 732.86	3 468 046.13	3466.90
2000	17 132 223.15	434 108.48	3946.53
2001	4 031 344.50	572 642.78	703.99
2002	36 953 742.16	13 590 767.75	271.90
2003	6 061 722.32	63 144 679.43	9.60
2004	15 410 570.45	139 958 928.04	11.01
2005	17 536 326.15	153 198 296.27	11.45
2006	24 006 563.98	139 365 915.87	17.23
2007	5 225 663.89	13 290 220.41	39.32
2008	14 694 099.02	89 688 333.11	16.38

注：管理费用率＝管理费用/主营业务收入×100%

资料来源：根据海南华侨投资股份有限公司历年年度报告数据整理所得。

（2）过度投资

企业的投资行为易出现两种错误的倾向——过度投资和投资不足。由于中国资本市场法律制度不健全，信用机制严重缺失，上市公司存在一股独大的现象，治理结构不完善，内部人控制的问题影响着公司的管理效率。董事长兼任总经理等重要的高级管理岗位导致其他董事地位的弱化，独立董事在现有治理环境中的作用也不明显。因此，公司的决策缺乏科学依据，仅凭个别领导者意志行事，导致公司的决策效率低下，过度投资的行为也就是必然会发生的了。

琼华侨在盲目进行多元化发展的过程中就存在严重的过度投资行为，公司在没有科学论证的基础上就进行盲目投资，导致后来大量的投资损失。中洲会计师事务所对琼华侨1998年年度财务报告拒绝发表意见，公司年报中《对中洲会计师事务所出具的拒绝发表意见的审计报告所涉及事项的说明》指出中洲会计师事务所对公司1998年年度财务报告拒绝发表意见的主要原因是公司在内部管理上存在较为严重的失控现象。这主要体现在：①决策机制不健全，在重大问题的决策上，原董事长与董事会成员间缺乏甚至没有沟通，在重大决策执行上，存在着不经过经营班子直接实施的问题；②对公司资产管理的失控，特别是对各分支机构的监管不力；③对公司负债管理的失控，尤其是对或有负债及各子公司的举债行为监管失控；④在财务管理上，一方面存在着财务制度不健全的状况，另一方面还存在着对已建立的规章制度执行不力、控制不严、管理混乱的局面，尤其体现在对分支机构的财务监管方面。同时公司陷入诉讼案件众多、债务负担沉重、经营业务严重萎缩、可持续发展面临严峻挑战的艰难困境。

现金流量采用收付实现制计算，造假容易被发现。比如虚假的合同能签出利润，但签不出现金流量。有些上市公司在以关联交易操作利润时，往往也会在现金流量方面暴露有利润而没有现金流入的情况，所以利用每股经营活动现金流量净额去分析公司的获利能力质量，比每股盈利更加客观。

表4-5中，1998—2000年，琼华侨经营活动产生的现金流是负值，公司的主营业务活动几乎全面陷于停顿状态。2002年北方发展入主琼华侨后，企业的经营活动现金流虽然有所改善，但是通过查阅年度报告中的现金流量表，我们发现经营活动现金流量的一个重要来源是"收到的其他与经营活动有关的现金"，在2002年和2003年甚至超过"销售商品、提供劳务收到的现金"。由此可见，公司经营活动产生的现金流量质量不高。投资活动所产生的现金流更少，其中"收回投资所收到的现金"所占比重很低，有较大部分是处置固定资产所得。

表4-5　　　　　　　　　　　　琼华侨现金流量数据　　　　　　　　　　　单位：元

年度	经营活动产生的现金流量净额	投资活动产生的现金流量净额	筹资活动产生的现金流量净额	现金及现金等价物净增加额
1998	-7 858 857.08	-60 690 834.76	-7 247 118.90	-75 796 810.70
1999	-1 835 005.23	8402.00	-1 613 928.00	-3 440 531.23
2000	-3 109 405.06	543 108.00	0.00	-2 566 297.06
2001	13 499 185.93	17 662 979.95	-29 374 331.00	1 787 834.93
2002	6 504 099.26	11 613 790.61	-3 605 160.00	14 512 729.87
2003	7 989 787.16	-24 768 159.30	20 210 741.40	3 432 369.27
2004	-24 604 055.91	12 408 343.74	-92 903.91	-12 288 616.10
2005	5 813 070.21	-395 717.20	-6 121 479.80	-704 126.75
2006	39 612 209.64	-3 714 502.84	-19 671 966.00	16 225 740.70
2007	31 557 656.48	-27 247 554.73	-9 257 869.74	-4 947 767.99
2008	-72 634 088.38	-88 797 112.98	146 923 818.16	-14 507 383.20

资料来源：根据海南华侨投资股份有限公司历年年度报告数据整理所得。

4.3.3　大股东的掏空行为

中国上市公司存在普遍的大股东掏空行为，许多优秀的上市公司沦为大股东抽取资金的工具，最终沦落到破产的境地。如猴王股份的陨落、南洋公司的退市等。在琼华侨长期资不抵债延续发展的过程中，大股东的掏空方式表现为两种典型模式，之前是拼凑上市，取得资本市场的准入证，为公司的大股东以及管理层的私利行为提供载体；当企业陷于困境之后，由于中国上市公司"壳资源"的稀缺性以及中国资本市场监管的漏洞，为其他准备借壳上市的公司提供了基础，从而获得壳资源收益。琼华侨的大股东掏空行为主要是通过关联交易进行资金占用、为自身控制的公司提供担保两种途径。

（1）资金占用

上市公司大股东及关联方资金占用是我国证券市场长期以来存在的一个突出问题。尽管中国证券监督管理委员会围绕这一问题采取了一系列的解决措施，如推动上市公司完善法人治理结构，在《上市公司检查办法》中有针对性地检查上市公司"五分开"及资金安全性等，但是 2002 年年底的调查显示，上市公司资金被占用总额仍达到了近 1000 亿元，相当于深沪两市一年的筹资额。根据《关于上市公司大股东及其附属企业非经营性资金占用的通告（2006 年第三号）》相关信息统计，剔除未披露 2005 年年报的个别公司外，截至 2006 年 7 月 31 日，两市还有 139 家公司仍存在资金占用问题，占用余额高达 305.48 亿元。[①] 大量的资金占用严重影响了上市公司的资产质量，导致上市公司因资金紧缺而经营困难，甚至连续亏损面临退市，极大地侵害了广大投资者尤其是中小投资者的合法权益，隐藏着巨大的风险。为了进一步规范上市公司与关联方的资金往来，切实提高上市公司的质量，2003 年 8 月 28 日，中国证券监督管理委员会、国家国资委联合下发了《关于规范上市公司与关联方资金往来以及上市公司对外担保若干问题的通知》（证监发〔2003〕56 号），对规范上市公司与关联方资金往来和违规占用资金的行为责任作了严格具体的规定。这表明中国证券监督管理委员会及相关部门对这一问题高度重视。

资金占用是大股东掏空上市公司的一种典型方式，往往发生在关联交易中。关联交易一般会导致关联方之间发生权利、义务或资源的转移。表 4-6 中，琼华侨的资金占用率非常高，说明琼华侨存在严重的大股东掏空行为。1995 年后资金占用率便呈现逐年上升的趋势，在 2000 年达到顶点。2002 年北方发展入主琼华侨后，尽管资金占用率在开始时相对顶点状态有所降低，但仍然很高，资金占用情况没有得到显著改善，在一定程度上反映了北方发展对琼华侨的重组形式重于实质。直至北方发展退出之时，琼华侨仍然对北方发展欠有债务 6686.99 万元，占公司总负债的 19.33%，减去北方发展购买公司全部资产支付的 2499.50 万元，余额达 4187.49 万元。可见，北方发展从 2002 年 8 月进入到 2007 年 4 月携公司全部资产退出，什么也没有留给琼华侨，琼华侨完全成为一个空壳公司。这从一个侧面说明了中国资本市场上很多重组行为并不是从实质上去改变被重组企业的业绩，而是为新的大股东提供了利益输送的渠道。

---

① 资料来源于上海证券交易所网站披露的上市公司资金占用清欠详细信息（http://www.sse.com.cn/sseportal/webapp/listcompany/FinancingImproprriateLiquidateList）。

表4-6　　　　　　　　　　琼华侨资金占用情况表　　　　　　　　　单位：万元

年份	应收账款	其他应收款	预付账款	应收账款/总资产	其他应收账款/总资产	预付账款/总资产	资金占用率
1995	10 487.14	7517.12	5059.70	1.59%	1.14%	0.77%	3.49%
1996	7373.96	3484.07	2302.41	15.22%	7.19%	4.75%	27.17%
1997	6484.18	6376.60	2987.67	13.07%	12.85%	6.02%	31.95%
1998	933.72	20 795.79	5434.76	1.69%	37.55%	9.81%	49.05%
1999	1100.93	23 674.56	172.94	4.04%	86.93%	0.63%	91.60%
2000	1100.23	24 276.23	172.94	4.36%	96.17%	0.69%	101.21%
2001	100.40	1535.70	42.65	1.72%	26.25%	0.73%	28.69%
2002	2282.91	2987.60	631.61	15.83%	20.71%	4.38%	40.92%
2003	2593.11	2559.17	1671.94	13.90%	13.71%	8.96%	36.57%
2004	3859.84	9994.08	1954.08	16.68%	43.18%	8.44%	68.30%
2005	4510.57	13 872.21	1175.38	17.09%	52.56%	4.45%	74.11%
2006	5670.97	11 337.24	1907.57	21.10%	42.18%	7.10%	70.38%
2007	75.332 09	5.726	54.968 21	0.05%	0.00%	0.04%	0.09%
2008	250.218	8149.1516	10 068.65	0.13%	4.28%	5.28%	9.69%

注：资金占用率＝（应收账款＋其他应收款＋预付账款）/总资产×100%

资料来源：根据海南华侨投资股份有限公司历年年度报告数据整理所得。

（2）对外担保

在市场经济中，对外担保是企业扩大融资规模、结成战略联盟的重要手段。它一方面有利于银行等债权人降低贷款风险，减少资本市场的运行成本，从而提高整个社会资源配置的效率；另一方面可以帮助企业构建稳定的资金融通渠道，满足企业扩大再生产的资金需求，形成稳定可靠的资金供需关系。虽然担保有利于企业的发展，但其实质是以企业自身的无形资产——信誉为代价形成或有负债的过程。在中国资本市场，担保方往往是给关联公司担保，尤其是大股东利用控制权给大股东或是大股东的利益关系人担保。如果上市公司自身的控制能力较差，在被担保公司发生危机时，企业的正常经营就会受到严重影响。担保问题之所以在我国副作用这么明显，主要是因为资本市场信用机制的缺失。由于被担保公司的行为得不到有效的控制，危机的发生似乎是必然的。

表4-7中，琼华侨在1992年短短的三个月内为海南中平木业有限公司提供了高达29 420.35万元的担保，承担连带责任。由于中平木业没有偿债能力，这直接导致了2003年1月22日中国银行海南省分行在对中平木业有限公司偿还本金及利息1934.69万元的诉讼中要求琼华侨承担连带责任。表4-7仅是本书查阅到的琼华侨公开的担保情况，其

实琼华侨还存在大量其他的担保问题，这可以从后来公司受到的诉讼中得到证实。根据相关报道资料显示，琼华侨两位原任高管还通过自己所控制的公司来进行经济担保，以此侵占上市公司的财产。北京金侨实业的法人代表就是琼华侨的前任董事长赵锴，这家公司三起借款的担保就有1.4亿元。赵锴还利用公款约9000万元炒股，制造虚假利润近2亿元，虚报近300万股股本金到位，5.4亿元的借款不入账形成账外负债，大肆制造假账，盲目对外担保，最后致使公司大量资产因涉讼而被查封。另一家公司就是海南现代实业，其法人代表就是琼华侨的原总裁李士祥，现代实业通过制造假账、假凭据、假合同，利用上市公司名义作担保私自向金融机构贷款，账外操作资金。李士祥在任期内有近300万股股本金未到位，4000多万元资产被个人侵吞，大量付款不明去向，涉嫌个人侵占资产近千万元，1.29亿元巨额贷款不入账，虚增利润1.35亿元，虚作巨额销售收入1.70亿元及转让收益、投资收益。在华侨城征地及退地过程中支付的中介费3188万元全部流失[①]。同时，公司的交易和公告日期之间相隔很长时间，说明琼华侨在信息披露方面存在重大问题，有隐瞒的嫌疑。

表4-7   琼华侨直接对外担保

公告日期	提供担保方	获得担保方	金额（万元）	是否关联交易	交易日期
2005-8	华侨投资	中平木业	12 000.00	是	1992-10
2004-8	华侨投资	中平木业	985.00	是	1992-10
2004-3	华侨投资	中平木业	563.78	是	1993-10
2004-3	华侨投资	中平木业	1336.32	是	1992-11
2004-3	华侨投资	中平木业	14 535.25	是	1992-09

资料来源：根据海南华侨投资股份有限公司年度报告数据整理所得。

伴随着公司的不当担保而来的就是数不尽的诉讼问题，公司疲于应付经营之外的问题，给公司的正常经营带来严重的不稳定性。同时，公司不断地被告上法庭也损害了公司形象，在产品市场竞争中处于不利地位。而产品市场竞争的失利就会进一步加剧公司的财务危机，经营状况的持续恶化最终导致公司资不抵债的。这些不当担保就像公司经营过程中的一连串地雷，随时都有爆炸的可能。据琼华侨1999年中报及相关资料披露：1997年5月12日海南光大国信租赁（联合）有限公司诉海南科技公司及华侨投资借款担保纠纷，涉讼标的本金1500万元，利息270万元。次年10月13日，光大公司申请执行，不知何故，海口中级法院却同时查封了金都侨业在比欧特公司的2000万股权及华侨投资持有的万象集团股票共计3 431 775股。1999年4月，中国长城财务公司诉金都实业和华侨投资借款担保纠纷，涉讼标的本金2000万元及利息。北京海淀区法院判决金都侨业返还中国

---

① 李成立. 逆光——目睹中国股市之怪现象. 北京：中华工商联合出版社，2004.

长城财务公司本金 1739.4 万元及利息 43.13 万元，并给付逾期利息。同年 4 月，中国长城财务公司又诉金都侨业借贷纠纷，涉讼标的本金 480 万元及利息，后原告撤回起诉。这三起涉讼案件中的金都侨业是琼华侨的全资子公司，由琼华侨前任董事长为法定代表人。[①] 此外，琼华侨涉讼案件众多，债务负担十分沉重，财务状况严重恶化，是否具备可持续发展的条件已经让人怀疑。据统计，琼华侨涉讼案件达 12 起，其中 9 起公司方面应赔付本金 8375 万元以及已明确的应付利息 620 万元。尤为严重的是，琼华侨的第一大股东海南新产业投资公司所持股份 4646.4 万股（占总股本 22.28%）中的 4346 万股已被海南洋浦经济开发区人民法院冻结；第二大股东海南亚太工贸有限公司所持股份 1584 万股（占总股本 7.59%），已质押给中国科技国际信托投资有限责任公司，质押期限为 1999 年 6 月 29 日至 2001 年 6 月 29 日。在这种情况下，已经不是这些大股东负不负责的问题，而是他们还能不能对公司、对广大股东负责的问题。[②]

4.3.4 财务管理能力不足

（1）负债结构不合理

企业适度负债，根据企业的实际情况灵活运用财务杠杆效应是正确的财务战略。但是负债融资必须考虑企业的发展阶段以及财务管理能力，必须注意负债结构，因为负债结构可能影响企业的正常经营，而合理的负债结构可以促进企业良好的发展。我国上市公司尽管存在股权融资偏好，但是当企业不能够继续获得直接资本市场的资金支持时，就会转向银行等金融机构融资。因此，在中国上市公司中，我们可以发现有大量的高负债公司。由于我国资本市场信用机制的严重缺失，负债对公司投资行为的约束力大大降低。在很多时候，企业盲目扩张的资金正是由大规模负债推动的。在信息不对称条件下，银行有时会作出逆向选择，使有极大发展潜力、需要银行贷款支持的企业无法获得贷款，而大量业绩较差的公司反而不断地获得银行资金支持。同时，高负债公司由于在过去贷款行为中和银行建立了良好的关系，在以后获得大量关系贷款的可能性就会大大增加。

表 4 - 8 中，琼华侨每年都有大量的短期借款和长期借款，而短期借款占总借款的比例在 1995—1997 年以及 2002—2006 年都比较高，尽管在 1998—2001 年比较低，但琼华侨在此期间主营业务是基本停顿的，也没有对外投资，因此可以推测在 1998 年之前和 2002 年之后，公司存在短借长投的倾向，2007 年由于公司将金山制药转让，短期借款由北方发展承担，短期借款比例为 0。

---

① ST 琼华侨大摆地雷阵［EB/OL］. 2000 - 02 - 28. http：//www. jrj. com. cn/NewsRead/Detail. asp？NewsID = 481673.

② 黄湘源. 详讯：中国第一家拒绝披露中报的上市公司 . 1999 - 10 - 21. http：//news. sina. com. cn/china/1999 - 10 - 21/24381. html.

表4-8　　　　　　　　　　　　　琼华侨借款结构　　　　　　　　　　　　单位：元

年份	短期借款	长期借款	财务费用	短期借款比例
1995	105 750 000. 00	62 258 435. 00	24 890 145. 00	62.94%
1996	35 900 000. 00	41 393 705. 52	9 848 107. 51	46.45%
1997	19 800 000. 00	29 792 535. 57	-1 034 016. 62	39.93%
1998	6 200 000. 00	163 694 445. 45	19 055 252. 50	3.65%
1999	82 275 723. 98	436 552 202. 73	32 949 909. 76	15.86%
2000	95 195 104. 52	503 896 557. 53	44 213 221. 96	15.89%
2001	1 004 722. 12	369 608 509. 85	8 968 546. 07	0.27%
2002	67 120 000. 00	60 602 952. 99	1 784 204. 54	52.55%
2003	92 000 000. 00	61 047 322. 65	5 320 968. 61	60.11%
2004	97 000 000. 00	62 494 133. 90	6 555 992. 81	60.82%
2005	100 120 000. 00	62 939 724. 35	7 338 722. 50	61.40%
2006	86 800 000. 00	62 939 724. 35	6 379 572. 18	57.97%
2007	0	0	-203 686. 42	0.00%
2008	75 000 000. 00	60 000 000	7 480 625. 38	20.45%

资料来源：根据海南华侨投资股份有限公司历年年度报告数据整理所得。

（2）营运资金管理不当

由于盲目多元化投资，上市公司募集的资金用完之后，不得不大量进行举债运营；同时，公司缺乏主导产业，没有稳定的收入和利润来源，导致琼华侨的营运资金不断减少，甚至为负。在2000年首次跌破零，2001年稍稍有所回升，从此开始长达5年的负营运资金运作。由于缺乏营运资金，公司经营面临极大的风险，自1998年开始公司的主营业务几乎全面陷于停顿状态。

企业的流动资产包含货币资金、短期投资、应收票据、应收股利、应收利息、应收账款、其他应收款、预付账款、存货等。由于中国产品市场和资本市场普遍缺乏信用，导致理论上变现能力很强的应收账款在很多时候成为公司的垃圾资产。中国上市公司存在大量的应收账款，最后都演变成坏账，导致投资者和国家的资产遭受严重损失。琼华侨在上市之前和上市之初的营运资金从总量上来看，能够维持企业的正常运营，但这是不是表面现象呢？

表4-9中，除1998年外，琼华侨的应收账款周转率和存货周转率在上市之前和上市后较长一段时间内都比较低，甚至都小于1次，这说明营运资金的质量比较差。尽管2003年后，公司的应收账款周转率和存货周转率开始大幅度提高，营运资金运作质量有所改善，但是营运资金却始终小于零。从公司历年披露的报表中，我们可以发现公司大量

的应收账款产生于关联交易，很多都是股东公司和控股子公司所为，在大股东掏空章节已有详细论述。

表 4 - 9　　　　　　　　　　　　　琼华侨应收账款周转率

年份	应收账款（元）	主营业务收入（元）	应收账款周转率
1995	104 871 369.00	60 789 564.00	0.58
1996	73 739 638.67	42 897 671.93	0.58
1997	64 841 766.70	126 990 448.83	1.96
1998	9 337 181.76	43 095 302.91	4.62
1999	11 009 308.19	3 468 046.13	0.32
2000	11 002 308.19	434 108.48	0.04
2001	1 004 025.01	572 642.78	0.57
2002	22 829 083.51	13 590 767.75	0.60
2003	25 931 142.97	63 144 679.43	2.44
2004	38 598 408.10	139 958 928.04	3.63
2005	45 105 707.80	153 198 296.27	3.40
2006	56 709 657.20	139 365 915.87	2.46
2007	753 320.87	13 290 220.41	0.06
2008	2 502 183.5	89 688 333.11	0.03

资料来源：根据海南华侨投资股份有限公司历年年度报告数据整理所得。

琼华侨营运资金变化趋势如图 4 - 3 所示。

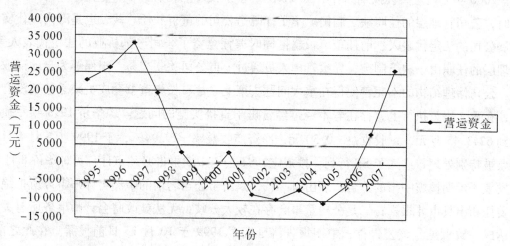

图 4 - 3　琼华侨营运资金变化趋势图

资料来源：根据海南华侨投资股份有限公司历年年度报告数据整理所得。

4.3.5 治理结构不完善

琼华侨年度报告显示，历年第一大股东的持股比例都比较高，较高的持股比例使大股东对公司具有较强的控制权，为控股股东的利益输送提供了便利条件。海南新产业投资公司的控股股东为中国科技国际信托投资有限公司，该公司成立于 1989 年 4 月 30 日，它同时也是琼华侨的最大债权人。2002 年 11 月 28 日、12 月 12 日北方发展有限公司分别受让琼华侨的第一大股东海南新产业投资公司所持有的公司法人股 4646.40 万股，第二大股东海南物业投资所持有的公司法人股 1584.00 万股后成为琼华侨的第一大股东。琼华侨 2002 年年报披露的北方发展的股东为南洋投资、南洋环球、赵君、黄晖、金河文化，持股比例分别为 46.89%、24.50%、12.5%、12.50%、3.61%。而南洋投资的股东为自然人董微、黄柯滨、任威，持股比例分别为 63%、33%、4%。在 2003 年 10 月南洋投资更名为北方金山实业有限公司，股东变成董微、黄河滨，持股比例分别为 67%、33%。2005 年年报显示北方发展的股东变为金山实业、黄柯滨，持股比例分别为 46.89%、53.11%，法定代表人为黄柯滨；而 2006 年年报显示北方发展的股东在 2006 年 5 月 17 日股权发生部分变更，股东变为黄柯滨、李宾，持股比例分别为 70%、30%。由于北方发展的实际控制人在不断地发生变化，导致上市公司的控制权与现金流权分离，且股权比较集中，这为控股股东掏空上市公司和转移利润等行为提供了便利条件。同时，实际控制人的不断变化也给企业的经营决策带来很大的不确定性，不利于公司的长远发展。

琼华侨的高管人员变更比较频繁，多次发生董事、高级管理人员的解聘或是辞职事件。2000 年公司董事会换届选举，原 11 位董事中仅 4 名留任，其中包括董事长孙小钢。同时，公司管理层的任职缺乏制衡。李士样既是公司的董事兼任总裁，也是海南现代实业发展公司的法定代表人；前任董事长赵楷同时兼任全资子公司金都桥业的法定代表人等。管理层的任职由于缺乏制衡，导致管理人员通过上市公司关联交易、担保等为自己谋取利益。公司治理结构的不完善使得在重大问题决策上原董事长与董事会成员缺乏甚至没有沟通，在重大决策执行上，存在着不经过经营班子直接实施的问题。琼华侨 1998 年亏损增加到 6243.45 万元，每股收益 −0.30 元，净资产收益率 −29.94%，于 1999 年 5 月 4 日起股票被特别处理，进入了 ST 行列。按规定，ST 公司中期报告必须审计。可琼华侨 8 月 30 日发表了延期披露中报的公告，理由有二：一是由于公司聘请的中洲会计师事务所拒绝接受委托和出具审计报告；二是公司董事会存在较大分歧，无法就改聘会计师事务所有关事宜达成一致意见。该公告称，中期报告将延期至 1999 年 10 月 15 日前披露。在此之前，公司董事会紧急会议已于 9 月中旬达成决议，临时聘请海口齐盛会计师事务所作为中报的会计审计机构。不料海口齐盛会计师事务所在 9 月 17 日出具了拒绝表态的审计报告。为此，公司董事会于 10 月 9 日发表公告，声明公司董事会由于涉及众多重大未确定事项，且存在重大分歧，无法通过中报，决定暂不披露中报。早在 1999 年中报难产时，人们就已经知道这家公司董事会存在严重的分歧意见。11 月 27 日的中报是在 6 名董事同意通过、5 名反对的情况下公布的。《中华人民共和国证券法》第一百七十七条规定："依照本法规定，经核准上市交易的证券，其发行人未按照有关规定披露信息，或者所披露的信息有虚假记载、误导性陈述或者有重大遗漏的，由证券监督管理机构责令改正，对发行人处以三十万元以上六十万元以下的罚款。发行人未按期公告其上市文件或者报送有关报告的，由证券监督管理机构责令改正，对发行人处以五万元以上十万元以下的罚款。"琼华侨由于公司内部意见不一，居然拒绝出具 1999 年中报，不履行作为上市公司起码的信息披露义务，以致遭到上海证券交易所的公开谴责和处罚，从 1999 年 8 月 31 日起停牌。琼华侨成为中国证券市场上有史以来第一个拒不履行信息披露义务的上市公司。

从上面的分析可以看出，琼华侨高管层权责不明确，在重大问题上未能形成统一的意见，缺乏有效的治理机制，这是琼华侨陷入财务困境最根本的原因。而从琼华侨历年的审计意见也可以看出，在琼华侨出现资不抵债的前三年都是标准的无保意见，但是琼华侨的问题肯定不是突然产生的，标准的审计意见说明审计机构没有尽到自身的职责。而此后绝大部分审计意见都是非标准意见，说明琼华侨的财务报告里面还存在很多问题，审计机构可能在审计时受到阻碍和限制。从这些审计意见可以间接看出投资者的保护程度，同时也从一个侧面反映了公司的治理问题。

4.4 资不抵债原因分析

（1）壳资源与资不抵债

市场中的任何企业都有其存在的方式，不同的存在方式仅仅代表企业外壳的不同。在成熟的资本市场，上市只是企业融资的一种方式。买壳上市或借壳上市是企业为了避免繁琐的上市程序所作的一种理性选择，而对于壳公司来说，吸引战略投资者也有利于更好的发展。但是与大多数成熟的市场经济体不同，我国证券监督管理委员会一直用类似计划的方式向地方提供上市配额，上市资格的获取非常不易，带有明显的政府色彩，是一种重要的资源。法律机制不健全加上政府的不当干预，人为造成了"上市资格"这一资源的特殊配置。这并不遵行市场价值规律。在中国资本市场，大部分借壳上市或买壳上市中的壳资源都是出现财务危机的公司，很少有上市公司的大股东主动将壳资源转手相让。

资不抵债的定义源于会计学上的"资产 = 负债 + 所有者权益"恒等式，变换为"所有者权益 = 资产 - 负债"。可以看出，当资产小于负债时，所有者权益就小于零，也就是公司的所有者在理论上已经失去了对公司资产的支配权，资产的权益属于债权人所有。但拥有特殊上市资格的壳资源是企业的一种重要的无形资产，为出现资不抵债后的资产重组提供了价值基础。企业出现资不抵债的情况是：资产 - 负债 < 0，即资产 < 负债。当我们把壳资源考虑进去之后，上述等式就可能变为：壳资源 + 资产 > 负债。当然，在资产负表上不能够反映出这一变化，但正是这种壳资源的存在，给上市公司带来了继续生存的希望。

由图4-4可知，上市公司在出现资不抵债时还拥有一项最重要的资产即壳资源，壳资源的存在使得资不抵债公司还有在资本市场上存在的可能。在中国现有的市场环境下，这种资源具有稀缺性，是资本市场中"买壳上市"、"借壳上市"等资本运作方式的重要载体，因此这种壳资源就具有了可交易性和收益性。既然可交易并具备收益性，那么这种壳资源就具有价值，如果将这种壳资源的价值考虑到资不抵债公式中的时候，资不抵债概念就有了一种全新的解释。正是上市公司具有壳资源的价值，当公司每次陷于财务困境时，都可以打着重组的大旗，避免破产和退市。重组方是抱有一定目的的经济人，只有获得的收益大于投入时才会重组资不抵债公司。当它们达到某种目的或是发现根本不可能达到目的时，就会义无反顾地抛弃重组目标，留下更加破烂不堪的摊子，最终由国家信用来为它们买单。

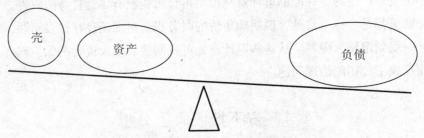

图4-4　资不抵债上市公司的会计等式天平图

资不抵债公司就是在这种不断的重组游戏中得以存续，没有实质意义与内容的重组浪费了大量的社会资源，并损害了中小投资者的利益。用巨大的社会资源代价来交换企业自己不确定的未来，值得吗？当上市不再成为特殊荣耀的时候，当上市资格是企业在公平竞争中凭借真实价值获取的时候，当上市仅仅是一个企业正常融资方式的时候，当不同类型的企业都能够找到合适的融资方式的时候，"上市公司"这一壳资源的价值就会大大降低，那些长期资不抵债公司按照市场规律退出资本市场也就是必然的了。

（2）地方政府的不当干预

海南华侨投资有限公司正是利用"华侨"投资热的政策空隙，得到了海南政府的高度关照，成为海南省最早进行公开发行股票的股份制试点企业，获得了种种优惠政策。通过一系列的包装，众多的小公司串联在一起，成立了海南侨联企业股份有限公司，随后更名为海南华侨投资股份有限公司，并于1996年10月8日在上海证券交易所上市。琼华侨长期资不抵债的原因很大一部分是源于先天素质不足。海南政府在琼华侨上市过程中的作用不容忽视，没有政府的支持，这样的公司是不可能获得上市资格的。尽管从公开资料中不能找到海南政府明知企业问题而故意纵容的证据，但是政府缺乏必要的监管是毋庸置疑的。从 1998 年开始，琼华侨就开始了漫长的资不抵债之路。

（3）法律机制不健全

由于我国正处于计划经济向市场经济转型过程中，相关法律的制定和有效落实还需要较长一段时间。《亏损上市公司暂停上市和终止上市实施办法》对亏损的上市公司退市做出了相应的规定，其中第五条明确指出"上市公司出现连续三年亏损的情况，自其公布第三年年度报告之日起（如公司未公布年度报告，则自《中华人民共和国证券法》规定的年度报告披露最后期限到期之日起），证券交易所应对其股票实施停牌，并在停牌后五个工作日内就该公司股票是否暂停上市作出决定。证券交易所作出暂停上市决定后，应当通知该公司并公告，同时报中国证券监督管理委员会备案。第八条规定公司暂停上市后，可以在四十五天内向证券交易所申请宽限期以延长暂停上市的期限。宽限期自暂停上市之日起为十二个月"。第十七条规定："暂停上市的公司在宽限期内第一个会计年度继续亏损的，或者其财务报告被注册会计师出具否定意见或拒绝表示意见审计报告的，由中国证券监督管理委员会作出其股票终止上市的决定。"可见我国现有的退市制度的原则性规定较多，定量条件缺乏，无具体的实施细则，规则的"解释"空间过大，增加了实施难度。

基于会计利润指标的退市要求为企业提供了会计操纵空间，上市公司可以通过盈余管理手段来达到相应的要求，从而避免退市。而地方政府出于政绩方面的考虑，也鼓励本地区公司上市，给公司各种优惠政策。当公司陷于困境之后，政府又以种种社会问题为借口，施展各种救助措施。政府的这种行为在客观上促使了公司的造假。如琼华侨 2001 年5 月被 PT 处理，此后获得自 2001 年 5 月 14 日起暂停上市宽限期。为了避免退市，公司必须在 2001 年扭亏为盈，ST 琼华侨通过出售回转的世贸股份法人转配股 120 万股，获得现金 1461 万元，通过债务重组消减债务 30 721.74 万元，其中债务豁免 1808.99 万元，以资抵债 28 912.75 万元，最终勉强盈利 114.44 万元，达到恢复上市对盈利的要求。然而公司却依然严重资不抵债，根本没有持续经营的能力，尽管盈利指标达到恢复上市要求，但本质已是空壳公司。

（4）信用机制不完善

中国市场机制不完善的重要表现之一就是信用缺失，而信用缺失是资不抵债公司能够长期存在的关键原因。由于信用缺失，大股东掏空上市公司的事件屡屡发生，导致上市公司陷于资不抵债的困境。信用是经济运行的基础，而当今在中国资本市场乃至中国社会都普遍存在信用缺失的情况。每年我国因为信用缺失的损失巨大，大量资源被消耗。资本市场的信用机制主要包括三个部分，首先是政府信用，其次是企业（组织）信用，最后是个人信用。其中个人信用是基础，政府信用则是重要的保障。在我国资本市场上，存在大量的组织信用滥用，只能拿政府信用来弥补，造成政府信用透支，弱化了整个资本市场信用机制的作用。

由于中国经济处于转型中，资本市场的企业大多是由国有企业转制而来，二元结构明显，国家行政性干预较多。在信用机制完善的市场环境下，当企业出现资不抵债的时候，其信誉会急速下降。如果这种状况长期维持，其信誉就会降低为零，失去市场价值。而在我国，由于国家或地方政府出于某些社会问题的考虑，就会以自身的信用为依托，极力挽救资不抵债上市公司。经理人为谋求个人利益，也会利用企业的信用进行私人消费，使企业的信用遭到严重透支。当大量上市公司出现资不抵债等信用危机时，若没有一个良好的退出机制，单靠国家信用转移进行治理，就会使国家信用透支，导致社会信用危机。中国股市沪深指数的大起大落就折射出资本市场典型的政策市特征，政府信用的透支导致股民信心受到极大的打击，政府的政策刺激作用达不到预期效果，市场严重低迷。如果这种现象延续下去，必然会影响中国经济的健康发展。

由于信用缺失，大股东和债权人、上市公司和审计机构之间的利益合谋成为可能，而利益合谋的结果直接欺骗了监管机构和广大中小投资者，上市公司在退市的边缘不断徘徊，造成国有资产流失或是社会资源浪费。长期资不抵债公司自身治理存在的严重问题为利益合谋提供了很大便利。如在资不抵债公司中的许多重组行为尽管遭到众多中小股东的反对，但是由于股权较为分散，行权成本较高，因此还是获得通过。在此过程中，大股东和债权人可能为自身的利益而牺牲中小股东或是其他债权人的利益。在债权人的利益能得到基本保障的条件下，债权人有可能保持沉默，坐视大股东对小股东的利益侵占行为，甚至与大股东合谋来共同侵占小股东的利益。

(5) 企业重组行为

目前很多长期资不抵债公司通过第三方进行重组，但在重组过程中，出现了大量重形式轻实质并且恶意侵占公司资产或是国家利益，损害中小股东的利益，谋求私人利益的重组行为。许多企业在重组的当年表现出良好的业绩，然而在重组之后又很快陷于原先的境地。由于我国相关法律制度存在漏洞，资不抵债企业可以利用重组有意规避法律的相关规定，在不断的重组中得以保存壳资源。有了壳资源就可以改变资不抵债的不等式，从而在资本市场上长期存在。

如琼华侨在 2001 年勉强盈利 100 多万后，如果需要恢复上市按照规定必须具有足够的持续经营能力，但是琼华侨已经严重资不抵债，只能依靠资产或是债务重组。琼华侨的第一次重组计划是引进中国长城工业总公司，刚开始似乎前景一片光明，市场也抱着极大的期待，可是在 2002 年 3 月中国长城工业突然放弃了对 PT 琼华侨的重组，此时距离 2002 年 5 月 14 日的退市宽限期只有不到两个月的时间。随后又引入新的重组对象大通实业公司，然而由于资产注入计划违背建设部的规定，重组又破灭了。最后引入了北方发展股份有限公司，重组才得以完成，如期递交了恢复上市申请的公告，以预测的 200 多万元利润于 2003 年 1 月 7 日恢复上市①。然而，重组之后牵连琼华侨的一连串担保诉讼问题又使其

---

① 何晓晴. ST 琼华侨作悬崖之舞. 环球财经，2004 (05)：59－61.

陷于危机不能自拔，仍然严重资不抵债，2007 年北方发展退出了琼华侨。同时广西正和进入，开始新的重组计划，结果如何还有待观察。不过，唯一可以肯定的是，琼华侨可以再在证券市场上至少奔波又一个三年时间。

资不抵债公司生命轨迹如图 4-5 所示。

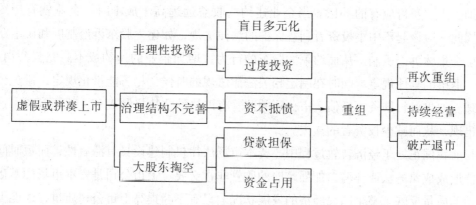

图 4-5　资不抵债公司生命轨迹图

企业的发展在于"血液"可以不断循环，因此要求企业具备很强的"造血"功能。当公司出现财务危机后，如果进行简单的输血，而不是从根本上解决企业的造血问题，必然不能使企业最终摆脱财务困境。长期资不抵债上市公司的造血功能得到破坏，自身生存出现严重危机，亟须恢复造血功能。由于上市公司壳资源价值的存在，出现资不抵债后只是简单地利用壳资源进行输血，而非造血，没有从根本上提高企业的管理能力，导致企业长期陷于资不抵债的境地。在我国目前法律机制与信用机制不健全的背景下，无论重组结果如何，都会使濒临退市边缘的公司获得更长的存续时间，因此受到上市公司和地方政府的欢迎。总体来看，中国资本市场不成熟的客观环境使得长期资不抵债公司利用壳资源，通过盈余管理或是在政府的干预下规避法律的相关规定，在一次又一次的重组过程中，在证券市场得以生存。

4.5　资不抵债防范措施

在中国资本市场法律、监管、信用机制都有待完善的背景下，长期资不抵债上市公司既不会主动破产退市，又不能对其实行强制性破产，影响了社会资源的优化配置，损害了中小投资者的利益。本部分从法律机制、市场信用机制、体系建设以及企业治理机制等方面论述长期资不抵债的防范措施。市场信用是基础，法律机制是保障，企业自身治理是关键。通过完善市场信用建设，可以有效淘汰长期资不抵债公司；而法律机制以及监管可以在必要的时候对长期资不抵债公司进行惩罚，强制其退市；企业自身完善治理机制，可以有效地避免陷于长期资不抵债的境地。

（1）加强市场法制建设

法律机制滞后，而监管机制又没有充分发挥应有的作用。大量的上市公司在不具备上市资格的条件下得以上市。即使在上市后发现问题，监管机构也会因为照顾多方面利益而放弃对上市公司的追究。同时，当上市公司损害投资者利益时，投资者却得不到政府的相应救助，无法获得应有的补偿。当企业违约的收益远远高于成本时，企业就有违约的动因。因此，应该起草中小投资者利益保护的法律法规，如建立股东诉讼制度和民事赔偿制度，引进集体诉讼机制，从而约束大股东的行为，增加企业的违约成本。完善公司上市、破产、退市的具体规定，同时在制定相关法律法规的时候，尽可能量化规定，避免公司打擦边球。如果对长期资不抵债上市公司的监管有严格的法律机制规范，就可能减少这类公司的出现，从而减少投资者的损失。

目前我国正处于经济转轨过程中，资本市场法律机制建设具有滞后性，而短时间内也不可能形成成熟的法律环境，加强政府的监管非常必要。上市公司是资本市场的基础，上市公司的质量反映了整个国民经济的发展状况。只有不断提高上市公司质量，才能促进资本市场的健康持续发展。必须在上市之前对上市公司进行审查，杜绝虚假上市和包装上市，提高上市公司的质量。同时，由于很多上市公司上市的目的是圈钱，经常随意变更投资方向，损害中小投资者的利益，因此必须严格监管上市公司的融资行为以及募集资金的投资行为。法律机制能否发挥作用，关键在于执行力。政府应加强监管力度，坚决查处违规违法企业，严惩相关责任人，规范信息披露体系。只有坚持以科学发展观为指导，不断深化对资本市场发展和运行规律的认识，继续强化基础性制度建设和市场监管，维护公开、公平、公正的市场秩序，充分发挥市场机制的作用，才能推动资本市场稳定健康发展。

（2）完善市场信用机制

构建企业诚信机制。在产品市场，企业进行虚假广告宣传，销售假冒伪劣商品。在资本市场，上市公司也存在着严重的信用问题。从蓝田神话破灭到德隆系的轰然崩溃，无不显示中国股市诚信缺失。目前，企业产品市场上的声誉与资本市场上的声誉相脱节，缺乏信用所受到的损失微不足道。因此，政府和监管机构必须严惩企业的虚假上市，规范企业的重组行为，抑制地方保护主义，建立一套完善的包括企业、个人的诚信档案，让诚信记录伴随组织和个人的终生，并让不讲信用者受到市场的惩罚。这需要政府法律机制的配合，强化企业的信息披露，减少信息不对称。作为企业，必须树立信用意识，将信用作为一项长期战略资源培育经营。

规范中介机构运作。随着经济的发展，中介组织发挥的作用越来越显著，已成为市场经济运行机制的重要组成部分。随着中介组织的作用逐渐被认可，其"经济警察"的职能日益加强，特别是在监督企业行为，调节市场纠纷，稳定市场秩序等方面已发挥着不可替代的作用。我国中介组织在形成的过程中，政府发挥了极大的作用，很多职能是逐步由政府职能转换或授权而来的，缺乏独立性，违反了市场规则和法律法规。公正性是中介组织必须具备的素质，充分发挥中介机构的作用是完善信用机制不可缺少的环节，而现阶段很多中介机构却出于个人的经济利益，与企业合谋，欺骗投资者。因此，应规范中介机构的行为，发挥其监督作用。如审计机构对上市公司出具的审计报告就必须真实反映企业的经营财务状况，为投资者提供决策参考。为了使中介机构的公正性得到较好的体现，必须制定一系列的规则，加强中介机构内部自我约束、自我调节，坚持客观性、公正性、公平性、公开性等方面的建设，引导中介机构在市场规则和法律框架中运行。

（3）发展资本市场体系

建设多层次市场结构。第一，进一步丰富证券市场的结构层次，既可以参考美国证券市场的分立式不同板块市场的做法，也可以参考日本证券市场"一所二部"市场的做法，逐步建立起创业板市场、场外交易市场和地方性的证券市场。此外，应该放开在股市进行兼并、收购和重组的活动，使股市的存量资源配置功能得到进一步发挥。① 尽快建立起多层次的市场体系，形成合理的市场结构，提高市场的资源配置效率。第二，完善上市公司退出体系。加强上市公司退市制度建设，使退市公司有"承接市场"和"中转站"，缓解公司和股东一下子退出市场的压力，形成良好的退市机制，才能把长期资不抵债上市公司有计划地淘汰出资本市场，让符合条件的企业能够顺利上市。

培育机构投资者。长期资不抵债上市公司广泛存在于资本市场之中，重要原因之一就是市场机制的失效。广大投资者尤其是个人投资者的非理性选择，让长期资不抵债上市公司有了存在的基础。因此，加强资本市场上的机构投资者建设，有利于防范长期资不抵债现象。但是我国的机构投资者很多都是国有性质，带有国企所固有的弊端，因此在加快机构投资者市场化的同时，必须积极鼓励民营机构投资者的发展，推进我国资本市场投资主体机构化和多元化，不断增强机构投资者在开放环境下的竞争实力。加强对机构投资者投资行为的监管，推动建立科学、高效的风险控制和风险管理制度，防止利益输送和操纵市场等行为，推动完善机构投资者激励约束机制，切实改变部分机构投资者投资行为短期化和同质化的倾向。

（4）完善公司治理机制

改善股权结构。防范资不抵债从根本上说还是要依赖企业内部治理机制的完善。只有建立良好的公司治理结构，才能够有效解决企业经营危机，增强公司的创值能力。当上市公司治理相对混乱，权力缺乏有效的制衡，投资行为非理性时，企业就容易陷入经营困境，甚至是资不抵债。改善公司的股权结构，形成有效的治理机制对于防范资不抵债具有重要的作用。

---

① 胡坚. 建立退市机制，优化资源配置.2001－04－17. http：//www.stock2000.com.cn/refresh/arch/2001/04/17/340566.htm.

第一，加强股权间的相互制约，解决"一股独大"的问题。第二，完善上市公司的所有权结构。充分发挥大股东在公司治理中对管理层的监督作用，妥善解决所有者缺位的问题，调动大股东积极参与公司治理的积极性，克服和减少因委托代理关系所产生的代理成本；强化董事会作为股东代理人的作用，有效激活董事会作为公司内部治理的核心机制，提高上市公司的董事会治理效率。

发挥独立董事作用。独立董事对琼华侨股东和管理者各种损害中小投资者和公司长远利益的行为没有起到应有的监督作用。独立董事制度建设的目的是维护企业的整体利益，保护中小投资者利益不被损害。但是在我国，独立董事制度形同虚设，被形容为"花瓶董事"，无法履行自身职责。中国证券监督管理委员会 2001 年发布了《关于上市公司建立独立董事制度的指导意见》，推动了我国企业独立董事制度的完善，但是由于没有很好地解决独立董事的报酬和法律责任问题，作为中小股东代表的独立董事仍然没有起到应有的作用。因此，必须完善独立董事制度，切实保护投资者的利益。第一，进一步规范独立董事的任免，明确独立董事在企业中的地位，赋予其应有的权利，保证独立董事的独立性和公正性。第二，改善独立董事的激励约束机制，对独立董事因为过错而使公司利益受损的行为追究相应的法律责任。

5　财务风险与企业安全
——中信泰富衍生品交易分析

5.1　引言

2008年10月20日，中信泰富爆出因投资杠杆式外汇合约金融衍生品巨亏155亿港币的消息，素以实体投资闻名的中信泰富出乎意料地成为金融衍生品市场最大的亏损方。随后一周之内，中信泰富股价累计跌破7成，出现17年来的最低价，市值也大幅度缩水，多家投资机构纷纷下调其投资评级和目标价。2008年11月12日，中信泰富发布公告称其母公司中信集团为其提供15亿美元（约116.25亿人民币）的备用信贷，也未挽回投资者的信心。2009年4月3日，中国香港警务处商业罪案调查科介入中信泰富巨亏事件调查，随后中信泰富的两位创始人董事局主席荣智健、董事总经理范洪龄辞职。巨额亏损之外又涉嫌商业犯罪，中信泰富外汇合约事件引人深思。

中央企业（以下简称"央企"）投资金融衍生品业务失败并出现巨额亏损并不是新鲜事。2004年中航油5.5亿美元巨额损失震惊海内外。中国五矿、国储铜、株冶等都曾有过这方面的损失。特别是2008年，随着金融危机的延续，央企在金融衍生品市场投资发生巨额浮亏和损失被接连披露，引起社会各界的广泛关注。一时"公允价值损失"一词成为焦点，因为这一词背后通常是几十亿的巨额浮亏。例如，中国国航因燃油套期保值公允价值损失68亿元、东方航空因航油套期保值公允价值损失62亿元、中国远洋远期运费协议公允价值损失约39.5亿元。航空和航运公司运用金融衍生品工具原本是为了控制成本、规避风险，然而我国公司不仅没有规避风险反而出现了巨额亏损。那么，什么是金融衍生品？为什么我国央企投资金融衍生产品频频失利，并且发生如此严重的损失？企业到底能不能从事金融衍生产品业务？该如何有效防范风险？

5.2　国有企业投资金融衍生品业务概况

2009年11月30日，国务院国资委副主任李伟在《学习时报》上发表《中央企业金融衍生产品业务管理问题及风险防范》的文章。文章指出，截至2008年10月底，央企从事金融衍生品业务合约市值为 1250.0 亿元，形成了 114.0 亿元的浮动净亏损。其中境外是大头，浮动净亏损达 112.7 亿元。[1] 68 家央企投资金融衍生产品浮亏 114 亿，致使国有资产大量流失，引起国资委的高度重视。2009 年 1 月初，国资委联合审计署针对央企投资金融衍生品的情况进行调查，并在 3 月份公布了《关于进一步加强中央企业金融衍生业务监管的通知》，对央企开展金融衍生业务作出严格规定，加强对央企金融衍生品业务的监管力度。

央企为了追逐投资性收益、规避风险、短期投机套利等，投资具有高风险的金融衍生产品。其中，确有企业实现了自己的投资目标，实现了套期保值，获得了较好的利益，但不少企业严重亏损，付出高昂代价。除了央企，地方国有企业如深南电等也发生了巨额亏损。我国国有企业投资金融衍生品业务亏损典型事件如表 5-1 所示。1997 年"株冶事件"发生在正值中国刚刚介入国际期货市场的起步阶段，国际基金打出一个"多逼空"的漂亮仗，给了中国企业一个深刻教训。2005 年中航油折戟于新加坡，造成 5.5 亿美元的巨额亏损，中国苦心打造的海外石油旗舰遭遇重创。2008 年，因为全球金融危机的影响，我国企业在境外投资金融衍生品更是损失惨重。

表 5-1　　　　　　　　我国国有企业投资金融衍生品亏损典型事件

时间	公司	涉及业务	损失
1997	株冶	卖空锌期货合约	1.758 亿美元（约 15 亿人民币）
2004	中航油	石油衍生品交易	5.5 亿美元
2005	国储铜	铜期货交易	超过 1.5 亿美元
2006	江西铜业	铜期货套期保值	亏损 13.5 亿元人民币
2008	中国国航	燃油套期保值	公允价值损失 74.72 亿元人民币
2008	上海航空	航油套期保值	公允价值损失约为人民币 1.7 亿元
2008	东方航空	航油套期保值	公允价值损失约为人民币 64 亿元
2008	中国远洋	远期费用协议合约	亏损 39.5 亿元人民币
2008	中国铁建	外汇结构性存款业务	汇兑损失 3.2 亿元人民币
2008	中国中铁	外汇结构性存款业务	汇兑损失 19.39 亿元人民币
2008	中信泰富	杠杆式外汇合约	净亏损 146.32 亿港币
2008	深南电 A	对赌石油期权	终止交易，对方要求赔付，具体损失未披露
2008	江西铜业	铜期货套期保值	亏损 13.63 亿元人民币

资料来源：根据各企业公告及新浪财经数据整理所得。

---

[1] 李伟. 中央企业金融衍生产品业务管理问题及风险防范. 学习时报网，2009-11-30. http://www.studytimes.com.cn/WebPage/ny1.aspx? act=1&id=3087&nid=11248&bid=1&page=1.

央企金融衍生产品业务呈现以下主要特点：①参与企业多，业务品种广，亏损数额大；②非标准化合约多，交易对手集中，交易风险高；③产品设计复杂，合约期限较长，风险很大。国资委调查数据显示，目前有 68 家央企从事金融衍生品业务，主要涉及商品期货、汇率掉期、利率掉期、期权以及结构性存款等。绝大多数央企是与境外金融机构进行金融衍生品业务的。然而，获得国家批准同意在境外从事期货套期保值业务的企业共有 31 家，其中央企 16 家，有 26 家央企是自行在境外从事场外金融衍生产品业务（OTC），且大都与交易对手私下签订的是"一对一"的非标准化合约，交易风险大，透明度不够。而且这些金融产品设计极其复杂，通常要借助数学模型进行市值估算，所以风险也难以识别。央企金融衍生产品业务之所以发生巨额损失，是因为企业追逐高额利润套利投机是；另外，违规越权操作、风险控制不力、内控机制不健全、法人治理结构不完善等原因也值得深刻反思。①

5.3　中信泰富事件背景

5.3.1　中信泰富和荣智健简介

作为中国经济海外布局的一枚重要棋子，中信泰富名为民企实为国企。中信泰富的前身泰富发展有限公司成立于 1985 年，于 1986 年通过新景丰公司获得上市地位，1991 年正式易名为中信泰富。中国国际信托投资（香港集团）有限公司为其最大股东。中信泰富在中国香港联合交易所上市，并为恒生指数成分股之一，其最大股东中信香港为中国中信集团公司的全资附属子公司。中信泰富的业务集中在中国香港及广大的内地市场，主要包括特钢制造、铁矿石开采、物业发展及投资、发电、航空、香港海底隧道、信息业、汽车及消费品的批发和分销等行业。② 2008 年中信泰富股东结构如图 5 - 1 所示。

由于中国香港警务处介入调查中信泰富事件，中信泰富董事局主席荣智健辞职。作为企业家群体中较特殊的一位，"红色资本家"荣智健及其所代表的荣氏家族的命运，成为人众最关注的问题。荣智健 1942 年生于上海，是荣毅仁的独子，也是今天荣氏家族的第三代掌门人。荣智健于 1987 年出任中信（香港集团）有限公司董事总经理，主持中信香港公司工作。1991 年他创建了中信泰富，经过一系列的商业运作，实现中信泰富多元化的发展。荣智健曾在 2002—2004 年福布斯中国大陆富豪排行榜中连续三年居于前三甲的位置。在杠杆式外汇合约事件前荣智健持有中信泰富 19.12% 的股份。

荣氏家族是中国近代史上跨世纪的商业王朝，创建于 20 世纪 20 年代繁华的上海，

---

① 李伟. 中央企业金融衍生产品业务管理问题及风险防范. 学习时报网，2009 - 11 - 30. http：//www. studytimes. com. cn/WebPage/ny1. aspx？act = 1&id = 3087&nid = 11248&bid = 1&page = 1.

② 资料来源于中信泰富（http：//www. citicpacific. com/gb/about/about _ index. html）。

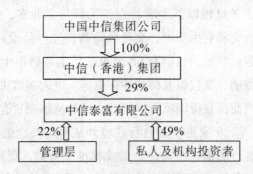

图 5-1 中信泰富股东结构图

资料来源：根据新浪财经中信泰富外汇合约巨亏专题相关资料整理所得。

1949 年开始延伸到海外，和中国政府保持着密切的联系。荣毅仁从 20 世纪 30 年代晚期起即投身于民族工业，成为拥有 20 多家纺织、印染、面粉和机械工厂的荣氏企业的代表；1956 年将自己的商业帝国交给政府，1957 年被陈毅副总理誉为"红色资本家"；1979 年创办中国国际信托投资公司，即中国中信集团的前身；1993—1998 年当选为中国国家副主席，并且很长一段时间居纺织部部长之要位。①荣氏家族图谱及与中信泰富之关系如图 5-2 所示。

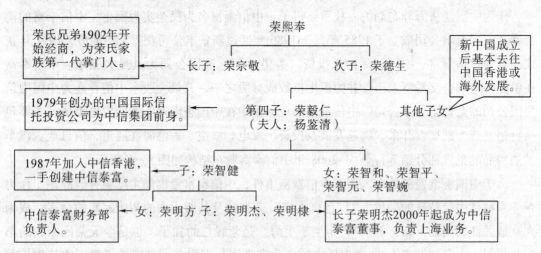

图 5-2 荣氏家族图谱及与中信泰富关系

资料来源：根据搜狐财经人物特别企划——荣氏家族相关资料整理所得。

5.3.2 中信泰富事件市场反应

2008 年 10 月 20 日，香港恒指成分股中信泰富（00267.HK）停牌并发布盈利警告，

---

① 资料来源于搜狐财经人物特别企划：荣氏家族 豪门荣耀今能安否（http://business.sohu.com/s2008/rongshi/index.shtml）。

因投资杠杆式外汇产品而巨亏 155 亿港元，其中外汇买卖合同中已变现亏损达 8.077 亿港元，另外仍在生效的杠杆式外汇合约按公平价定值的亏损为 147 亿港元，而且亏损有可能继续扩大。中信泰富财务董事张立宪和财务总监周志贤引咎辞职，公司财务部主管、荣智健之女荣明方也被降职减薪。10 月 21 日，中信泰富股价开盘即暴跌 38%，盘中更一度跌至 6.47 港元，跌幅超过 55.4%，当日收报于 6.52 港元，跌幅达 55.1%，远远超过业界预计的 20% 的跌幅。[①] 10 月 20 日停牌前该股收盘价 14.52 港元，中信泰富的总市值为 318.4 亿港元。而按照 21 日收盘价计算，中信泰富的市值已跌至约 142.8 亿港元，为 42 支蓝筹股中最低。[②] 至 22 日，中信泰富股票再度大跌 24.7%，收盘价 4.91 港元，股价跌至自 1991 年 1 月以来的最低位，市值再度缩水 35.26 亿港元。[③] 这样看来中信泰富市值已低于其潜在亏损额。中信泰富 2008 年半年报显示其净资产总值为 616.85 亿，该亏损额占净资产的比例已经超过 25%。图 5-3 列示了中信泰富在 10 月 20 日公告前后所有交易日的股票收盘价走势。

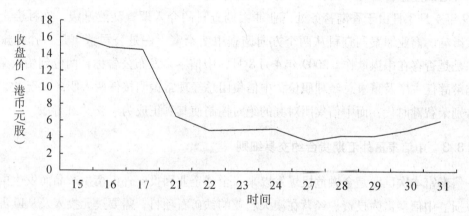

图 5-3　中信泰富 2008/10/15—2008/10/31 收盘价走势图
资料来源：根据新浪财经中信泰富历史数据整理所得。

在中信泰富发布盈利警告之后，中信泰富和其母公司中国中信集团公司（"中信集团"）采取了一些救市措施。2008 年 10 月 21 日，荣智健和中信集团分别增持中信泰富股份 100 万股和 200 万股。随后，中信集团委派董事进驻中信泰富处理善后事宜。11 月 12 日，中信集团以可换股债的方式安排 15 亿美元的借款助其度过危机，换股后中信集团将成为中信泰富的绝对控股股东，拥有 57.6% 的股权。中信集团还将协助中信泰富重组澳

---

① 于晓娜．中信泰富杠杆式外汇合约魔鬼条款详解．21 世纪经济报道，2008-10-22．http：//finance. sina. com. cn/china/hgjj/20081022/02255415186. shtml.

② 周蓓．中信泰富市值大幅缩水 蓝筹股地位或将不保．全景网，2008-10-21．http：//finance. sina. com. cn/stock/t/20081021/16552473199. shtml.

③ 中信泰富受港证监会调查 荣智健赴北京总部求援．东方早报，2008-10-23．http：//finance. sina. com. cn/stock/hkstock/hkstocknews/20081023/07125420435. shtml.

元杠杆外汇合同，中信泰富名下保留的澳元杠杆交易合同主要用于其澳洲铁矿业务需求，其他合同及其未偿清的债务将同时由中信集团安排处理。

中信泰富股价连日暴跌，造成投资者的不满。2008年10月27日，中信泰富股价继续下跌27.67%，收于每股3.66港元，市值仅为80.3亿港元。中信泰富80多名中小股东聚集在一起商讨对策，希望通过法律手段向中信泰富索要赔偿。[①]而对于中信集团认购可换股债券及接手澳元外汇期权合约的拯救方案的表决过程也是一波三折，小股东对发行以每股8港元为执行价的可换股债券也存有异议，认为每股8港元的收购价太低，对少数股东不公平。[②]

中信泰富衍生品交易巨亏事件发生后，10月22日香港证券监督管理委员会对中信泰富有限公司的事务展开正式调查。而后，中国证券监督管理委员会也介入了调查。2009年1月2日，中信泰富披露公司董事荣智健、荣明杰、范鸿龄、常振明等17名董事正接受中国香港证券监督管理委员会的调查。因为中信集团的注资，本已平静的中信泰富事件在2009年4月3日由于香港警务处商业罪案调查科的介入调查陡然升级，在社会上产生了很大影响。商业罪案调查科从两个方向调查中信泰富，一是公司董事是否作出虚假陈述，二是是否存在串谋欺诈。2009年4月8日，中信泰富发布公告称，两位创始人荣智健及范鸿龄辞任主席及董事总经理职位，中信集团总经理常振明接任两人职位。至此，中信泰富告别荣智健时代，而中信集团对其的绝对控制使其真正成为一支"红筹股"。

5.3.3　中信泰富外汇期货合约交易细则

中信泰富本次巨亏是金融危机爆发以来，全球企业因投资外汇衍生产品而发生的最大一笔亏损。中信泰富为投资、经营在澳大利亚的铁矿石项目，需要澳元投入及从欧洲进口部分设备。为对冲澳元、欧元、人民币波动带来的风险，锁定美元支出的成本，从2007年8月至2008年8月的一年间，中信泰富分别与汇丰银行、花旗银行、摩根士丹利资本、美国银行、巴克莱银行、瑞信国际、法国巴黎银行、德意志银行等13家银行签订了24份外汇远期合约，做多澳元、欧元与人民币。[③]

按照中信泰富2008年10月20日发布的盈利警告所披露的信息，其投资的杠杆式外汇合约主要有四种：澳元累计目标可赎回远期合约（简称"澳元合约"）、每日累计澳元远期合约（简称"每日澳元合约"）、双货币累计目标可赎回远期合约（简称"双货币合约"）、人民币累计目标可赎回远期合约（简称"人民币合约"）。签订累计目标可赎回远

①　胡俊华. 多名投资者因股价暴跌欲向中信泰富索赔. 每日经济新闻，2008 - 10 - 28. http：// finance. sina. com. cn/g/20081028/03002484620. shtml.

②　王磊燕. 中信泰富拯救方案表决通过 小股东不满公司信披. 第一财经日报，2008 - 12 - 20. http：// finance. sina. com. cn/g/20081220/01375662385. shtml.

③　事件解密：中信泰富撞上了每一条法律红线？. 法制日报，2009 - 04 - 16. http：//business. sohu. com/ 20090416/n263432186 _ 1. shtml.

期合约，是为了降低西澳洲铁矿项目面对的货币风险，以取得澳元及欧元。签订人民币累计目标可赎回远期合约，是为了降低投资项目面对人民币波动带来的货币风险。

澳元合约与每日澳元合约。中信泰富持有仍在生效的澳元累计目标可赎回远期合约（AUD Target Redemption Forward Contracts）及每日累计澳元远期合约（AUD Daily Accrual）。澳元累计目标可赎回远期合约及每日累计澳元远期合约与澳元兑美元的汇率挂钩，比对美元总额以澳元做交收。中信泰富在所有澳元累计目标可赎回远期合约下须接收的最高金额是 90.5 亿澳元，分每月接收，至 2010 年 10 月为止。在每日累计澳元远期合约下须接收的最高金额为 1.033 亿澳元，分每月接收，至 2009 年 9 月为止。澳元杠杆式外汇合约的加权平均价为澳元：美元 0.87（即 1 澳元 = 0.87 美元）。仍在生效澳元累计目标可赎回远期合约下的最高利润总额为 5150 万美元。每份澳元累计目标可赎回远期合约当达到其规定中信泰富可收取的最高利润时（150 万美元至 700 万美元）便终止（意思是自动终止继续分期交付澳元给中信泰富的责任），如果出现亏损则没有类似终止机制。

双货币合约。中信泰富持有仍在生效的双货币累计目标可赎回远期合约（Dual Currency Target Redemption Forward）。在双货币累计目标可赎回远期合约下，中信泰富将接收澳元或者欧元（按照表现更弱的一方来接收）。该类合约与欧元兑美元及澳元兑美元的汇率挂钩。中信泰富在双货币累计目标可赎回远期合约下须接收的最高金额为 2.907 亿澳元或者 1.604 亿欧元，分每月接收，至 2010 年 7 月为止。如果澳元表现较为疲弱，双货币累计目标可赎回远期合约平均价为澳元：美元 0.87。如果欧元为比较疲软货币，双货币累计目标可赎回远期合约的加权平均价为欧元：美元 1.44（即 1 欧元 = 1.44 美元）。双货币累计目标可赎回远期合约下的最高利润为 200 万美元。每份双货币累计目标可赎回远期合约当达到其规定的最高利润时（80 万美元到 140 万美元）就终止（意思是自动终止继续分期交付货币给中信泰富），如果亏损则并没有类似的终止机制。

人民币合约。中信泰富持有仍在生效的人民币累计目标可赎回远期合约（RMB Target Redemption Forward）。人民币累计目标可赎回远期合约以美元做结算，以每月的人民币票面值，比对若干预订的美元兑人民币汇率来计算盈亏，当中不以实质人民币作交收。人民币累计目标可赎回远期合约须每月作净结算，至 2010 年 7 月。人民币累计目标可赎回远期合约内的最高面值为 104 亿元人民币。按最后实际可行日期的美元：人民币 6.84 的汇率计算，应付的美元结算金额不会超过 4280 万美元（当中没有实质人民币的交收，这为中信泰富的最高实际风险）。人民币累计目标可赎回远期合约的加权平均价为美元：人民币 6.59（即 1 美元 = 6.59 元人民币）。仍在生效的人民币累计目标可赎回远期合约下尚余的最高利润总额为 730 万元人民币。每份人民币累计目标可赎回远期合约当达到其规定的最高利润时（240 万元人民币至 380 万人民币）便终止（意思是自动终止按人民币累计目标可赎回远期合约下应支付任何美元的责任），如果亏损则并没有类似的终止机制。

5.3.4 中信泰富外汇期货交易合约内容分析

（1）累计期权：收益有限而风险无限

中信泰富正是因为投资累计期权合约才导致巨额亏损。累计期权的全名是 Knock Out Discount Accumulator（KODA），一般称为 Accumulator，因其风险较大，被戏谑地称为 "I will kill you later"（我迟点杀死你）。Accumulator 是一种结构型的衍生产品（Structured Derivative Product），可以和外汇或者股票挂钩，为投资银行（庄家）与投资者客户的场外交易，通常合约为期一年。

累计期权合约设有"终止价"（Knock Out Price，也称"敲出价"）及"行使价"（Strike Price），而行使价通常比签约时的市价有折让。合约生效后，当挂钩资产的市价在终止价及行使价之间，投资者可定时以行使价从庄家买入指定数量的资产。当挂钩资产的市价高于终止价时，合约便终止，投资者不能再以折让价买入资产。可是当该挂钩资产的市价低于行使价时，投资者便须定时用行使价买入双倍甚至四倍数量的资产，直至合约完结为止。比如，某累计期权合约与 D 股票挂钩，行使价为 100 元，终止价为 120 元。当该股票价格达到 110 元，客户可每日以 100 元买入 1 股，赚取差价 10 元；相反，若跌破 100 元，每日仅 90 元，客户须以 100 元接收双倍（即 2 股），每天亏 20 元，直至合约履行完毕。而当该股票价格超过 120 元，合约会即时终止。该累计期权合约收益和损失关系如图 5-4 所示，其实质类似于卖出看跌期权。在该合约中，客户获得的收益有限，而承担的损失风险却无限。

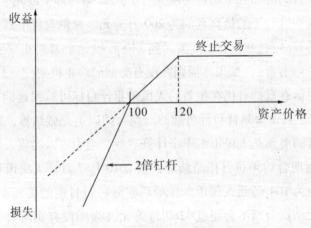

图 5-4　累计期权合约盈亏图

（2）中信泰富外汇合约

中信泰富的杠杆式外汇合约实质是累计期权合约，与汇率挂钩。导致中信泰富巨额亏损的主要原因是其签订的与澳元兑美元汇率挂钩的累计目标可赎回远期合约，其实质类似于中信泰富卖出了澳元看跌期权。但是，中信泰富所签订的外汇合约还要更复杂一些，是含敲出障碍（Knock Out）期权及看跌期权的澳元兑美元累计远期合约。通常这种合约在签订之时，双方没有现金支付，相当于在未来两年内的每一个月，中信泰富获得 1 个向上敲出的看涨期权，同时送给签约银行 2.5 个向上敲出的看跌期权作为对价。[①]

按照澳元合约规定，中信泰富可以行使的澳元兑美元汇率为 0.87。也就是说，当澳元兑美元汇率高于 0.87 时，中信泰富可以以 0.87 的比较便宜的汇率获得澳元，赚取差价；而当澳元兑美元的汇率低于 0.87 时，中信泰富也必须以 0.87 的高汇率水平，继续向其对家买入澳元。这些合约对中信泰富向上利润有限，但向下亏损却要加倍而无限。通常来说，远期合约下多空双方的权利义务是对等的，风险承担也是相同的。但"累计目标可赎回远期合约"与此不同，其"可赎回"的特点限制了多头一方可能获得的最大收益。这是通过合同中的"敲出条款"来实现的，即合约在满足事先约定的条件时将被终止。

在中信泰富所签订的澳元合约中，每份合约规定了 150 万美元到 700 万美元不等的最高利润上限。也就是说，当中信泰富因澳元汇率发生有利于自己的变化而获利时，如果获利水平达到最高上限，合约就终止。由于"敲出条款"的存在，中信泰富在这一系列澳元外汇远期合约下最多可获利 5150 万美元。如果澳元兑美元的汇率低于 0.87，却没有自动终止协议的机制，中信泰富必须不断以高汇率接收，理论上亏损可以无限大。澳元合约到期日为 2010 年 10 月，在到期日前，如果澳元持续走低，则中信泰富必须以澳元兑美元0.87 的汇率双倍或者更多倍接收澳元。

中信泰富所持有的澳元合约加起来，最高利润总额为 5150 万美元，约合 4 亿港元，即这些合约理论上的最高利润为 4 亿港元。但是，只要合约不中止，中信泰富的澳元合约所需要接受的澳元总额却高达 90.5 亿澳元，相当于超过 485 亿港元。只要澳元兑美元不断贬值，中信泰富就必须不断高位接收，直到接收总量达 90.5 亿澳元为止。[②]

同澳元合约一样，每日澳元合约、双货币合约以及人民币合约都是利润有限而风险无限的累计期权合约。双货币合约还要更复杂一些，按双货币合约的规定，中信泰富必须以0.87 的澳元兑美元的汇率或者 1.44 的欧元兑美元汇率，按照表现更弱的一方来接收澳元或者欧元，直到 2010 年 7 月，每份合约的最高利润上限为 80 万美元至 140 万美元不等；人民币合约则规定以美元兑人民币 6.59 的汇率接收美元，直至 2010 年 7 月，每份合约的利润上限为 240 万人民币至 380 万人民币不等。

在这些合约之下，中信泰富的澳元合约接盘总量为 90.5 亿澳元（约 485 亿港元）；每日澳元合约接盘量最高为 1.033 亿澳元（7.1 亿港元）；双币合约的接盘总量为 2.907 亿澳元（15.92 亿港元）或者 1.604 亿欧元（16.6 亿港元），但最高利润总额却仅为 200 万美元

---

① 中信泰富之殇：合约定价陷国际银行圈套. 21 世纪经济报道，2008 - 12 - 11. http：//event. caistv. com/html/2008 - 12 - 11/113368. shtml.

② 于晓娜．中信泰富杠杆式外汇合约魔鬼条款详解 . 21 世纪经济报道，2008 - 10 - 22. http：//finance. sina. com. cn/china/hgjj/20081022/02255415186. shtml.

（1560 万港元）。此外，人民币合约的最高利润为 730 万人民币，但最高亏损却可达 4280 万美元（2.9 亿人民币）。[①]中信泰富所签订的杠杆式外汇合约存在严重的风险和利益不对等。

按照 2008 年 10 月 20 日公告前最后可行日期中国香港上午 10 时的汇率水平计算，即澳元兑美元 0.7、欧元兑美元 1.35、美元对人民币 6.84 计算，仍在生效的杠杆式外汇合约将产生 147 亿港元的亏损，加上之前已经实现的亏损 8.077 亿港元，预计的总亏损约为 155 亿港元。

市场分析师认为，根据敏感性分析，当时澳元相对美元每贬值 1 美分，中信泰富将亏损 9400 万美元，公司每股将亏损 0.33 港元。[②]中信泰富在爆出巨亏后并没有平仓，这意味着，如果澳元兑美元出现回升，中信泰富这项投资的损失有可能缩小甚至消除，但此时澳元兑美元汇率还在进一步下滑，中信泰富的亏损额还可能继续扩大。

5.3.5　外汇合约亏损对中信泰富业绩的影响

根据中信泰富 2008 年年报显示，2008 年公司业绩出现净亏损，亏损金额为 126.62 亿港元，这是中信泰富 19 年来的首次亏损。而 2007 年中信泰富还实现了 108.43 亿港元的盈利，2008 年的业绩较之 2007 年下滑 235.05 亿港元。造成中信泰富盈利大幅下降的主要原因正是其大量的外汇亏损。年报显示，2008 年公司外汇合同所导致的变现市场公允值税后亏损金额为 146.32 亿元。若剔除该项亏损，中信泰富去年仍可盈利 19.7 亿元，比 2007 年下跌 82%。在这 146.32 亿的外汇亏损中，若扣除来自澳洲附属公司杠杆式外汇合约的回拨 12.59 亿元，其亏损实际应为 158.91 亿元，具体项目见表 5-2。而中信泰富在 2007 年的外汇投资是盈利的，盈利金额为 2200 万元。

表 5-2　　　　　　　　　　　2008 年中信泰富杠杆式外汇合约亏损情况　　　　　　单位：港币亿元

杠杆式外汇合约 约务更替合约在转给中信集团前公平价值亏损	97.96
其他合约公平价值亏损	32.00
终止成本	11.77
已变现亏损	17.18
合计	158.91

资料来源：根据中信泰富 2008 年年报相关资料整理所得。

2008 年 12 月，中信泰富已向中信集团转让最大接收金额为 53 亿澳元的杠杆式外汇合

---

① 于晓娜. 中信泰富杠杆式外汇合约魔鬼条款详解. 21 世纪经济报道，2008-10-22. http：//finance. sina. com. cn/china/hgjj/20081022/02255415186. shtml.

② 吴君强. 中信泰富巨亏背后. 华夏时报，2008-10-25. http：//finance. sina. com. cn/g/20081025/09305429691. shtml.

约，而这些合约将要接受的澳元超出中信泰富所需（约务更替合约①）。约务更替合约在
2008 年 12 月 24 日转让前，中信泰富在该合约下公平价值亏损为 97.96 亿港币。约务更替
合约已按作价港币 91.55 亿转给中信集团，差额 6.41 亿港币为衍生金融工具负债与应向
中信集团支付之代价两者的差额。

到 2008 年 12 月 31 日，中信泰富保留最大接收金额为 29 亿澳元的剩余合约，以便应
付将来对澳元的需求。年内，中信泰富将上述部分合约重组为符合会计对冲条件的普通远
期合约。到 2008 年 12 月 31 日，未重组合约尚余最大接收金额为 12 亿澳元，中信泰富在
2009 年将之重组为普通远期合约。

以人民币为单位的杠杆式外汇合约部分在 2008 年 9 月已经终止，导致产生 1.97 亿的
终止成本。截至 2008 年 12 月 31 日，剩余未到期合约的最大名义本金额为人民币 53 亿
元。以欧元为单位的杠杆式外汇合约，除了一份合约外，所有欧元结构性杠杆式合约
（包括双货币合约）已在 2008 年终止，终止成本约为 6.27 亿，最后一份合约在 2009 年 1
月终止。

上述合约及其他杠杆式外汇合约的终止成本为 12 亿港币。根据上述合约交付外币以
及重组部分合约而产生的已变现亏损为 17 亿港币。

2008 年 12 月 31 日，未到期的杠杆式外汇合约公平价值亏损 32 亿港币。

5.4　中信泰富事件原因分析

中信泰富外汇合约巨额亏损有全球金融危机导致的国际市场汇率波动的客观因素，但
根本原因是企业内部的财务风险管理出现问题，此外，中信泰富背后的国际投行也难辞
其咎。

5.4.1　国际市场上的汇率波动

2008 年，由金融衍生产品所造成的金融危机影响巨大，各国、各地区金融体系和实
体经济纷纷受到冲击，国际市场上的汇率大幅波动在所难免。不仅仅是中国香港地区，欧
洲、亚洲及南美洲等国家的公司都出现大额亏损甚至破产；同时，也出现"国家破产"
的危险，比如冰岛金融业在这次全球信贷危机中损失惨重，冰岛克朗对欧元汇率缩水 3
成，外债超过 1383 亿美元，而其国内生产总值仅为 193.7 亿美元，严重资不抵债，面临
国家破产。②

---

① 约务更替合约是指中信泰富转移给母公司中信集团一部分澳元累计目标可赎回远期合约，即在协议条款的限
制下，透过约务更替方式让中信集团承担其外汇合约的责任及利益。
② 耿学鹏. 冰岛面临国家破产 寻求从俄罗斯借债 40 亿欧元. 重庆晨报，2008 - 10 - 09. http：//news. sina.
com. cn/w/2008 - 10 - 09/011516418859. shtml.

　　金融衍生品本身并没有错，公司可以利用它来实现对冲保值，回避不确定性，但如果是用来投机就很危险。中信泰富投资杠杆式外汇合约为的是规避汇率风险，以应对项目对澳元、欧元和人民币的需求。然而，金融衍生品交易是一把双刃剑，在取得收益的同时也面临风险，如果运作不当还会带来更大的风险。首先面临的风险是市场风险，即价格走势背离预期而导致的损失。衍生品交易本质上是"零和游戏"，是交易双方对市场价格未来走向的一种对赌，总存在赌错而遭受损失的一方。在中信泰富外汇远期合约下，澳元汇率的变化与中信泰富的预期不一致，未能持续上涨而是急剧下跌，由此产生的上百亿港元损失就属于市场风险。①

　　根据中信泰富签订的澳元合约，澳元升值则中信泰富赚钱；如果澳元走低，则中信泰富会出现巨亏。中信泰富签订合约时，澳元兑美元正运行在上升通道中，中信泰富几乎是稳赚不赔。如图 5 - 5 所示，自 2007 年以来，澳元持续上涨，澳元兑美元从 2007 年到 2008 年 8 月升值已超过 16%，最高曾达到 0.9708，有分析师甚至预测澳元兑美元可以达到 1。因为受金融危机的影响，美元不断贬值，而澳大利亚因为资源丰富，涉及的次级债很少，则可以对此次金融风暴有较好的免疫力，澳元兑美元会持续走高。

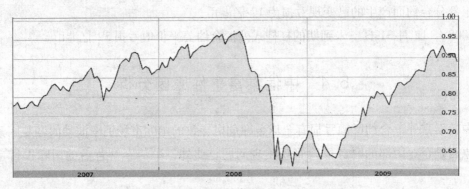

图 5 - 5　2007—2009 年澳元兑美元汇率走势

资料来源：根据 Google 财经相关资料整理所得。

　　而事实是，澳大利亚在这次金融风暴中也无法独善其身。美国次贷危机的蔓延使得全球经济衰退风险加剧，石油、有色金属等大宗商品价格回落。澳大利亚作为主要的铁矿石、铝矿石和铜矿石等资源出口国，其经济受到严重打击，澳元对美元汇率几乎呈直线回落。2008 年 9 月份和 10 月份，澳大利亚储备银行连续两次降息，后一次的降息幅度达到 100 个基点，这是其继 1992 年经济萧条以来的最大降幅，澳元大幅跳水，持续贬值。② 2008 年 10 月 24 日，澳元兑美元汇率低至 0.62，跌幅超过 30%。同时，欧元兑美元的汇

---

　　① 事件解密：中信泰富撞上了每一条法律红线？. 法制日报，2009 - 04 - 16. http：//business. sohu. com/20090416/n263432186 _ 1. shtml.

　　② 吴君强. 中信泰富巨亏背后. 华夏时报，2008 - 10 - 25. http：//finance. sina. com. cn/g/20081025/09305429691. shtml.

率也持续下降。中信泰富所签订的外汇合约的风险也充分暴露出来，终酿成巨额损失。

5.4.2 财务风险监控机制缺失

中信泰富为何从事金融衍生品交易？是套期保值还是投机？西澳洲铁矿项目未来两年内需要的现金流总额仅为约20亿澳元，杠杆式外汇买卖合约的名义价值何以达到上述总额的450%，即达到90亿澳元？由分析可知，中信泰富签订的外汇有盈利的上限，但却没有止损点。为何中信泰富不选择用常用的一系列外汇远期合约或掉期合约对冲外汇风险，而选择收益和风险不成比例的累计期权（Accumulator）合约？这些问题的具体原因中信泰富或许不会对外披露，但是其中暴露出的财务风险监控问题引人深思。

中信泰富在澳大利亚有一个名为 Sino‐Iron 的铁矿项目，该项目是西澳洲最大的磁铁矿项目。这个项目总投资约42亿美元，很多设备和投入都必须以澳元来支付，公司为了降低项目面对的货币风险，因此签订若干杠杆式外汇买卖合约，以获得澳元和欧元。又因为近年来，中信泰富的在内地市场拥有较多业务，为了规避投资项目面对人民币波动带来的风险，又签订了人民币外汇合约。

由此看来，中信泰富具有对澳元、欧元、人民币的需求，因此签订这些货币的多头合约并无不当。但问题在于衍生交易的规模过大，远远超过了套期保值的需要，并且工具选择不合理。中信泰富的澳洲铁矿石项目的资本开支需求约为16亿澳元，随后25年经营期内需要大约10亿澳元的营运费用，两者加起来不过26亿澳元，但澳元以及澳元欧元双货币合约的总额却高达94.4亿澳元。同样，中信泰富预计对欧元的需求量仅为8500万欧元，但签下的合约总量却高达1.604亿欧元。[①]

套期保值简单地说就是企业利用期货市场，规避现货市场的价格波动的风险。套期保值并不能使风险完全消失而是利用较小基差[②]风险代替较大的价格风险。套期保值的行为实际上是为了规避风险，然而，中信泰富投资行为明显具有投机的倾向，选择了较为激进的金融工具，不但没有规避风险反而造成了巨额损失。中信泰富签订的这些外汇合约实质上就是 Accumulator（累计期权），这种合约具有一定的欺骗性，而且时间跨度较长，为市场反转预留了足够空间，这就是为什么这种产品被称为 "I will kill you later"。并且 Accumulator 也不是用来套期保值的，而是用来投机的产品。在很多情况下，通过对远期、期货、互换、期权等进行组合，也可以达到企业特定的套期保值需求，而不必通过 Accumulator。素以实业投资闻名的中信泰富也难逃资本市场泡沫赢利的诱惑，其管理层对金融衍生品的认识不足，也说明公司管理层的风险意识淡薄，公司监控制度不健全。

---

① 事件解密：中信泰富撞上了每一条法律红线？．法制日报，2009‐4‐16．http://business.sohu.com/20090416/n263432186_1.shtml.
② 基差（basis）是指某一特定商品在某一特定时间和地点的现货价格与该商品近期合约的期货价格之差，即：基差＝现货价格－期货价格。

中信泰富高层管理人员在这一事件中到底扮演了什么角色？延迟披露、虚假陈述、内幕交易，中信泰富在公司治理及风险监控上存在什么问题？

中信泰富事件之后，荣智健召开记者招待会称，对于这项投资他事先并不知情，是财务部门绕过他所作的决定。财务董事张立宪未遵守公司对冲风险的政策，进行交易前又未经主席批准。财务总监周志贤亦没有尽其监督职责，将此等不寻常的对冲交易上报提请主席关注，故两人需要为事件负责而辞职。荣智健的女儿荣明方作为财务部负责人也受到调整职务和降薪的处罚。但不少分析师对此表示怀疑，认为中信泰富作为大型蓝筹公司，怎么会让财务董事具有如此大的权力，动用数以百亿元的资金炒卖衍生工具，而主席并不知情？荣智健之女荣明方作为财务负责人仅受到降职调薪的处理，是否太轻？中信泰富高级管理层在这一事件中所扮演的角色也让人质疑。

2008 年 9 月 12 日，中信泰富刊发的股东通告函声称，自 2007 年 12 月 31 日以来的财务或交易状况，概无出现任何重大不利变动。但到 10 月 20 日，公司就发表盈利警告，因投资杠杆式外汇合约造成巨额亏损，公司产生 155 亿元的亏损。而公司公告也表示，早在 2008 年 9 月 7 日已知悉公司外汇合约会带来风险，但直至 10 月 20 日才披露信息。在此期间，中信泰富股票的成交量却离奇地大幅增加。另外，中信泰富在半年报中也根本没有提及投资外汇这项业务。为何中信泰富在知悉一个多月后才披露该信息？不少投资者怀疑中信泰富存在内幕交易。

一直以来，对于荣智健本人应否对中信泰富的巨亏承担法律责任，各方人士众说纷纭。中信泰富投资外汇亏损百亿，或许荣智健并不是直接责任人。按照荣智健本人所言，事前他对交易毫不知情。即使荣智健知道并且批准了这项投资，也可以认为是作出了一项不明智的商业决策，对于荣智健所谓"不知情"的表述，只是表明公司的治理与风险监控机制存在疏漏；身为董事局主席的荣智健，的确在管理上难辞其咎，但却未必因此背负对股东的赔偿责任。[①]而香港证券监督管理委员会和商业犯罪调查科也只是调查中信泰富延迟披露信息的原因，以及是否存在虚假陈述和内幕交易，并不在于界定中信泰富巨亏背后的责任归属。但是，一旦中信泰富存在这些问题，中信泰富涉及此事件的管理层将面临刑事处罚。

香港证券监督管理委员会对中信泰富的调查已经在 2009 年 11 月 18 日完成，但由于保密措施的原因，并不能得知中信泰富是否存在虚假陈述及内幕交易，然而中信泰富在处理此次事件中所暴露出的公司治理和风险监控问题被一览无遗。中信泰富在 2008 年年报中称，公司整套财务风险管理计划旨在降低汇率与利率以及商品价格波动对其财务表现的影响。然而在实际操作上，中信泰富的财务风险防范措施确实还存在诸多问题，最终因金

---

① 罗培新. 中信泰富巨亏与荣智健之责. 第一财经日报，2009 - 4 - 8. http：//stock. sohu. com/20090408/n263271760. shtml.

融衍生品业务发生巨亏，给公司带来巨大影响。

5.4.3 国际投行的定价圈套

中信泰富 2008 年 12 月 2 日发股东通函，首次披露与其签订杠杆式外汇合约的银行名单，花旗银行、汇丰银行、摩根士丹利资本、瑞信国际等境外大型银行赫然在列。中信泰富巨亏的背后，这些出售给中信泰富金融衍生产品的银行也难辞其咎。经过分析"累计目标可赎回远期合约"的实质可以看出，国际投行的这些合约设计极其复杂，而且产品的收益与风险完全不匹配。

对于收益有限而风险无限的协议，当时中信泰富为何会签呢？如今看来简直是不可理解，但是，考虑当时中信泰富签订合约时澳元兑美元的走势，就能明了其中原因。澳元当时一路走高，看似大概率获得收益，而小概率会出现澳元下跌的情形，合约并不存在不公平，表面上看也没有任何风险，可以稳赚不赔；但是对赌背后是甜蜜的毒药，魔鬼就隐藏在对赌细节中，看似不可能的小概率事件引发的却是惊涛骇浪。[①]而且，一般一份衍生品合约 100 多页，其中细节并不为购买企业所了解，国际投行不仅能够利用交易规则和信息不对称找到有利于自己稳赚不赔的办法，也可以进行一系列操作从而左右标的的资产价格。

中信泰富披露信息显示，其在 2008 年 7 月密集签署了 16 份每月累计外汇远期合约，合约杠杆倍数绝大多数为 2.5 倍。[②]美国康乃尔大学金融教授黄明指出，中信泰富签订的这类合约在金融学上被称为奇异衍生品，含有复杂的"敲出障碍期权"、"双外汇选低期权"[③]与"看跌期权"。这些产品，无论从定价到对冲机制上都很复杂，一般投资者根本不知道产品应如何估值，不知道如何计算与控制风险，因此很容易在高价买进的同时，低估其潜在风险。而作为交易对手的投资银行或商业银行，拥有大量专业人才，对于衍生品的数学模型有多年研究，充分掌握估值与风险对冲技术。因此，交易双方存在严重的知识与信息不对称。[④]而金融衍生产品为大型投行自己设计，投行拥有定价优势，甚至在对企业出售产品时存在恶意欺诈的可能，致使购买金融衍生品的企业亏多赚少。

---

① 国际投行设对赌圈套：诱中国企业自投罗网．中国经济网，2008 – 11 – 8．http：//www.caistv.com/html/2008 – 11 – 08/111528.shtml.

② 于晓娜．中信泰富首度披露对家提出的"魔鬼条款"．21 世纪经济报道，2008 – 12 – 4．http：//event.caistv.com/html/2008 – 12 – 04/113036.shtml.

③ 双外汇选低期权即前文所述的双货币合约，在与合约挂钩的两种货币中选择表现较弱的一方作为执行交易的资产。

④ 中信泰富之殇：合约定价陷国际银行圈套．21 世纪经济报道，2008 – 12 – 11．http：//event.caistv.com/html/2008 – 12 – 11/113368.shtml.

5.5　中信泰富事件启示

中信泰富母公司中信集团接管其大部分外汇合约并进行了合约重组，2009 年中信泰富经过高层人事变动之后也逐渐进入正常轨道，合约巨亏事件渐渐平息下来，但是，中信泰富在这次金融衍生品交易中的教训值得深思。

5.5.1　强化维护投资者利益的金融监管

中信泰富事件或可看成央企进入资本市场的一个缩影。随着金融危机的延续，多个"央"字头的上市公司和中信泰富一样，参与衍生品交易出现重大亏损事件不断被爆出。中国远洋、中国中铁、中国国航等，亏损动辄数十亿元。而对于中信泰富来说，不同的是，除了创造全球外汇衍生品市场最大亏损纪录，也遭到了香港证券监督管理委员会与警方的严厉调查。反观内地，这些出现亏损企业的高管都安然无恙。而至于出现巨额亏损以后，是否及时向市场披露了有关信息，更是一个无人追究的问题。同样的事情，出现在中国香港市场，中信泰富主席荣智健和董事因为延迟信息披露问题而接受调查，中小投资者也极力维护自身权益，要求索赔和彻底调查中信泰富事件。

直接接受英美法系的中国香港地区，对信息披露的制度建设极为注重。《香港联合交易所有限公司证券上市规则》规定，上市公司要全面、及时、准确地公开披露"股价敏感资料"，以确保市场运作公平无碍。[1]信息披露机制的严格执行，对维护中小投资者利益来说至关重要。

香港证券监督管理委员会在 2008 年 10 月 22 日即展开对中信泰富巨亏事件的调查。香港警方之所以对中信泰富大动干戈，是因为怀疑公司董事作出虚假陈述，董事之间可能存在串谋欺诈。这就会因为信息的发布不及时而侵害不知情的中小投资者利益，而维护中小投资者利益被香港证券监督管理委员会和香港警方极为重视。[2]

事件之后，中信泰富的投资者向香港证券监督管理委员会代表递交信件，促请彻底调查中信泰富事件并公开调查报告，以保障投资者的利益，并挽回公众对香港证券市场监管制度的信心。[3]这些投资者怀疑，中信泰富事件可能涉及延迟披露资料和失实声明。中信泰富的公告存在误导投资者的情形，导致投资者因为股价急剧下跌而发生损失。

经过 2008 年的央企巨亏事件，国资委、证券监督管理委员会等监管机构加强了对企

① 罗培新. 中信泰富巨亏与荣智健之责. 第一财经日报，2009 - 4 - 8. http：//stock. sohu. com/20090408/n263271760. shtml.
② 李允峰. 中信泰富事件升级三点启示. 证券时报，2009 - 4 - 9. http：//stock. sohu. com/20090409/n263275677. shtml.
③ 谭璐. 投资者要求调查中信泰富发布失实声明等嫌疑. 21 世纪经济报道，2008 - 11 - 1. http：//finance. sina. com. cn/roll/20081101/04285457395. shtml.

业从事金融衍生品交易的规范。深圳证券交易所在 2009 年 8 月份发文规范上市公司及其控股子公司投资衍生品行为，提高投资信息披露透明度。然而，对于企业来说，这些监管制度还不够完善，依然没有制定相应的法律法规来彻底保障国家财产安全和维护投资者利益。国资委作为央企的直接管理者，需要进一步加强监管力度。其他监管部门和金融机构也需要规范上市公司的信息披露机制，维护公平公正的交易环境。

另外，我国央企在参与套期保值交易时对市场缺少深入研究，更没有建立风险控制机制。一旦出现问题，还是更多地停留在给国家财产造成了多少损失的认知上；至于给中小投资者带来的损失，则很少留意。[①]企业对待国家财产的认识需要转变，而中小投资者对于自身的维权意识也有待加强。

5.5.2　金融市场建设与金融专业人才锻造

2009 年 5 月 4 日，中国人民银行发布《2008 年中国金融市场发展报告》。报告显示，2008 年，在复杂的国际国内形势下，我国金融市场仍然保持了快速健康的发展势头。市场参与主体规模扩大，市场制度建设稳步推进，交易产品和工具日益丰富，总的来说，我国金融市场的宽度和厚度不断增加。但是，我国金融市场建设起步较晚，金融体系还在不断完善，实践环境、制度规范、人才储备等方面都还存在一定问题，和国外成熟的金融体系相比还具有较大的差距。

中国作为制造业出口大国，而同时又是资源相对贫乏的国家，企业对大宗商品的需求很大。面对价格的剧烈波动，国内企业存在套期保值的需求。而我国对金融体系衍生金融业务控制严格，企业几乎无法在国内开展衍生金融品的业务。国内企业套期保值需求得不到满足，不得不避开监管通过国际投行参与衍生品交易，涉足场外衍生品交易。我国企业刚涉足国际金融市场，把握国际金融市场走势的能力和经验还很不足，在国际金融大鳄面前栽跟头的不在少数。

目前，央企从事金融衍生产品业务管理的绝大多数都是财务人员，真正具有金融工程专业知识和实践经验的很少。因为不具备专业知识，有些不会估算合约市值和浮动盈亏，有些连产品模型都搞不明白，更不用说识别风险；有的甚至看不懂英文合同，只能凭投行介绍。参与交易人员专业水平与国际投行差距太大，在业务交往中往往处于下风，很难做到对等谈判和公平交易，与交易对手抗衡的能力很弱。

对于金融专业人才匮乏问题，我国已经开始从海外聘请顶级人才。2009 年 12 月，中国国家外汇管理局聘请美国太平洋投资管理公司（PIMCO）基金经理朱长虹担任其储备管理部门首席投资官，帮助管理 2.3 万亿美元的外汇储备。朱长虹成为全球最大的基金管理

---

① 周俊生. 但愿荣智健的学费不再白交. 新闻晨报，2009 - 4 - 10. http：//finance. sina. com. cn/review/zlhd/20090410/07116086682. shtml.

人，被称为"国家首席投资官"。据悉，朱长虹为华尔街顶级衍生品专家。而在稍早的11月份，中国投资有限责任公司（中投）也聘用了美国著名对冲基金 Tudor 投资公司的基金经理陆飙管理其对冲基金投资。[1]这也从一方面说明了我国在金融专业人才培养方面还有待加强，掌握专业知识的本土人才对于我国企业参与国际金融市场竞争不可缺少。

5.5.3 有效识别国际投行圈套

央企投资金融衍生产品业务普遍发生浮亏和损失，当然首先要从企业自身找原因，但也与国际投行恶意兜售带有欺诈性的、设计复杂的高杠杆产品有很大的关系。在一定程度上说，中国企业遭遇金融衍生产品投资滑铁卢，一些国际投行是罪魁祸首。[2]对于央企与国际投行所交易的金融衍生品，金融专业人士认为是一种高风险并具有欺诈性质、在欧美国家已禁止交易的高杠杆投资。国际投行利用我国金融制度的漏洞，向国内企业兜售这些设计复杂的衍生产品。

不仅中信泰富在这些国际投行面前栽了跟头，事实上，在中信泰富之前，国外金融机构已经让中国企业亏损连连。从中航油到中国远洋，再到东航、国航、深南电等，让这些企业损失惨重的交易对手中都有高盛的身影。在中航油亏损事件中，它的第二大交易对手是杰润公司（J. Aron），该公司为"高盛商品部"，业务纵横咖啡、金属贸易、原油、外汇交易等多个领域，在 20 世纪 90 年代初公司所创利润已经占到高盛财团总利润的 1/3 甚至更多。深南电的油价对赌对手也是杰润公司。花旗等银行也不甘落后，紧随其后。[3]

对于央企与国际投行之间场外交易的不公平对赌行为，国资委已经有所行动。2009年 8 月下旬，国资委向六家大型外资银行和投行发送一封法律函，声明其下属部分央企，将对此前与外资投行签订的大宗商品挂钩产品，保留不付款的权利。国资委在函件中称，其已经对油料结构性期权交易情况展开调查，并支持企业运用各种法律手段通过谈判协商、仓位管理等措施，尽力减少损失，有效维护权益，同时保留采取进一步法律诉讼等权利。但国资委这一行动实施起来困难重重，不容乐观。

当然，在谴责国际投行设计魔鬼条约、存在恶意欺诈行为之前，应该首先检讨一下央企的投资行为是否过于轻率，甚至在没有看懂交易合同的情形下就签订合约，最终深陷衍生金融交易的泥潭不能自拔。因此，完善我国金融体系，加强金融监管，规范企业治理结构，练好内功，才能更好地参与国际竞争。

---

① 吴晓鹏."国家首席投资官".21 世纪经济报道，2008－12－23. http：//www. 21cbh. com/HTML/2009－12－24/159163. html.
② 李伟. 中央企业金融衍生产品业务管理问题及风险防范. 学习时报网，2009－11－30. http：//www. studytimes. com. cn/WebPage/ny1. aspx？act＝1&id＝3087&nid＝11248&bid＝1&page＝1.
③ 叶檀. 中信泰富事件背后的魔鬼银行也难辞其咎. 每日经济新闻，2009－04－08. http：//business. sohu. com/20090408/n263262355. shtml.

5.5.4 理性开展金融衍生品投资业务

作为中国经济海外布局的一枚重要棋子，中信泰富名为民企、实则国企的性质以及母公司中信集团的存在，都决定了它绝对不会倒下。由于 2008 年年底中信集团向中信泰富注资 15 亿美元并接管了它的大部分外汇合约，2009 年中信泰富受外汇合约影响已经很小。2009 年 4 月 8 日常振明接任主席后，除了一系列营运措施合理外，澳元兑美元的汇率迅速反弹也减少了股东对中信泰富衍生合约的担心，股价大幅回升。2009 年 11 月 18 日，香港证券监督管理委员会完成对中信泰富的调查，中信集团总经理助理张极井也被任命为中信泰富董事总经理、执行董事，至此，中信泰富基本转入稳定轨道。

但因为外汇衍生品造成的巨亏令中信泰富万分谨慎，中信泰富已经成立了专门的管理委员会，监督公司金融工具的应用仅限于借贷、存款、利率掉期及最基本的外汇合约。常振明也参与公司的资产债务管理委员会相关会议，该委员会是位于中信泰富之上的机构，对公司的所有资产风险进行监控分析，对任何新的金融工具均持谨慎态度，严禁染指高风险的投机买卖。

尽管我国企业在金融衍生品交易中吃了大亏，但这并不能否定金融衍生品交易是企业重要的避险工具。在经济全球化迅速发展，经营、投资日益国际化的今天，如果不能利用金融衍生产品的规避风险和价格发现功能，无论对一个国家经济和一个国际化的企业来说，都是巨大的风险。

对我国企业来讲，不是做不做套期保值的问题，而是怎么做的问题。我国企业应按照自身业务发展的要求，在提高风险控制能力的前提下，审慎、理性地开展金融衍生产品投资业务，严格限制投机性的交易。企业增强自身的投资眼光和对风险的理性认识，提升自身的专业水平，引进和培养专业人才，练好"内功"才可以更好地应对国际投行的"圈套"。在进行衍生品交易时，不仅要规避风险，还要依靠各类不同的金融衍生工具来扩大盈利空间，提高国际竞争力。

国家监管部门应该加强监管力度，然而并不能完全限制企业进行金融衍生品交易，而是要在制定严格的制度和规范的前提下，鼓励国有企业做金融衍生品交易。其中包含两个层次：一是国资委如何规范国有企业金融衍生品交易行为；二是公司内部应建立一套风险管理制度。[①]衍生品交易是企业重要的风险管理工具，是实体经济所需要的；在加快衍生品交易国际化进度的同时，趋利避害、防范风险是必须树立的意识，培养专业人才、知己知彼更是不可或缺的重要一环。

---

① 贾远琨，王蔚. 投资衍生品为何屡遭巨亏. 新华网，2009 - 02 - 25. http：//news. xhby. net/system/2009/02/26/010448250. shtml.

6 财务流动与企业活力
——国美电器营运资本管理分析

6.1 引言

2008 年，国美电器新进入 23 个城市，新增 133 家门店，实现销售收入 458.89 亿元，同比增长 8.03%；股东应占溢利为 10.48 亿元，基本每股盈利为 0.082 元；扣除非经营性科目后，经营活动产生利润为 19.44 亿元，对比 2007 年的 18.03 亿元有 7.82% 的增长。[①]国美电器快速成长过程中体现出了良好的资本运营能力及企业活力。国美是如何实现如此快速的营运资本周转速度的呢？

2008 年 11 月 17 日，国美董事局总裁黄光裕因涉嫌"操纵市场"等罪名被北京市公安局带走调查，随后国美 CFO 周亚飞、黄光裕之兄黄俊钦和中关村董事长许钟民先后接受调查。至此，黄光裕案件还在调查之中，商业贿赂等行为不断浮出水面。这将对国美的声誉和发展产生怎样的影响？

2008 年，国美电器正式发布企业文化纲要，确立了"2015 年成为备受尊重的世界家电零售行业第一"的企业愿景以及"成就品质生活"的企业使命。国美电器是否真的为客户成就了品质生活？是否有实力实现世界家电零售行业第一的伟大愿望呢？

6.2 国美电器的高速成长

6.2.1 销售及零售网络扩张

国美电器作为"中国领先家用电器及消费电子产品连锁零售商"，经过 20 多年的发展，已经在中国所有的一线城市和部分二线城市以及中国香港、澳门地区开展业务，拥有中国家电零售业最大规模的门店网络，门店数量及覆盖城市数量在行业内第一，并多次蝉联国内家电连锁第一名。

---

① 国美相关数据及资料如无特别说明均来自公司年度报告。

从整个行业发展现状来看，家电连锁已经渡过了发展的初期阶段。在这一阶段主要以规模扩张为主，其成功的要素在于资金、团队、执行力和一定的眼光，是最消耗资本、最困难的扩张阶段。国美电器通过 20 多年的扩张，已经在这个阶段期间打下了坚实的基础，国美电器在市场上的品牌认知度及顾客满意度已占据业内领先地位。其中国美电器在 2008 年睿富全球排行榜"中国最有价值品牌排行榜"中，位列家电连锁零售第一品牌，品牌价值为人民币 550 亿元。目前国美电器正向精确调整和精细管理的第二阶段迈进，连锁的规模优势和边际效益将日益突显。

2008 年年底，国美电器资产达到 274.95 亿元，较 2004 年上市之初增长了近 5.7 倍，主营业务收入为 458.89 亿元，较 2004 年增长了 5 倍，如图 6-1 所示。

单位：亿元人民币

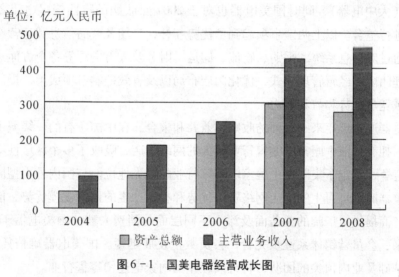

图 6-1　国美电器经营成长图

资料来源：根据历年国美电器报表整理。

"速度就是生命，速度里面有黄金。"[①] 黄光裕始终坚信"速度"是企业快速扩张的法宝。在上市之后，其加快了兼并收购及资产整合的速度。

2006 年 11 月，国美电器收购永乐电器销售有限公司 98.24% 的股份；2007 年 1 月，国美电器完成对永乐电器剩余 1.76% 的流通股份收购，永乐电器于 2007 年 1 月 31 日自香港联合交易所退市。对永乐电器的收购增加了国美电器在全国的网络覆盖，增强了其在长三角等地区的竞争优势。

2007 年 12 月，集团旗下的天津国美咨询有限公司受托管理和经营在北京已具规模的北京大中家用电器连锁有限公司。交易后，集团在北京地区确立了门店数量、销售规模和市场占有率的绝对优势地位，并进一步增强了天津地区的领先优势。

2007 年 12 月，国美电器收购陕西蜂星电讯零售连锁有限责任公司。蜂星电讯为陕西

---

① 马宁. 黄光裕如是说. 北京：中国经济出版社. 2008（3）：8.

省最大的专业通信连锁零售公司。此项交易进一步巩固了国美电器在陕西省通信市场的地位。国美电器通过快速开店及兼并收购等措施，使门店数量有了大幅增长。2008 年年底门店数量为 859 家，较 2007 年底的 726 家，提升了 18.32%。中国城镇市场消费者的电器及消费电子产品的购买偏好继续向专业连锁零售机构转移，二级市场已成为家电连锁行业新的市场增长点。2008 年集团加大了对二级市场的资源投入和政策倾斜，利用集团的品牌优势、零售网络优势、规模和服务优势，扩大市场份额，巩固行业领先地位。通过 2007 年对永乐电器整合的成功借鉴，国美电器在行业并购和品牌整合方面已经具备成熟的经验，为国美电器行业并购策略的实施提供了有力的保障。自 2007 年 12 月国美电器旗下的天津国美咨询有限公司受托管理和经营在北京已具规模的北京大中家用电器连锁销售有限公司（大中电器），同时国美电器也对于 2007 年收购的陕西蜂星电讯零售连锁有限责任公司进行整合。以上两宗事项起到了优势互补，市场及产品信息和运营经验共享的协同效益。通过对信息系统、采购、物流、储运、财务及人力资源等各个方面进行整合，构建新的管理团队和经营管理模式，优化门店布局以及有效控制各项成本，提高了国美电器整体的区域竞争优势和盈利能力。

国美电器通过近年来一系列的收购、兼并和整合，在中国所有的一线城市和二线城市广泛布点，拥有目前中国家电零售行业最大的网络门店，吸收了多个区域性零售品牌，减少了区域竞争，奠定了集团在中国家电零售行业的领先地位。与国内外大型同行业公司相比，国美电器有不可再生的门店网络资源优势和相应产生的销售规模优势，能有效地为各大家电生产商提供更广阔的覆盖面及深入不同层面的消费人群。国美电器于 2005 年推行会员制以来，会员营销体系逐步完善，会员数量发展迅猛。国美电器确信凭借 20 多年的深厚行业基础及业内顶尖的团队，将继续领跑国内家电连锁零售行业。

国美电器通过快速开店及兼并收购等措施，使开店数量持续快速增加。2008 年年底，集团已进入 205 个一、二线城市，门店数量达到 859 家，门店的营业面积总和约为 312 万平方米，较 2004 年上市之初均增长了近 8 倍，如图 6-2 所示。另外，有 413 家并非在集团架构内经营的非上市国美集团门店（不包括香港及澳门地区的门店）及 61 家受托管理的大中电器门店。国美电器、非上市国美集团及大中电器合计的门店数量达到 1333 家，覆盖了全国 329 个大、中城市。

在国美电器的销售品类中，AV 产品的销售收入占总收入的比重较大，IT 及数码产品对收入的贡献相对较小，白色小家电的毛利率最高，IT、数码和通信产品毛利率最低，如图 6-3 所示。这一方面反映出家电零售产业的需求现状，更进一步反映了国美电器经营中的主要盈利品类所在。

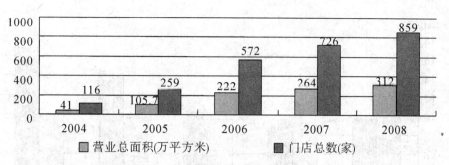

图6-2 国美门店总数及营业面积

资料来源：根据国美电器年度报表整理。

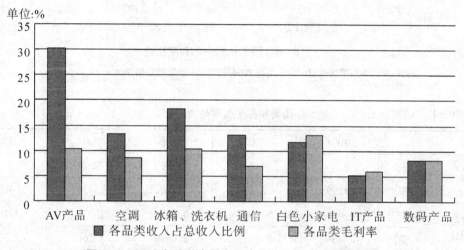

图6-3 2008年国美电器各品类收入比例及毛利率比较

资料来源：根据2008年国美电器报表整理。

6.2.2 国美电器的盈利能力

盈利能力的强弱主要表现在毛利率、净资产收益率指标上。

由图6-4可知，国美的毛利率低于苏宁，即国美的毛盈利水平低于苏宁。且国美的毛利率保持了一个稳定的水平，而苏宁的毛利率却一直保持了上升趋势。但是毛利率的综合反映能力不明显，下面用综合财务指标——净资产收益率来对比国美和苏宁的盈利能力，如表6-1所示。

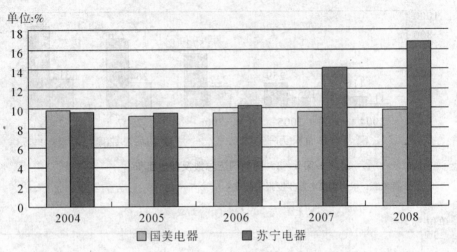

图6-4　国美和苏宁毛利率比较

资料来源：根据国美电器、苏宁电器2004—2008年年度报告整理。

表6-1　　　　　　　　　　国美和苏宁盈利能力对比

		2004	2005	2006	2007	2008
销售净利率（%）	国美	3.85	4.33	3.81	2.75	2.39
	苏宁	1.99	2.20	2.89	3.79	4.53
权益乘数	国美	4.4945	5.0061	4.0410	2.8710	3.1603
	苏宁	2.4692	3.7015	2.8699	3.3617	2.3725
资产周转率	国美	1.8999	2.5309	1.6192	1.6654	1.6008
	苏宁	4.4388	4.9966	3.7829	3.2018	2.6367
净资产收益率（%）	国美	32.88	54.83	24.94	13.14	12.11
	苏宁	21.81	40.69	31.37	40.83	28.33

资料来源：根据国美电器、苏宁电器2004—2008年年报整理。

由表6-1可知，国美的综合盈利能力不稳定，且呈下降趋势，而苏宁的综合盈利能力则保持了相对稳定。原因是国美的销售净利率在逐年下降，虽然权益乘数比苏宁占优势，但是资产周转速度又低于苏宁。在三个指标的综合作用下，国美的盈利能力不如苏宁。

6.2.3　市场优势

（1）零售网络覆盖优势

2008年，国美电器继续发展连锁网络，进一步完善和优化全国市场的布局。在综合考察历史发展水平的基础上，进一步优化门店结构和分层，整合弱势亏损门店，为自身经营和合作伙伴减负。同时积极打造重点商圈的旗舰店，占领家电零售制高点，在提升品牌知名度和美誉度基础上，进一步抢占市场份额，扩大市场影响。

（2）二级市场竞争优势

随着中国城镇化进程的推进和城乡居民收入的逐年提高，二级市场的电器和消费电子产品的普及率和更新率会在近年有明显的提高。2008 年，国美电器在以前年度对二级市场的开拓和培育的基础上，进一步加大了资源投入和政策倾斜。针对二级市场数量众多，地域分散的特点，国美电器优化了物流配送体系，加强与供应商的区域协作，降低物流和仓储成本，提高盈利能力；针对二级市场单位面积销售额相对较弱的特点，采取灵活的销售策略，提高销售额；针对二级市场缺乏行业内高素质的专业人才，国美电器通过派遣内部优秀管理者到二级市场的销售网络进行经营管理来解决难题。

截至 2008 年年底，国美电器已经进入 178 个二线城市，同比 2007 年的 155 个增长了14.84%，而本年新进入的 23 家城市均为二级城市。在上述 178 个二级城市中，国美电器总共设立了 322 家门店，占门店总数的 37.49%，实现销售收入 11 564 百万元人民币（2007 年的销售收入为 9904 百万元人民币），占销售总额的 25.20%，较去年的 23.32%上升了 1.88 个百分点。在国家宏观政策和各项经济刺激计划的引导下，随着政府家电下乡宏观政策的推进，国美电器占有先机，通过已经布局的二级市场门店网络，取得比同行业更强的竞争力。

（3）门店租约成本优势

截至 2008 年年底，国美电器开设的 859 家门店当中有 30 家属于自有物业（2007 年为21 家），总面积达到 231 600 平方米，占全部营业面积的 7.42%。自有物业均在各个一级城市的核心商圈，由于部分物业购入时间较早，与目前市场价值相比，已大幅度升值，房产年度折旧价值远远低于同等条件物业的租赁费用，很大程度上降低了国美电器的运营成本。除自有门店外，有 829 家属于租赁门店，平均剩余租期为 5.2 年。国美电器的租金占销售额的比例约为 4.36%，国美通过对租约的重新谈判，加大异业联盟、转租的范围，提高门店利用效率和质量等措施，降低租赁费用率，提高本集团的盈利空间。

（4）与采购及供货商的良好关系

家电产业是多个环节并存、环环相扣的完整产业系统，作为成熟的销售平台，国美电器保持与供应商的良好合作，凭借历年来与国内外各大家电生产商建立的长期稳定的协作以及良好的战略合作伙伴关系，国美电器获得了各供应商的信赖和支持并在供货商关系处理方面也积累了更加丰富的经验。2008 年，国美电器前五大供应商（按品牌计）采购额占总额约 31.03%。国美电器为广大厂商提供更加宽广的平台及更加宽松的购销环境，使国美电器在未来的市场竞争中占据更加有利的地位。

（5）客服及售后服务体系建设

作为家电及消费电子的连锁零售企业，国美电器历年来都非常重视客服及售后服务体系的完善（CRM）。2008 年在客户管理系统（CMS）平台的支持下，国美电器继续开展和推进会员制、家电医院、延保服务及呼叫中心等客服项目和售后服务体系。通过对顾客全方位的服务，国美电器大幅度提高了顾客对自身的满意度，进一步提升自身的品牌形象和企业形象，培育和增长了顾客的忠诚度。

（6）信息化及电子商务建设

为适应日新月异的互联网发展，顺应越来越复杂的运营要求，国美电器加强了信息化建设的力度，提高了公司运营效率，节约了运营成本，同时也充分挖掘了互联网销售业务的巨大商机，实现了销售方式的多样化，形成了连锁零售商的相对信息化优势。

6.3　国美营运资本管理分析

表面上看，支持国美电器快速发展的是其低价策略，实质上却是其有效的资本管理。高效的资本运营加速了企业"造血"能力，增强了企业经营活力，实现了企业的快速增值。

资本又称资金，是指在企业生产经营活动中占用在流动资产上的资金。资本的概念有狭义和广义的解释。广义的资本也称毛营运资本，是指一个企业的流动资产总额；狭义的营运资本也称净营运资本，是指企业的流动资产减去流动负债后的余额。营运资本的管理既包括对流动资产进行的管理，也包括对流动负债进行的管理。[①] 构建营运资本管理分析体系，对国美营运资本管理进行逐层剖析，并利用中国第二大家电连锁零售企业——苏宁进行比较分析，具体分析思路见图 6-5。

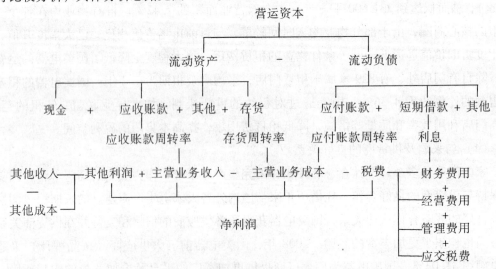

图 6-5　营运资本管理分析体系

---

① 荆新，王化成，刘俊彦. 财务管理学. 北京：中国人民大学出版社，2006（7）：389.

6.3.1　国美营运资本分析

根据"营运资本＝流动资产－流动负债"的计算公式，参考国美与苏宁历年年度报告可以得到两家企业的营运资本对比图，如图6-6所示。

单位：千万元

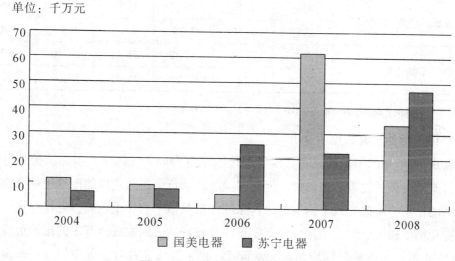

图6-6　国美与苏宁营运资本对比

资料来源：根据国美电器、苏宁电器2004—2008年年度报告整理所得。

由图6-6可知，国美的营运资本自2004年开始连续三年下降，而2007年又迅速上升，是苏宁的数倍，2008年又大量回落，可见国美的营运资本波动幅度较大。反观苏宁却保持了相对平稳的增长趋势。从绝对数上看，苏宁的营运资本较为乐观。

根据营运资本的影响因素，下面具体分析国美与苏宁的流动资产与流动负债情况。

（1）国美与苏宁流动资产对比

表6-2显示了国美与苏宁自2004年上市以来两家企业的流动资产结构情况。可以看出国美的流动资产结构较为合理：首先，国美的现金类资产比重经历了短暂的上浮过后，逐渐下落，并趋于平稳；而苏宁的现金类资产比重却一直处于上升趋势，且上升幅度较大。其次，国美的应收账款比重一直维持在相当低的程度，尤其2005年应收账款为零；而苏宁虽然也逐渐减少了应收账款的比重，但还是较国美高，是国美的数倍。最后，存货比重虽然看上去是苏宁较占优势，因为一个企业要维持正常的运营，保留适量的存货非常有必要。但是国美与供应商保持了良好的业务往来关系，可以保证及时的货物保障。关于这一点的原因将在后面分析。

表6-2   国美与苏宁流动资产结构对比

		2004	2005	2006	2007	2008
现金资产比重（%）	国美	67.79	93	58.41	58.50	62.34
	苏宁	29.18	18.22	40.83	54.90	61.52
应收账款比重（%）	国美	1.45	0	0.49	0.44	0.24
	苏宁	3.51	5.34	1.13	0.97	0.65
存货比重（%）	国美	22.31	32.42	31.51	24.10	29.61
	苏宁	42	52.28	42.72	25.06	28.56

资料来源：根据国美电器、苏宁电器2004—2008年年度报告整理所得。

（2）国美与苏宁流动负债分析

由表6-3可知，国美的流动负债管理较苏宁更为成熟、稳定。虽然国美与苏宁的应付账款占流动负债的比重不分伯仲，但是国美的流动负债占总负债的比重相对稳定且保持了相当高的比重，由此导致了国美的应付账款在总负债中的比重较高，也较稳定。反观苏宁，却变化幅度较大。但总的来说，苏宁正在往较好的方向发展，苏宁的流动负债占负债比重从2004年的6.06%迅速增加到了2008年的99.78%。此外，苏宁的应付账款占总负债比重也从2004年的4.66%快速增长到了2008年的85.80%。且这两个指标在2007、2008年超过了国美。

表6-3   国美与苏宁流动负债结构对比

		2004	2005	2006	2007	2008
应付账款占流动负债比重（%）	国美	85.32	90.78	84.35	83.79	85.28
	苏宁	76.91	89.66	90.28	85.41	85.99
流动负债占总负债比重（%）	国美	94.14	100	93.85	83.21	80.59
	苏宁	6.06	8.81	9.91	99.90	99.78
应付账款占总负债比重（%）	国美	80.31	90.78	79.16	69.72	68.73
	苏宁	4.66	7.90	8.95	85.33	85.80

资料来源：根据国美电器、苏宁电器2004—2008年年度报告整理所得。

6.3.2 国美营运资本周转分析

同样，营运资本周转的分析也分为流动资产周转分析与流动负债周转分析。

（1）国美流动资产周转分析

由图6-7可知，国美历年的存货周转速度均慢于苏宁，但在总体趋势上两家企业保持了一致。如上所述，国美的存货占流动资产的比重比苏宁低，造成国美存货周转速度不

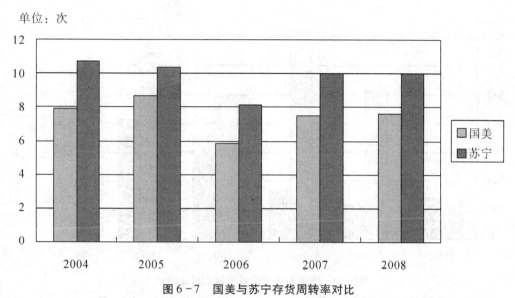

单位：次

图6-7　国美与苏宁存货周转率对比

注：由于没有2003年存货数据，2004年存货周转率未使用期初期末平均数。

资料来源：根据国美电器、苏宁电器2004—2008年年度报告整理所得。

理想的原因也许和国美的存货政策有关。国美对于存货并未制定基于存货性质区分的账龄和从供货商取得的采购退换保证的一般计提准备的政策。但是，由于大量的运营资本投入于存货，国美执行了一些操作程序来监控该部分的风险。如定期检查在账龄清单上滞销的存货，包括比较滞销存货的账面价值和各自的可变现净值，目的是为了确认是否需要在财务报表中对于陈旧和呆滞的存货计提准备。此外，定期进行盘点以确定是否需要对丢失和残次的存货计提准备。虽然采取了相应措施，这也是治标不治本，甚至连标都不能治，因此国美应该从存货政策入手，彻底改变国美的存货管理制度，提高存货周转速度。

如图6-8所示，与存货较低的周转速度相反，国美的应收账款周转速度非常快，是苏宁远不能比的。国美制定了基于应收账款性质区分的账龄分析和相应的计提坏账准备政策。

由表6-4和6-5可知，国美的应收账款不仅在金额上逐渐减少，且账龄时间较短，过期的应收账款也有减少的趋势。这对加快国美的应收账款周转速度起到了决定性作用，对加快国美营运资本周转速度、增强企业活力也帮助不小。

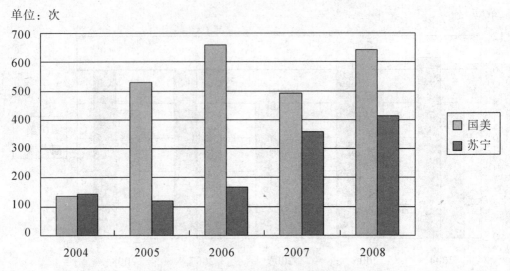

单位：次

图6-8 国美与苏宁应收账款周转率对比

注：由于没有2003年应收账款数据，2004年应收账款周转率未使用期初期末平均数。

资料来源：根据国美电器、苏宁电器2004—2008年年度报告整理所得。

表6-4   国美账龄年限分析   单位：千元

未收回余额账龄	2008 年	2007 年
3 个月内	41 787	94 015
3 至 6 个月	1615	2106
6 个月至 1 年	1043	0
1 年以上	647	1598
合计	45 092	97 719

资料来源：根据国美电器2008年年度报告整理所得。

表6-5   国美应收账款期限分析   单位：千元

应收账款	2008 年	2007 年
非到期亦非须减值	41 557	77 065
过期少于 3 个月	230	16 950
过期超过 3 个月	3305	3704
合计	45 092	97 719

资料来源：根据国美电器2008年年度报告整理所得。

（2）国美流动负债周转分析

一般情况下，应付账款周转速度越慢越好，这就意味着企业占用了其他企业的大量资金，避免了向金融机构借入资金发生的利息费用支出。国美快速增长的第一奥秘就在于尽量减缓应付账款周转速度。由图6-9可知，苏宁的应付账款周转速度比国美快了一倍。这表示国美可以比苏宁更慢地支付供货商的货款，并用该项资金用于存货周转或者其他投资项目等。关于供应商给予国美如此优惠的付款政策的原因将在下文分析。

单位：次

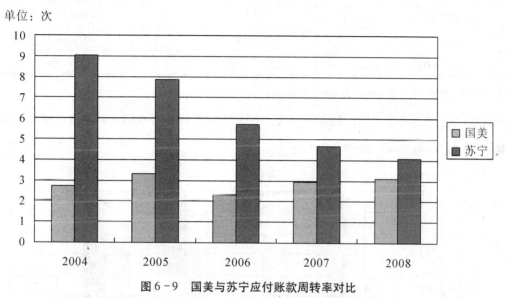

图6-9　国美与苏宁应付账款周转率对比

注：由于没有2003年应付账款数据，2004年应付账款周转率未使用期初期末平均数。

资料来源：根据国美电器、苏宁电器2004—2008年年度报告整理所得。

国美应收账款周转速度快的原因除了供应商的合作外，也与自身对应付账款的管理相关。

由表6-6和表6-7可知，国美存在大量的应付账款，其中应付票据占应付账款总额的比重较大，占总负债的比重也较高：2007年国美应付票据占总负债比重为40.80%，2008年为45.16%。应付账款会存在放弃现金折扣的机会成本，而应付票据却可以避免这种损失。虽然国美应付账款的还款期都较近，但是这一大笔的短期融资却为国美的营运资金快速周转提供了保障。

表6-6　　　　　　　　　　　**国美应付账款构成**　　　　　　　　　　单位：千元

	2008 年	2007 年
应付账款	4 431 020	5 622 928
应付票据	8 486 938	7 933 617
合计	12 917 958	13 556 545

资料来源：根据国美电器2008年年度报告整理所得。

表6-7 国美应付账款账龄 单位：千元

未偿还余额的账龄	2008 年	2007 年
3 个月内	8 933 715	929 648
3 至 6 个月	3 553 829	3 841 131
超过 6 个月	430 414	415 766
合计	12 917 958	13 556 545

资料来源：根据国美电器 2008 年年度报告整理所得。

在流动资产、流动负债周转率的基础上，分析国美营运资本的周转速度，国美与苏宁营运资本周转天数对比，如图 6-10 所示。

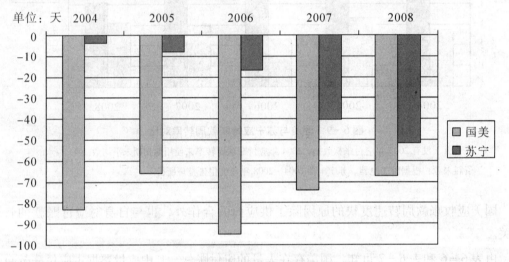

图 6-10 国美与苏宁营运资本周转率对比

注：营运资本周转天数＝存货周转天数＋应收账款周转天数－应付账款周转天数

资料来源：根据国美电器、苏宁电器 2004—2008 年年度报告整理所得。

对于零售行业来说，营业资本周转天数为负数是正常的，且负数越小越好。因为负数表示企业的存货和应收账款周转天数较少，周转速度较快，而应付账款的周转天数较大，周转速度较慢。如前所述，虽然国美的存货周转速度较苏宁慢，但是国美应收账款的周转速度较快而应付账款周转速度较慢。在综合了存货周转速度、应收账款周转速度、应付账款周转速度的基础上，国美的营业资本周转速度较苏宁理想。

2007 年，中国会计学会和中国海洋大学联合设立的中国企业营运资本管理研究中心对中国上市公司的营运资本管理绩效进行了考察，并分别按要素和渠道发布了 2007 年度中国上市公司营运资本管理绩效排行榜。为了查看国美的营运资本管理是否处于该行业的前列，将国美的营运资本管理效率与该排行榜里的批发零售贸易行业中营运资本管理绩效较好的几家企业进行了对比，如表 6-8 所示。

由表 6－8 可知，国美的营运资金管理绩效较好：虽然国美的存货周转速度超过平均数很多，但是应收账款和应付账款的周转速度均非常乐观，尤其应收账款的周转效率可圈可点，除了低于华联股份的 0（表示华联股份不存在应收账款，全是现金交易，不支持赊销，这与华联股份的经营模式相关），比该行业的其他企业均高。应付账款的周转速度也位于该行业第二，仅低于汉商集团的 141 天。国美良好的营运资本周转速度与国美电器在结算方式上的创新密不可分。

表 6－8　　　　　　　　　　**国美营运资本管理效率的行业比较**

批发零售贸易行业	存货周转天数	应收账款周转天数	应付账款周转天数	营运资本周转天数
汉商集团 600774	12	4	141	－125
南宁百货 600712	19	1	92	－72
通程控股 000419	39	3	108	－66
广百股份 002187	9	2	74	－63
华联股份 000882	7	0	66	－59
平均值	17.2	2	96.2	－77
国美电器 00493 HK	48.13	0.73	122.87	－74.01

注：①舍弃了该类别中排名靠后的五家企业：中大股份（600704）、泰达股份（000652）、渤海物流（000889）、成城股份（600247）、大连友谊（000679）。这五家企业的存货及应收账款周转较慢，而应付账款周转却较快，导致营运资本周转较慢，为正数。②由于该排行榜是 2007 年数据，为了具有可比性，国美也选取 2007 年的数据。

资料来源：中国企业营运资金管理研究中心．2007 年度中国上市公司营运资本管理绩效排行榜（按要素）①。

6.4　国美电器利益相关者分析

国美电器在长期经营中与相关各方形成了良好的关系。与供应商和金融机构的稳定关系是国美创新结算方式的基础，并支持了其大量票据结算。与客户之间的良好关系，保障了国美电器的市场份额稳定增长，销售收入逐年攀升。

6.4.1　国美电器与供应商

国美电器作为零售终端的下游企业，在创业初期就首创"包销"制，形成独特的供销模式，摆脱一切中间商，与上游厂家直接接触。国美电器还与供应商合作推出专供机制，即获得某个品牌或某个品牌的某些型号产品区域专卖权，获得更低进货采购价格，实

---

①　本排行榜是中国会计学会和中国海洋大学联合设立的中国企业营运资金管理研究中心完成的，其知识产权归中国海洋大学和中国会计学会共同所有。

现更高利润。①同时，国美电器依靠其强大的市场终端控制地位，面对进货商和采购商具有较强的议价能力，并以此实现低价销售策略。国美电器的低价来自于对上游厂商的压榨，近似到了"吃供应商"的地步。

2004年2月，成都国美对几乎所有品牌空调进行了大规模的降价促销活动，其中有一款格力空调降幅高达40%，为品牌空调降价之最。对此格力公司表示，国美的行为极大地伤害了格力的利益，损害了格力的品牌形象，并严重损害了格力在当地的既定价格体系，也导致其他众多经销商的强烈不满。与国美谈判未果后，格力不再向成都国美供货。3月10日，国美总部向全国分公司下达通知，要求各门店清理格力空调库存。作为回应，格力宣布加强与苏宁等大型家电零售连锁企业的合作。

2007年3月14日，广州国美高调宣布"国美—格力战略合作升级、签约采购"，并且签订了2亿元的采购协议，这意味着国美电器与格力空调的关系开始缓和。格力空调在国内空调市场已连续10年保持产销量第一，国美电器作为以消费者为导向的企业，缺少空调老大的入驻将会给消费者带来品牌不全的印象，可能失去大量客户。而全国性的家电连锁零售企业只有国美、苏宁等少数几家，销售渠道成为家电行业的重要稀缺资源，渠道商拥有了定价、库存、付款等方面的强势地位。抛弃国美电器的庞大营销网络将会给格力空调带来巨大的经济损失。

现代商业实践告诉我们，只有建立在双赢基础上、以供应链管理思想为导向的产销联盟，才能给产销双方带来永久的利益。② 从国美电器与格力空调的和解，不难看出家电行业经销商与供应商之间高度的依赖关系。

6.4.2　国美电器与客户

国美电器作为家电及消费电子的连锁零售企业，历来都非常重视客服及售后服务体系（CRM）的完善。2008年在客户管理系统"CRM"平台的支持下，继续开展和推进会员制、家电医院、延保服务及呼叫中心等客服项目和售后服务体系。通过对顾客全方位的服务，大幅度提高了顾客对本集团的满意度，进一步提升本集团的品牌形象和企业形象，培育和增长了顾客的忠诚度。

国美电器的CRM系统有效地结合了企业资源规划系统"ERP"，实现对客户全流程的服务和跟踪，使日常的销售流向、会员管理、客诉服务、销售回访等工作标准化，提高了服务水平。并利用全国有151个配送中心，充分发挥各个区域配送中心的功能，延伸物流服务的领域和深度，做到及时为顾客服务，降低物流成本，减少库存和资金占压，提高存货周转速度。

---

① 吴革. 国美经营价值链的财务解析. 财会通讯，2005（4）：37.
② 林英晖，屠梅曾. 产销联盟的构筑与协调——对国美—格力之争的反思. 价格理论与实践，2004（6）：46.

2008 年，国美电器全面推出"家安保"延保产品，为消费者提供制造商质保期满之后的产品维修补偿服务。"家安保"是目前国内第一个注册的家电延保产品品牌，体现家电零售服务价值的延伸，有助于夯实现代家电零售商的服务竞争力，也有助于为制造商解决售后服务难题，构建和谐产业链，实现消费者、制造者、零售商"三赢"局面。且国美电器的顾客可以在 9 天之内退货，19 天之内如发现相同商品降价或同一城市内企业门店的相同商品价格较低时可以获取差价补偿。在 39 天和 99 天之内，如发现商品质量问题，经鉴定属实，分别可获得退货和换货保障，省去顾客的后顾之忧。

2008 年期间，国美电器进一步完善了售后服务网络，新建了 12 间"家电医院"（2007 年为 32 间），设立、签约的维修服务网点达到 2376 间，极大地满足了客户维修需求，并运营着一个五百席位的客户呼叫中心，为客户提供电话查询送货状态、安装状态信息、咨询，投诉及其他服务，有力保障了集团的售后服务工作。

稳定的客户和良好的口碑是零售业持续发展的基础，国美电器通过先进的顾客管理体系、完善的物流配送体系和售后服务，与客户之间建立了良好的关系，将有助于实现未来营业收入的稳定增长。

然而，事实却是客户对国美电器售后服务的抱怨重重，不是认为售后服务速度慢，就是对售后服务质量不满意。事实上与企业建立的体系之间存在差距的原因只有一个——国美电器为了实现利益最大化。从国美与苏宁的毛利率比较中可以看出，国美的毛利率并不高，甚至低于苏宁，而要实现比苏宁更高的净利润，必须大量减少相关费用。而售后服务这一部分便为国美减少费用提供了方便，减少售后服务人员的数量，减少每位人员对每位客户的服务时间等均可以降低售后服务成本。

6.4.3 国美电器与金融机构

国美电器与数十家银行保持着稳定长期合作关系，依赖银行提供的授信、结算和其他金融服务，满足其运营资本的需求。国美电器还与民生银行、招商银行等主要合作银行进行深度的合作，向消费者提供免息分期购机、产品资讯及折扣。例如，国美电器与上海银行之间的合作关系。2001 年以来，国美电器和上海银行在授信、结算和个人金融业务等方面进行了大量卓有成效的合作。目前双方已确定的各项授信共计 11 亿元，并定制了符合国美管理模式的整体金融服务解决方案，包括提供银企直连、现金管理、共同发行联名信用卡；通过特色的港台业务平台，上海银行为国美电器在香港的上市公司和其他资产提供高质量、一体化的金融服务；此外，为了更好地推动双方的合作，国美电器和上海银行制定了高层定期互访和总对总联络机制，确保在财务、营运和市场运作等方面的透明和在金融服务方面的灵活。2008 年 8 月 6 日，国美电器与上海银行签署了全面战略合作协议，标志着双方合作进入更深层阶段。双方将共同努力，进一步深化业务合作，不断加强战略合作伙伴关系，实现互利双赢。[①]

国美电器依赖与供货商订立的供货协议信用期以及其银行授信额的信用期，大部分供货商按照合同给予偿付其货款的优惠信用期，以换取（包括其他）由国美的开证银行为发票结算而发出的承付票。国美以在该银行的账户的款项作一次抵押，其余款额将于该银行的承兑汇票届满时支付。国美十分依赖由供货商及开证银行给予的优惠信用期以维持其营运资金。若供货商或开证银行不能或不愿意给予此等优惠信用期，则国美电器的业务及盈利能力可能受到不利影响。国美与各方的利益关系，可以用图6-11来说明。

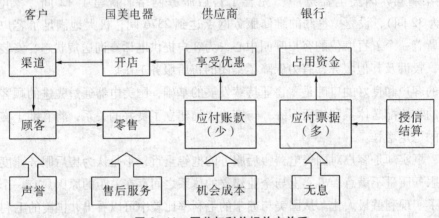

图6-11　国美与利益相关方关系

作为国内领先的家电零售企业，国美电器通过卖场交易从顾客手中收取了大量现金，而在与供应商的结算中，利用银行授信大量选择应付票据的结算方式，避免因为应付账款的现金折扣而产生的机会成本损失，并将供应商的资金大量地留存于企业。精明的国美高层便可以将这部分资金用于扩展企业规模，增加国美的门店数量，从而进一步扩大销售渠道，满足更多客户的需求，获得更广泛的声誉认可。国美较强的盈利能力支撑了其零售网络的快速扩张，并依靠其完善的售后服务网络赢得了良好的声誉，吸引更多的顾客，保证了国美电器的现金来源及销售渠道的进一步扩张。

6.5　国美战略转型与企业活力再造

6.5.1　国美危机

2008年11月17日，第三次问鼎胡润财富榜首富的国美董事局总裁黄光裕被北京市公安局带走调查，起因包括涉嫌"操纵市场"等。11月24日国美电器在港交所发布紧急停牌公告，公告称按国美电器控股有限公司要求，其股份将于2008年11月24日上午9时

---

① 和讯网. 上海银行与国美电器签约, 2008 - 8 - 7. http://it.hexun.com/2008 - 08 - 07/107971069. html.

起暂停买卖。随后，香港恒生指数有限公司于 12 月 24 日表示，国美电器由于 2008 年 11 月 24 日起停牌，而被恒指公司将其从恒生综合指数系列及恒生流通指数系列的 5 个相关指数中除名。

2008 年 11 月 27 日，陈晓接替其董事局主席位置，成为代理主席，并于 2009 年 1 月 16 日获委任为国美电器主席。同日，国美董事会宣布由公司独立董事组成特别行动委员会，密切监控并评估调查财务状况及营运造成的影响，就及时披露投资者关系及监管合规提供意见，就调查而采取的行动向董事会提供建议，协助董事会的工作并指导公司的工作。

2009 年 7 月 8 日，国美电器在香港联合交易所网站上发布公告称，国美电器董事会之"特别行动委员会"已"检阅内部监控审阅及财务审阅之结果，并向董事会报告之发现"，因此当初成立"特别行动委员会"的使命已完成，已于 7 月 7 日解散。特别行动委员会使命的完成，也在形式上正式宣告国美完全走出了危机，全力投入战略转型的发展主线。但是，国美电器快速成长过程中体现出的深层次的危机，是否能同"特别行动委员会"一起消散？国美电器的未来将会如何？国美电器将怎么实现持续快速增长？

由图 6-12 可知，2008 年 11 月 17 日，国美电器掌门人黄光裕被北京公安机关以涉嫌"操纵市场"等罪名逮捕，国美电器股价急剧下跌。一周后，国美电器于 24 日公告暂时停牌，停牌持续了半年多，直到 2009 年 6 月 19 日才在联合交易所复牌。复牌首日，国美电器股价就回升至停牌前与恒生指数相对绩效一致的水平。2009 年 10 月底，国美电器股票价格开始上涨，明显好于恒生指数的业绩，同样，苏宁电器股价也在 10 月底开始上扬，反映出家电零售行业的旺季来临。

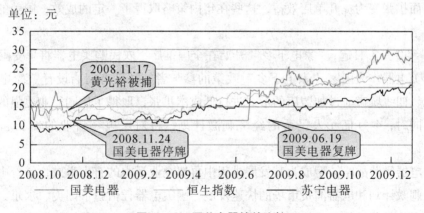

单位：元

图 6-12　国美电器绩效比较

注：为方便比较，苏宁电器股价为基数，将国美电器股价乘 10，恒生指数乘 0.001。

资料来源：根据 Google 财经股价及恒生指数数据整理所得。

6.5.2 国美经营战略转型

黄光裕事件前的 2008 年年报上国美披露道：国美将进入优化转型时期，其目的就是实现从规模扩张到精细化管理的转型，从开店增长到提升单店经营质量的转型，从销售主导到利润为先的转型。这一转型为国美的长远发展奠定了夯实的基础。

黄光裕事件后的 2009 年国美开始积极进行业务和管理等的转型：①从高速扩张转为以盈利为导向的经营策略；②继续优化门店网络，推广门店的转型再造；③加强商品组合管理；④积极参与国家补贴政策及推广新业务；⑤加强企业管治，实现管理层和投资者利益一致化。

2009 年的上半年，国美在战胜了创业以来的重大危机和考验后，依据上面的优化转型的经营路线，逐步回归商业本质，初步实现从规模扩张转型到精细化管理；从开店增长到提升单店经营质量；从销售主导到利润为先的转变。坚持以利润为导向，提高门店销售水平和盈利水平，优化网络结构。在全球金融危机的大背景下，建立与供货商和银行的双赢合作关系，并吸引全球性私募投资公司 Bain Capital Glory Limited（贝恩投资）投资本集团，增强了资本实力并有助于提高企业管治水平，使集团在家电零售市场和资本市场均保持良好的发展势头。

黄光裕事件虽未平息，但是从国美电器复牌以后的市场表现来看，黄光裕离开后，投资者对国美电器的信心并没有大幅减弱。复牌后的半年，国美电器的市场表现明显优于恒生指数的综合表现，且与苏宁电器的增长较为相似。2009 年 1 月，陈晓临危受命接手国美电器以来，大胆地实施了企业战略变革，一改国美历来快速开店和并购的脚步，将盈利核心由店面扩张变为提升单店效益，这些在年内策略取得了一定的成效，国美的销售额出现了明显增长。

2009 年 2 月 1 日起，"家电下乡"开始在全国推广，农民购买电器将享受国家 13% 的补贴，国美电器作为国家"家电下乡"政策的参与者，在已有门店设置"家电下乡"专柜，在三、四线城市通过加盟店的形式进行低成本扩张，取得了比同行业更强的农村市场竞争力。同时，4 万亿元人民币的经济刺激计划，将对家电零售业的增长起到积极的作用。

国美电器经营战略转型成为其发展进程中再造企业活力的有力举措，借着中国宏观政策的经济刺激计划和电器消费市场的快速发展，国美电器凭借旗下国美、永乐、大中等多个实力强大的经营品牌以及庞大的销售和服务网络，在新领袖团队的带领下，2010 年其经营业绩必将摆脱黄光裕事件的影响，体现出流动资产周转快，企业生命力活的优势，增加盈利水平，实现企业应有的价值。

7 财务赊销与企业竞争
——四川长虹巨额坏账分析

7.1 引言

2004 年年底，四川长虹悬疑两年的美国应收账款案被告破。因对美国经销商应收账款计提 25.97 亿元人民币的坏账准备，四川长虹宣告出现上市十年来的首次亏损；同时，36.81 亿元人民币的巨额亏损也创下沪深两市历史之最。这一切，都是由一家美国经销商 Apex Digital Inc（以下简称 APEX）公司造成的，但四川长虹自己也丝毫逃脱不了关系。造成这一后果的两个重要当事人四川长虹前任董事长倪润峰和 APEX 公司老板、CEO 季龙粉也许永远不会对外披露真实原因，但是教训需要被更多的企业经营者吸取，并引以为戒。①

2004 年 8 月，带领长虹实现快速发展的倪瑞峰辞职，新董事长赵勇上任，年底即爆出巨额亏损。媒体称此为赵勇的"壮士断腕"之举，因为国有企业现任负责人没有为前任承担经营责任的义务。类似的故事曾经在康佳、科龙等家电企业身上发生过。2001 年陈伟荣去职，当年康佳巨亏 7 亿元。同年，格林柯尔这个新东家入主科龙，科龙被爆出巨亏 15.5 亿元。② 家电企业巨亏的原因是激烈的价格战和渠道问题。为了消化产能，家电企业习惯于向渠道压货，支付较高返点并且采用较为灵活的回款方式。而市场日趋激烈的竞争，频繁的价格战，使经销商获利能力下降，自然还款能力受影响。由此引发的连锁反应，一旦经销商出现问题，就会造成家电企业巨额应收账款无法收回。被称为中国"红太阳"的长虹，其巨亏确实是在 2004 年才发生的吗？为什么家电企业难逃怪圈？到底是企业问题还是行业危机？

---

① 追踪报道：四川长虹巨额海外坏账始末．首席财务官，2005 − 06 − 29．http：//business. sohu. com/20050629/n226126349. shtml.

② 家电业巨亏，早晚得来一次．中国企业家，2005 − 02 − 17．http：//opinion. news. hexun. com/1035267. shtml.

7.2 长虹巨额应收账款背后的企业难题

7.2.1 巨额坏账形成过程

（1）长虹现上市以来首亏

2005 年 4 月 16 日，四川长虹特意选择星期六股市休市这一天，公告 2004 年年报，爆出中国股市有史以来亏损之最：2004 年全年亏损 36.81 亿元，每股收益 -1.071 元，全年主营业务收入为 115.38 亿元。而 2003 年主营业务收入为 141.33 亿元，净利润总额为 2.06 亿元。2004 年的主营业务收入同比下降 18.36%，净利润总额则同比下降 1889.23%。

2005 年 4 月 18 日，长虹发布了其 2005 年第一季度季报。季报显示，公司实现主营业务收入 40.20 亿元，同比增长 63.94%，实现净利润 1.74 亿元，同比增长 431.98%，增长幅度创造了长虹历年来的新高。也就是说，长虹在第一季度以 1.74 亿元的净利润扭亏为盈。

究竟是什么原因让这个曾经的沪市绩优股老大、中国国产彩电行业的龙头企业的业绩在 2004 年出现如此惊人的亏损？这些亏损是在 2004 年度才发生的吗？出现如此巨额亏损之后又为何能在短短一个季度之内迅速扭亏为盈？其中有太多疑问。

公司 2004 年年报称，主营业务收入变化的主要原因是销售收入的下降。净利润变化的主要原因是大额计提资产减值准备。2004 年年底，长虹曾分别对 APEX 公司的应收账款和在南方证券的委托国债投资，予以 3.1 亿美元和 1.828 亿元人民币的计提。其中，对 APEX 公司计提的坏账准备是影响利润的最主要原因。

美国进口商 APEX 公司 2004 年由于经营不善、涉及专利费、美国对中国彩电反倾销等因素，其全额支付所欠四川长虹的货款存在较大困难。因该款项欠款数额较大，如果继续按原账龄分析法计提坏账准备已经不能反映款项可回收性的真实情况，也不能反映长虹 2004 年末的财务状况和 2004 年度的经营成果。四川长虹决定在对应收款项按账龄分析法计提坏账准备的基础上，增加对个别出现明显回收困难的应收款项，根据款项的具体情况采用个别认定法计提坏账准备。

截至 2004 年 12 月 31 日，四川长虹估计 APEX 公司对其欠款为 463 814 980.60 美元。根据长虹与 APEX 公司签订的相关协议，长虹估计 APEX 公司所欠货款尚能收回 1.5 亿美元，按个别认定法计提坏账准备的金额为 313 814 980.60 美元，折合人民币 2 597 289 686.94 元。该项会计估计变更对 2004 年的利润总额影响数为 270 235 192.39 美元，折合人民币 2 236 601 569.80 元。

（2）巨额亏损的现金流预警

其实，四川长虹 2004 年的亏损在意料之中。在长虹 2004 年亏损之前，其经营活动产生的现金流净额就发生大幅变化，如图7-1所示。长虹2002年年报显示，主营业务收入125.85亿元，净利润1.76亿元，但经营性现金流量却从2001年的13.73亿元下降到-29.88亿元，是自1998年要求编制现金流量表以来，经营性现金流量首次出现负数，而且数额巨大。2003年长虹净利润从2001年的8854万元增长到了2.057亿元，但是经营活动产生的现金流量却成了-7.44亿元。在2004年底，长虹即发生了上市以来的首次亏损。

单位：万元

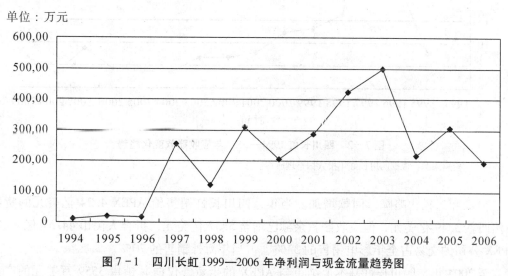

图7-1 四川长虹1999—2006年净利润与现金流量趋势图

资料来源：根据四川长虹1999—2006年年报数据整理。

关于2004年的巨额亏损，我们也可以从长虹历年应收账款变化的趋势中看出端倪。

如图7-2所示，长虹的应收账款从1997年开始剧增，其后数额一直较大。1997年，四川长虹应收账款由1996年的1.62亿猛增至25.51亿。2000—2003年更是呈直线上升趋势，从2000年的20.48亿元上升至2003年的49.85亿元。2001—2003年长虹应收账款剧增是其对美国APEX公司的赊销造成的。截至2002年底，长虹应收账款为42.20亿元，其中未收回的APEX公司的应收账款数额达到38.30亿元。长虹2003年年报披露，截至2003年年末，公司应收账款49.85亿元人民币，其中美国APEX公司的应收账款为44.46亿元。因为对美国APEX公司巨额应收账款无法收回，一次性计提坏账准备造成了长虹2004年的亏损。

（3）长虹与APEX公司的业务往来

2001年，四川长虹开始与APEX发生业务往来，当年只有赊账没有回款，年末形成应收账款4184万美元，折合人民币3.47亿元。

2002年，双方业务进入高峰阶段。四川长虹销售给APEX公司6.1亿美元的产品，但回款仅1.9亿美元，形成了4.62亿美元的应收账款，折合人民币38.29亿元。四川长虹跟APEX公司的交易占全年彩电销售的54%，占当年海外销售的91.41%。

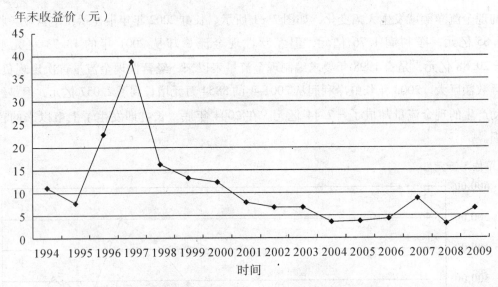

图 7 - 2 四川长虹 1994—2009 年应收账款变化趋势

资料来源：根据四川长虹年报数据整理所得。

2003 年，销售略降，回款增加。当年，四川长虹销售给 APEX 4.24 亿美元的货物，虽然回款 3.49 亿美元，但应收账款余额已增至 5.37 亿美元，折合人民币 44.51 亿元。与 APEX 公司的交易占全年彩电销售的 33%，占当年海外销售的 70%。

至 2004 年，四川长虹基本上结束与 APEX 的生意，仅向其销售 3559 万美元的产品，同时加大回款力度，回款 1.09 亿美元。然而，四年生意下来，4.63 亿美元（折合人民币 38.37 亿元）的应收账款已经形成。

四川长虹海外销售情况如表 7 - 1 所示。四年间，四川长虹共销售给 APEX 公司 11.13 亿美元（折合人民币 92.26 亿元），回款 6.49 亿美元（折合人民币 53.80 亿元）。如果依照四川长虹所说，还能回收 1.5 亿美元的账款，那么公司合计损失 26 亿元人民币，这桩生意的坏账率高达 28.21%。

表 7 - 1　　　　　　　　四川长虹 2001—2004 年海外销售情况　　　　　单位：亿元人民币

时间	主营业务收入	彩电销售收入	海外销售额	APEX公司销售金额	APEX回款金额	APEX应收账款余额	APEX销售额占海外销售额的比例	APEX销售额占彩电销售额的比例
2001	95.15	71.04	7.76	3.47	0	3.47	44.83%	4.88%
2002	125.85	94.64	55.41	50.65	15.75	38.29	91.41%	53.52%
2003	141.33	115.64	50.38	35.18	29.00	44.51	69.83%	33.02%
2004	115.38	85.91	28.71	2.95	9.04	38.37	10.28%	3.43%

资料来源：根据搜狐财经《追踪报道——四川长虹巨额海外坏账始末》相关资料整理所得。

1998—2003 年，四川长虹六年间的净利润合计为 28.35 亿元，几乎全部损失在 APEX 一桩生意里。

2005 年 3 月 18 日，四川长虹又对存货计提减值准备金 11 亿元。两次巨额计提累计达到 37 亿元。这相当于长虹上市十年来利润总和 88 亿元的 42%。

（4）长虹与 APEX 公司的具体情况

APEX 公司全名 Apex Digital Inc，由美籍华人季龙粉和台湾商人徐安克于 1997 年在美国加利福尼亚州创建，注册资本 2800 万美元，是一家以贸易为主的小公司。APEX 公司成立之后，成长非常迅速。其成长模式是：在国内生产，在美国大型连锁超市销售。依靠中国国内庞大而廉价的生产能力，贴着 APEX 牌子销售的中国产彩电和 DVD 在价格上极具竞争力。凭借超低价格，APEX 在美国大型连锁超市打开了市场，但是也因为低价格策略，其利润空间较小，因此只能拖欠国内供应商的货款。长虹之前，APEX 已经在同中国的宏图高科、天大天财和中国五矿等合作过程中发生过巨额货款拖欠的情况。

然而，急于走向国际市场的长虹只看到了 APEX 公司的销售渠道和能力，没有看到其拖欠货款的信用污点。1998 年后，各彩电厂商产量大幅增加，而市场需求则开始放缓，国内彩电市场趋于饱和。四川长虹盈利能力开始下降，同时由于产能过剩，库存额大幅上升，为了打破此时的困局，长虹开始实施国际化道路。2001 年 11 月，APEX 与长虹签下合作协议，将长虹品牌贴上 APEX 的牌子打入美国市场。

2002 年，四川长虹借助 APEX 在美国的营销渠道，使自己的彩电和 DVD 大规模地进入了美国的百思买等家电连锁店和沃尔玛等大型超市。仅半年多时间，长虹在美国市场销售彩电 320 万台。2002 年，长虹出口到美国的彩电和 DVD 价值高达 7.8 亿美元。[①]可以说，2003 年，长虹彩电取得了国际国内产销两旺的不俗业绩。

然而，此时的长虹并不轻松，APEX 公司总是拖欠回款。在四川长虹对美国出口量猛增的同时，对美国代理商 APEX 公司的应收账款也大幅增加。截至 2002 年 12 月 31 日，此项应收账款从年初的 3.47 亿元猛增到 38.29 亿元，占年末应收账款总额的 90.75%。一波未平，一波又起。2004 年 5 月 14 日，美国国际贸易委员会在对华彩电反倾销调查中终审裁决中国彩电损害成立。根据裁决，美国将对长虹征收 24.4% 的反倾销税，为国内企业之最。

2004 年底，赵勇重掌长虹之后，把追讨 APEX 公司欠款提上议事日程。2004 年 12 月 14 日，四川长虹以一组与季龙粉于同年 10 月 29 日签订的一系列协议为据，向美国加利福尼亚州洛杉矶高等法院申请临时禁止令，要求禁止 APEX 转移资产及修改账目。长虹在上

---

① 长虹 APEX 了结纠纷：抵债资产价值几何 . 21 世纪经济报道，2006 - 10 - 17. http：//tech. sina. com. cn/e/2006 - 10 - 17/13341188035. shtml.

报法院的资料中称，按照协议，APEX 共欠长虹 4.72 亿美元货款。①

2006 年 10 月 10 日，四川长虹发布公告，通报了与美国 APEX 公司及其实际控制人季龙粉签署的《APEX 公司与公司贸易纠纷和解框架协议》的执行情况，希望以此将长虹与 APEX 公司的贸易纠纷作一个了断。

2007 年 4 月 21 日，长虹发布公告称，长虹、APEX 与季龙粉已于 2007 年 4 月 11 日签订和解协议：APEX 公司愿意承担对长虹 1.7 亿美元的债务；三方同意中止在美国的所有诉讼，待协议履行完毕后撤销诉讼。该协议已于 4 月 20 日生效。至此，长虹与 APEX 公司的恩怨画上了句号。

7.2.2 长虹的成长与发展

（1）长虹上市以来的主要财务数据分析

四川长虹 1994 年上市以后，充足的低成本资金为长虹抓住当时国内居民消费结构升级的历史机遇，迅速发展提供了有力保障。如表 7-2 所示，1994—1998 年是长虹最辉煌的几年，主营业务收入和净利润都保持在较高水平。但从 1998 年就开始出现利润下滑的迹象。1998 年长虹囤积彩管失败，使其受到重创。当年长虹的库存高达 77.06 亿元，比 1997 年增长 116.78%。1998—2001 年这四年间长虹的主营业务收入和净利润两项重要指标连续下滑，1999 年的净利润从 20.04 亿元急剧下降到 5.25 亿元，同比下降高达 73.8%。2001 年，其主营业务收入和净利润分别下降到 95.15 亿元和 8854 万元。

表 7-2　　　　　　　四川长虹历年主营业务收入、净利润与存货额　　　　　　单位：亿元

时间	主营业务收入	增长率	净利润	增长率	存货	增长率
1994	42.73		7.07		10.83	
1995	67.64	58.30%	11.51	62.80%	15.20	40.35%
1996	105.87	56.52%	16.75	45.53%	27.16	78.68%
1997	156.72	48.03%	26.12	55.94%	35.55	30.89%
1998	116.02	-25.97%	20.04	-23.28%	77.06	116.77%
1999	100.95	-12.99%	5.25	-73.80%	63.13	-18.08%
2000	116.46	15.36%	2.74	-47.81%	67.08	6.26%
2001	95.15	-18.30%	0.89	-67.52%	59.41	-11.43%
2002	125.85	32.26%	1.76	97.75%	71.93	21.07%
2003	141.33	12.30%	2.06	17.05%	66.90	-6.99%
2004	115.39	-18.35%	-36.81	-1886.89%	60.13	-10.12%

---

① 追踪报道：四川长虹巨额海外坏账始末. 首席财务官，2005-06-29. http://business.sohu.com/20050629/n226126349.shtml.

表7-2(续)

时间	主营业务收入	增长率	净利润	增长率	存货	增长率
2005	150.61	30.52%	2.85	107.74%	47.67	-20.72%
2006	187.57	24.54%	3.06	7.37%	53.02	11.22%
2007	230.47	22.87%	4.42	44.44%	65.87	24.24%
2008	279.30	21.19%	2.63	-40.50%	60.08	-8.79%

注：因为采用的计量单位不同，增长率的计算与企业年报数据可能略微存在偏差。

资料来源：四川长虹历年报表及新浪财经数据整理所得。

2002年倪润峰复出之后，长虹主营业务收入和净利润纷纷出现大幅上扬，与2002年相比分别增长32.26%和97.75%。但净利润也只是在两个亿左右，与1995—1998年的高利润相去甚远。面对大量库存和难以收回的巨额应收账款，长虹最终在2004年出现36.81亿元的巨额亏损。

1998年，长虹的股票价格从1994年刚上市时的6元，上升到最高价66.18元，创造出中国股市的神话，被称为中国股市的"红太阳"、"龙头股"。而到2004年8月20日，长虹股价出现5.69元的历史新低，这也是四川长虹股价首度跌破公司的净资产。2004年12月27日，四川长虹发布了预亏提示性公告，公布了拟对APEX公司欠款计提3.1亿美元坏账准备的消息，股价直接跌停至4.44元。到2004年12月31日，长虹股价已经跌至3.54元，市值也大幅度缩水。四川长虹自1994年上市以来每年年末收盘价走势如图7-3所示。可以看出，1995—1998年四川长虹股票市场反应较好，1998年之后则开始持续走低，2004年被爆出巨额亏损之后出现最低股价。

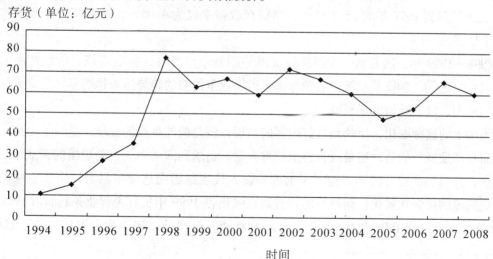

图7-3 四川长虹1994—2009年股价走势图

资料来源：根据新浪财经四川长虹历史交易信息整理所得。

（2）四川长虹发展中的巨额亏损事件

四川长虹的前身，是 1958 年创建的军工企业"国营四川无线电厂"，位于四川省绵阳市。1965 年，其更名为"国营长虹机器厂"。1973 年长虹厂成功研制出第一台电视机，注册商标"长虹"，长虹品牌由此创立。1985 年，长虹与日本松下公司进行合作，引进了国内第一条自动化彩电生产线。至 1992 年，长虹跻身中国电视五大品牌行列。1989—2004，长虹连续 16 年保持国内彩电市场销量第一名的地位，成功地登上"中国彩电大王"的宝座。

1996 年 3 月 26 日，长虹首先宣布大幅度让利销售，引发了在长虹发展史和中国彩电史上都具有举足轻重地位的一场价格大战。此次降价长虹打的是保卫民族品牌、保卫民族工业的旗号，目的是为了阻击国外品牌。随后，其他国内品牌相继跟进，迅速扭转了外资主导国内市场的局面。长虹的市场占有率由 1995 年的 22% 提高到 1996 年的 27% 左右，彩电销量比上年同期增长 61.96%。但是，凭借规模经济和低成本取得市场占有率的长虹也付出了低盈利空间的代价。

1998 年被认为是长虹的一个转折点。长虹为了遏制对手，从当年 8 月份起大批量购进彩管，最多时控制了国内 70% 以上的彩管，使应付款项、票据从 35.51 亿元直线上升到 61.9 亿元。当年长虹计划生产彩电 800 万台，但实际销量只有 600 多万台，到 1998 年末，长虹库存产品价值达到 77.06 亿元，比上年增加一倍多。1998 年，长虹主业收入锐减 40 亿元，净利润也下降 23.28%。经过 1997 年和 1998 年由其他彩电企业发起的价格战，长虹的彩电霸主地位岌岌可危。为了挽回颓势，1999 年 4 月，长虹彩电开始采取降价行动。但康佳对长虹降价早有应对，降价幅度超过长虹 80~300 元。长虹主营利润由 1998 年的 31.6 亿元下降到 1999 年的 15.7 亿元，净资产收益率仅为 4.06%，1999 年下半年长虹利润仅 1 亿多元。[①]

1998—1999 年，随着新一轮经济发展形势的到来，当时的彩电市场，传统产品的利润空间越来越低，新技术、新产品领导未来市场竞争优势的趋势越来越明显。低成本领先战略的效用，慢慢开始出现衰减。

市场上的这种变化，反映到长虹内部的高层，就是两种观点的分歧：是继续走追求规模从而带动发展的战略，还是改为追求技术含量，追求利润适当、控制规模的新战略。而明显地，公司的掌舵人倪润峰选择了前者，新人代表赵勇则选择了后者。由于业绩的下滑，倪润峰的声音在弱化，而赵勇的声音则在强化。[②] 1999 年长虹主营业务利润由 1998 年的 31.6 亿元下降到 1999 年的 15.7 亿元。2000 年，倪润峰以健康为由退居二线。赵勇、

① 长虹：风风雨雨价格战．热讯家电网，2008-10-28．http://info.china.alibaba.com/news/detail/v0-d1003223651.html.
② 四川长虹：40 亿巨亏 长虹季龙粉事件．经济观察报，2005-01-08．http://finance1.jrj.com.cn/news/2005-01-08/000000989494.html.

王凤朝、袁邦伟三人开始执掌长虹。在赵勇执掌长虹时期，实际上实施的是一条更加注重公司运营效益、减少库存、控制产量的战略。但是这种战略在短时期内产生的结果就是企业绩效的短期下滑。2001 年中报显示每股收益只有一分钱的利润。再加上囤积彩管失败，导致大量库存积压，长虹 2001 年底的净利润仅 8000 多万元。

2001 年 2 月，退隐八个月的倪润峰以 CEO 身份宣布复出，重回业务第一线，执掌业务决策大权。而赵勇则在休息了几个月后出任绵阳市副市长。面对困境，倪润峰为长虹开出了两大药方，其中之一是海外市场的扩张。倪润峰道"不海外扩张长虹就没有生机"。从这句话中，我们不难体会拓展海外市场对长虹来说意味着什么。[①]其二是谋求产权变革，走民营化之路。

2001 年 10 月，四川长虹开始了海外出口，其代理商即为美国 APEX 公司。2002 年，长虹业绩逆势上扬，主营业务收入 125.85 亿元，同比增长 32.26%。其中，海外销售额为 55.41 亿元，同比增加 47.65 亿元，占全部主营业务收入的 44.03%，增长幅度超过 600%；实现净利润 1.76 亿元，同比增长 97.75%。上述数据显示，出口收入对四川长虹 2002 年的业绩提升起着重要作用。但是从前面的分析中可以看到，长虹为利润增长付出了怎样的代价。经营性现金流量突然出现负数、巨额的应收账款，为长虹 2004 年的巨亏埋下了伏笔。

2004 年 8 月 12 日，四川长虹发布临时公告，宣布倪润峰退出长虹，出任省政府顾问，赵勇又被重新任命为董事长，主掌长虹。如前所述，2004 年年底即发布了关于 APEX 公司巨额应收账款计提坏账准备的公告。

2005 年长虹从三个方面进行了战略调整。在产业价值链方面，从整机制造切入到上游的关键元器件；在产业形态方面，由彩电切入到 IT、通信领域，加速发展信息家电；在商业模式方面，则从整机销售向服务提供、内容提供转变。2005 年长虹跨入世界品牌 500 强，公司主营业务收入为 150.61 亿元，比去年同期增长 30.52%；主营业务利润为 24.09 亿元，比去年同期增长 47.47%；净利润为 2.85 亿元，比去年同期增长 107.74%，每股收益为 0.132 元。

2006 以来，长虹继续坚持多元化发展道路，加大对信息化产业的投资，海外战略由出口改为建设海外生产基地，减少出口成本较高的问题，主营业务收入逐年增加，在国内同行业中保持了领先地位。如表 7 - 3 所示，2005 年后其应收账款周转率与存货周转率都有所加快，说明长虹加强了资产管理能力，营运能力上升。但是，从表 7 - 2 中也能看出，其净利润波动较大，盈利脱离主营业务收入的增长，不能与之同步。

---

① 冯文锁. 对四川长虹巨亏 37 亿的冷思考. 和讯新闻，2005 - 03 - 31.

表 7 - 3   2004—2008 年四川长虹经营效率财务指标

	2004	2005	2006	2007	2008
应收账款周转率	3.2207	5.7209	7.4526	10.9549	11.6567
存货周转率	1.5189	2.3413	3.1478	3.2730	3.6598

资料来源：根据四川长虹 2004—2008 年年报数据整理所得。

7.2.3 成长背后的企业困境

长虹十几年的发展在中国家电发展史上的意义是任何一个企业都难以比拟的。它创造了两个奇迹，一是让自己的资产迅速从几千万元增长到将近百亿，创造出中国乃至全球上最大的单体彩电工业体系。它的技术、质量、工艺、制造以及人才队伍是中国彩电工业的财富，这是对全球彩电格局具有举足轻重影响力的重要因素。二是创造了一种模式：规模增大与成本降低的良性循环模式。这个模式对长虹的意义是在短时间让长虹成为中国最大的彩电企业，对中国彩电产业来说则是把整个行业纳入这样的竞争轨道，其结果是中国彩电工业体系从无到有并且迅速成长壮大为世界重要的彩电工业，此外，这种模式也全面辐射到整个电子制造业内，由此带动了中国电子业的迅速崛起。①

由此来看，长虹从上市以后可以说是取得了巨大的成功。为何突然遇到问题，以至于出现沪深两市最大的亏损呢？这要具体分析中国彩电市场的环境。从 1994 年四川长虹上市至 2004 年的这十年间，长虹命运随中国家电行业的兴衰而浮沉。在很长一段时期内，中国工业制造体系担负的重任是解决供应问题，巨大的内需市场具有强大的号召力，它引导像长虹这种先遣企业迅速扩大自己的生产能力。为了满足需求，长虹快速的扩张产能，而当彩电大工业化的综合产业系统发育成熟的时候，产能过剩成为必然。1996 年长虹创造了 440 万台彩电的销量，1997 年则增长至 660 万台。对于 1998 年，时任四川长虹董事长的倪润峰公开了销售 1050 万台的计划，而当时国内市场总容量不超过 2100 万台。其他彩电企业的迅速壮大，也使得市场出现供过于求的情形，在激烈的市场竞争中，长虹原来规模增大与成本降低的循环模式已经渐渐失去效用。经过几次价格大战，作为彩电业龙头企业的长虹也大伤元气。可以说，价格战把长虹推上了从未有过的历史发展高峰，也同样把长虹从顶峰最终拉入了困境。

彩电销售有一定的季节性，一般企业会有大量的库存以备销售旺季时的需求。如果没有一定的库存，在旺季时可能会出现产品短缺的情况，影响企业营业收入。然而，如果库存量太大可能会导致产品积压，致使资金无法收回，企业不能正常经营。外围分销渠道问题让中国每一个大的彩电企业都在为库存量而提心吊胆。从 1994 年开始，长虹的库存量

---

① 罗清启. 长虹之痛不是个案. 中国经济时报，2005 - 04 - 13. http://tech.sina.com.cn/it/2005 - 04 - 13/1013580595.shtml.

就在不断增长，1998 年最高额为 77.06 亿元，此后也一直在高位徘徊，如图 7-4 所示。

刚开始长虹在国内的渠道策略是大户政策和高于业内同类企业的"返利扣点"。这种渠道外包政策导致企业实际资金利用率低下。20 世纪 90 年代初，长虹与渠道大户郑百文通过建设银行建立了一种三角信用关系。主要内容是郑百义购进长虹产品，不须支付现金，而是银行对四川长虹开具 6 个月的承兑汇票，将郑百文所欠货款直接付给长虹，郑百文在售出长虹产品后再还款给建行。1997 年和 1998 年郑百文的这条渠道的收入占长虹营业收入的 30% 以上。然而，长虹的这种分销体制过多地依赖大客户的中间操作，导致长虹与消费者、终端市场的距离被拉远。1998 年郑百文事件①之后，长虹不得不重整销售渠道，然而效果并不理想。在 1999 年，长虹销售业绩同比下滑 14.5%，而营销费用反而同比增长了 25.5%。②此时，国内不少家电企业已经建立了自己的核心销售体系，长虹由于重新起步导致管理和销售成本节节攀升，在竞争激烈的市场上处于不利地位。

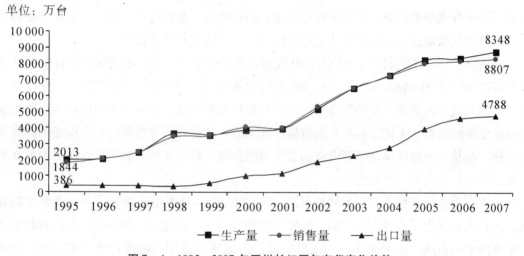

图 7-4　1995—2007 年四川长虹历年存货变化趋势

资料来源：根据四川长虹 1994—2008 年报数据整理所得。

国内市场过剩之后中国电子制造的产能必然转向国外。像长虹这种制造能力超强的企业，它会在自身产能的压力下，去寻找更大市场空间去释放自己的产能，海外市场就是长

---

① 郑州百文股份有限公司（简称"郑百文"）的前身是郑州市一个国有百货文化用品批发站，1996 年 4 月 17 日在上海证券交易所上市交易。郑百文上市后红极一时，成为当地企业界耀眼的改革新星和率先建立现代企业制度的典型，被誉为中国"国企改革一面红旗"。然而，在被推举为改革典型的第二年（1998 年），郑百文就在中国股市创下每股净亏 2.54 元人民币的最高纪录。1999 年，郑百文亏损 9.8 亿元，创下上海和深圳股市亏损之最。1999 年 12 月，郑百文欠建设银行的 20 多亿元债务被转移到信达资产管理公司。2000 年 3 月 3 日，信达公司一纸诉状把郑百文告上法院，申请郑百文破产还债。其实，郑百文根本不具备上市资格，为了达到上市募集资金的目的，公司硬是把亏损做成盈利报上去。

② 倪润峰财务冒险 长虹十年难挽经营困难. 财经时报，2004-07-20. http://finance.sina.com.cn/roll/20040720/0845881882.shtml.

虹最需要的市场。① 为了缓解长虹当时的困境，长虹开始实施大量低价出口的国际化路线。然而，这种低价策略在 2004 年遭到了美国的反倾销，使得长虹的低价政策在国外市场碰壁。由于我国彩电业属于薄利产业，所以反倾销税只要超过 10%，就基本消除了我国彩电出口美国的可能性。不仅长虹，其他家电企业也受到严重影响。国内同行竞争日趋激烈、国外品牌的大肆打压、国际化道路受阻，长虹的发展之路需要新的探索。

7.3 彩电业无序竞争的产业分析

7.3.1 彩电业价格战下的市场份额

改革开放以来，彩电业可以说是最典型的一个行业，是竞争最激烈、市场化程度最高的，也是发展最快的一个行业。伴随着我国改革开放与市场经济的发育完善，彩电业率先成为一个充分竞争的行业，经历了技术引进、消化吸收、替代进口、成功击退跨国品牌取得国内市场优势地位、踏上国际化之旅这样一个产业的完整进化过程。

我国彩电行业正式起步于 20 世纪 70 年代初，并经历了三个相对不同的发展时期：70 年代初期至 80 年代中期的产业导入期、80 年代中期至 90 年代末的产业成长期、90 年代末至今产业成熟和调整期。在经历过快速成长和成熟发展期之后，到今天彩电业的竞争已逼近过度竞争的状态。无论是前几年的价格生死大战，还是目前各个彩电企业所走的高端发展之路，都从一个角度反映了彩电业的竞争激烈程度。彩电业的发展历程折射出长虹在其发展过程中做出决策的产业背景。

一说到彩电行业就不能不提到价格战，20 世纪 90 年代彩电业快速成长，规模效应初现，各彩电企业为了争抢市场份额不断使出价格战这一"法宝"。1989 年，长虹冒政策风险单独降价的行动，虽不能算为一次价格战，但也导致我国彩电降价政策的出台。1996 年，中国彩电行业第一次真正意义上的价格战正式爆发。仍然是号称"中国彩电大王"的长虹集团首度以降价 8% ~18% 的额度拉开此次价格战的幕布。率先举起降价大旗的长虹的市场份额急剧飙升至国内第一位，最高时期的市场份额高达 37.6%。当年长虹主营业务收入和净利润也同步大幅上涨，业内也初步形成了长虹、康佳、TCL 等市场位次。② 在此次价格战前，进口彩电品牌几乎占据我国彩电消费市场近 80% 的份额，此次国产彩电降价行动直接导致国产彩电的市场份额反过来接近 80%。

但是，价格武器是把双刃剑，在夺取市场份额的同时，其负面影响也在逐步显现。残酷的价格战，最终带来的是全行业的一派萧条景象。1996—2003 年大大小小的价格战共

---

① 罗清启. 长虹之痛不是个案. 中国经济时报，2005 − 04 − 13. http：//tech. sina. cn/it/2005 − 04 − 13/1013580595. shtml.
② 血腥杀戮产业集中还看彩电业. 慧聪网，2003 − 08 − 22. http：//info. av. hc360. com/HTML/001/001/008/3936. htm.

计 11 次。在 1996 年价格战之前有高达 200 多家彩电企业，到 2003 年仅剩 30 多家彩电企业，而真正存在市场影响力的则不到 10 家。彩电企业的销售量虽然上涨了，但是由于价格战造成的利润比较低，各大企业的净利润更是直线下滑，甚至有些出现了亏损，而且也造成了消费者持币待购的心理。

为了取得更大的盈利空间，企业大多采取规模效应策略，而盲目扩大规模，造成了我国彩电业严重的产能过剩。根据国家统计局 1995 年、1996 年、1997 年、1998 年、2003 年的统计数据，彩电业生产能力利用率分别为 46.1%、47.0%、53.5%、54.8%、76.1%。同时，始于 2005 年并呈现持续态势的产过于销也证实了其产能过剩的现实，如图 7-5 所示。为了给企业庞大的产能寻求出路，彩电企业采取的主要手段往往就是价格战，如此往复，从而导致彩电业的恶性竞争。

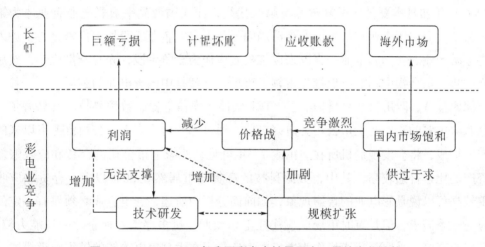

图 7-5　1995—2007 年我国彩电产销量及出口量的变化趋势

资料来源：根据中国经济信息专网行业统计数据整理所得。

2001 年底我国正式加入 WTO，国外品牌更是大举进入中国市场。经过多年的价格战，彩电市场上的利润空间已经非常稀薄，民族彩电业的产业升级已是困难重重。然而，无论是技术上，还是品牌实力上，国内企业与国外品牌之间都还存在一定的差距。入世无疑为国外品牌带来了极大的降价空间，而国内企业赖以起家的价格优势则将变得越来越微弱，甚至不复存在。中国彩电业面对国外品牌的大量进入与国内企业规模的不断扩张，竞争程度已经发展至白热化状态。企业要想在竞争中胜出，基本突围路线有三种，要么多元化，要么走高技术路线，要么国际化。为了实现企业的生存发展，我国彩电企业纷纷制定了自己的发展战略，以期在激烈的市场竞争中站稳脚跟。然而无论市场如何变化，采取价格战获得市场份额仍然是彩电企业的重要方式。特别是进入高端产品竞争时期之后，激烈的价格战致使彩电企业经常以低出成本价的价格出售产品，造成国内家电企业亏损连连。

7.3.2 彩电业无序竞争分析

2002 年以来，我国彩电业进入成熟发展期，显像管彩电（CRT）技术已臻于成熟，彩电制造业已经形成完整产业链，彩电生产量每年都在增加。同时，国内彩电需求趋于饱和，国产彩电和国外品牌共同竞争市场份额，彩电市场出现供过于求的局面，激烈竞争使得企业的盈利空间降低。2003 年，国内外一些知名彩电企业纷纷公布进军等离子彩电市场的计划，彩电业进入平板彩电高端产品市场的竞争时期。此后，核心技术优势成为企业竞争的有力工具。国内彩电企业要想在市场竞争中获得一席之地，则必须在原有规模优势基础上，通过加大研发投入培养企业的核心竞争力，取得竞争优势。但事实是否如此，有待深入分析。

2006 年年初日本夏普公司宣布筹备第八代线，而我国液晶平板彩电业企业才为第五代线。为了改变我国企业在技术上的被动局面，几大彩电企业纷纷加大投资，力争进入平板电视上游产业。我国彩电业一直以来以规模效应作为竞争手段，先有产量优势，然后体现价格优势，虽会损失利润，但抢先占领了市场，这就是中国彩电业的逻辑。

以深康佳 A、四川长虹、夏华电子、TCL 集团、海信电器、数源科技、青岛海尔、广电信息八家主要的彩电业上市公司为研究对象，通过比较这八家上市公司自上市以来的流动资产的构成，将会发现危机所在。由表 7-4 可见，八家上市公司的存货和应收账款占流动资产的比重普遍较高，其中，数源科技的存货比重居然在 50% 以上。存货和应收账款比重较高可以说是彩电业的普遍现象，如前面分析中所述，彩电企业必须保有一定的存货以应对旺季需求，但是有时市场反应往往不如预期，过多存货致使企业变现能力较差。无论是以前彩电业采取百货商场作为销售渠道还是现在大型家电连锁的销售渠道模式，都给企业回款造成一定影响。这些大型连锁店凭借其销售网络优势，通常延后支付家电企业的货款，以应付票据方式进行结算，这种财务赊销的方式，给彩电企业造成了大量的应收账款，导致资金被占用。过多存货和应收账款都使得企业容易在资金链方面出现危机。

表 7-4　　　　　　　　　　彩电业主要上市公司流动资产结构

指标 公司名称	货币资金/流动资产	存货/流动资产	应收账款/流动资产
深康佳 A	14.57%	47.60%	12.09%
TCL 集团	27.98%	28.90%	30.64%
数源科技	21.82%	56.64%	10.33%
海信电器	18.25%	45.56%	12.55%
广电信息	20.73%	18.13%	42.58%
青岛海尔	18.93%	26.66%	30.67%

表7-4(续)

指标 公司名称	货币资金/流动资产	存货/流动资产	应收账款/流动资产
四川长虹	11.38%	39.96%	20.35%
厦华电子	21.45%	36.60%	34.12%

注：表7-4中数据为上市公司自上市年度始止于2008年的平均值。其中，TCL 2004—2008年，数源科技1999—2008年，海信1997—2008年，康佳、广电、海尔、长虹，夏华1995—2008年。

资料来源：根据国泰安数据库数据整理所得。

不仅如此，我国彩电企业在投资结构上也存在不合理的现象。虽然企业规模在不断扩张，但决定企业长期可持续发展、取得核心竞争能力的专用性投资、研发投资的比重则低得多。下面以八家彩电业上市公司在固定资产、无形资产、研发及广告上的投资来分析其投资结构。

从表7-5中可以看出，公司在研发投入上所占的比重非常低，同时无形资产上的投资也较轻，而在广告方面的投资却占到了相当高的比重。其中八家公司中研发投资比重最高比例也未超过2%，对比最为鲜明的是海尔公司，在广告投入比重高居31.30%的同时其研发投入却仅为0.32%，尤其海尔还是我国家电企业中自主创新研发的示范企业。中国彩电企业多年来追求市场份额，追求量的最大化，而忽视了科研开发的投入和品牌形象的建设，从而导致了彩电业的恶性竞争。

表7-5　　　　八家彩电业上市公司投资结构（各项资产占总资产的比重）

指标 公司名称	固定资产	无形资产	研发投资	广告投资
深康佳A	13.92%	0.51%	1.49%	0.02%
TCL集团	13.49%	1.57%	0.12%	19.82%
数源科技	3.91%	0.99%	0.02%	2.10%
海信电器	13.39%	1.60%	0.03%	27.59%
广电信息	6.19%	1.61%	1.66%	2.25%
青岛海尔	21.08%	1.31%	0.32%	31.30%
四川长虹	11.59%	10.25%	0.28%	9.87%
厦华电子	10.89%	2.95%	0.01%	21.36%

注：因2008年各公司年报披露数据口径不统一，表中的数据为上市公司自上市年始止于2007年的各项平均值。其中，TCL 2004—2007年，数源科技1999—2007年，海信1997—2007年，康佳、广电、海尔、长虹，夏华1995—2007年。

资料来源：根据各公司年度报告数据整理所得。

　　中国本土企业忽视技术研发的"短视"行为，也是由于现实的无奈。由于价格大战摊薄了利润，企业没有力量投入研发，当然也没有机会分享高技术带来的利润。在彩电业竞争如此激烈的情况下，如果只是一家企业投入巨额资金开展高端产品研发，并摒弃低价格手段，在市场上，却要面对一个个低价格的竞争对手以及无数彩电企业的迅速跟踪模仿，成本大不说，风险也很大。面对来自国际一流彩电业的强大压力，国内企业只能采取价格战。

　　技术研发需要长期大量的投入、人才的培养，并面临巨大的风险，失败的风险很高。对于企业来说，技术研发是不允许连续失败的，否则将血本无归。而且，技术的产生到成熟需要时间，在这一阶段必然是质次价高。在一个自由竞争的开放市场中，如果企业坚持自主技术研发，坚持使用国产的核心部件，必然面临技术的不成熟，而丧失市场份额，在市场中不能生存。于是，那些坚持自主技术研发的企业逐渐被淘汰，生存下来的企业都是"非常善于做市场"的，也就是依靠规模效应实现低成本战略，凭借价格优势占领市场份额。然而，在这种价格战下的市场份额是在微利的基础上实现的。例如，长虹在 2008 年主营业务收入为 279.30 亿元，同比上涨 21.18%，然而净利润仅为 2.63 亿元，同比下降 40.5%。微薄的利润难以支撑企业巨大的研发投资，而研发的巨大风险，非单个企业所能承受。

　　不合理的投资结构必然将对企业的经营效益产生消极的影响。没有良好的创造现金流量的投资结构，没有充足的现金流，何以支撑企业的规模扩张与技术产品开发研究？规模经济无从实现、产品科技含量无从提高，企业效益何来？由此不难想到其经营情况与经营绩效。如表 7-6 所示，除海尔之外其他七家上市公司近四年来都处于高杠杆经营状态。资产负债率较高，一方面反映出企业通过负债经营获取杠杆效益的财务战略；另一方面也说明了企业自由资金不足，面临现金流量的约束。彩电业八家上市公司的总资产收益率也非常低（见表 7-7），更为综合地诠释了其整体较差的经营绩效。

　　厦华电子 2006 年亏损 5.23 亿元，2007 年仍然亏损 3.89 亿元，2008 年继续亏损，并且亏损额高达 10.09 亿元。因为连续三年亏损，厦华面临退市风险。TCL 集团 2004 年并购法国汤姆逊电子，2005 年和 2006 年连续两年出现亏损，终于在 2007 年扭亏为盈。2008 年广电信息的母公司上海液晶龙头企业上海广电集团因资不抵债被上海仪电控股集团公司托管，广电信息巨亏 9.9 亿元，2009 年三季报显示广电信息仍然亏损 1.61 亿元。康佳、海信、海尔、长虹等企业的彩电业务也是小幅盈利。总体来说，彩电行业利润率较低，盈利情况不佳。

表 7-6 八家上市公司的资产负债率

年份\\公司名称	2004	2005	2006	2007	2008
深康佳 A	64.13%	61.99%	64.38%	59.19%	61.97%
TCL 集团	68.61%	74.29%	79.69%	72.65%	73.22%
数源科技	55.21%	58.73%	67.33%	70.93%	74.4%
海信电器	43.18%	52.37%	46.24%	53.13%	47.99%
广电信息	51.17%	47.76%	56.42%	53.62%	67.51%
青岛海尔	13.09%	10.67%	25.33%	36.94%	37.03%
四川长虹	38.75%	36.51%	44.22%	53.35%	56.06%
厦华电子	75.45%	77.20%	91.51%	103.18%	179.37%

资料来源：根据各上市公司 2004—2008 年年报资料整理所得。

表 7-7 八家上市公司的总资产收益率

年份\\公司名称	2004	2005	2006	2007	2008
深康佳 A	1.47%	0.79%	1.03%	2.31%	2.53%
TCL 集团	0.80%	-1.07%	-8.80%	1.59%	0.42%
数源科技	0.37%	0.30%	0.12%	0.13%	-0.84%
海信电器	1.34%	1.85%	2.32%	3.38%	3.69%
广电信息	1.44%	0.16%	0.22%	0.50%	-20.27%
青岛海尔	5.20%	3.53%	3.70%	6.74%	6.56%
四川长虹	-23.52%	1.80%	1.85%	1.92%	0.12%
厦华电子	0.76%	1.60%	-13.25%	-12.34%	-44.35%

资料来源：根据各上市公司 2004 2008 年年报资料整理所得。

7.4 彩电业竞争发展趋势

7.4.1 技术高端化

1996—2001 年间我国企业发动的几次价格战把跨国巨头打得头破血流，使他们先后退出了显像管彩电市场，国内企业迅速抢回市场份额；然而，随着彩电行业技术研发不断进步，在全球市场上，显像管彩电、背投彩电市场份额从 2004 年开始呈下降趋势，而平板电视（液晶、等离子）市场快速成长。在全球平板电视市场，索尼、夏普、松下、三星、LG 等排名保持领先。2005 年，国外彩电生产商，凭借自身技术优势，在新兴的平板电视市场卷土重来。反击的力度是如此之强，即使是占全球份额不足 10% 的中国平板电视市场，价格战的发起一方也由以往"当仁不让"的中国企业变成了国外企业。①

2005 年以来，全球的彩电业进入平板消费时代，但是对中国彩电业来说，却遭遇了一个重要的困境。中国彩电业所面临的重要问题就是缺乏核心技术，在等离子（PDP）、液晶（LCD）等高端产品的核心技术上缺乏主动权。这些技术也多为国外企业所掌握，在一定程度上限制了国内彩电企业在高端产品上的竞争优势。一台平板电视的"面板"，也就是显示屏，约占整机成本的 60%，如果再加上机芯，也就是"模组"，占到成本的 15%～20%，这两个核心部件占整机成本的 80% 左右，而屏和模组主要的核心技术、关键器件掌握在日韩和中国台湾地区的一些企业手里，我国企业只能依赖进口。

我国在显现管（CRT）电视生产上拥有一整套完整的产业链。技术的成熟、生产成本的下降，引起了家电企业之间的激烈竞争。但是，进入平板时代以后，我国 CRT 电视的优势不复存在，上游的屏资源成为制约彩电企业发展的最大瓶颈。由于我国平板电视产业链不完整，没有掌握关键器件的核心技术，在平板电视生产上中国企业可以说就是处在产业链下游的组装加工程序上，完全受制于他人。

作为中国彩电业来说，要改变这个局面，应该能够自己造屏、做模组。在一个以核心技术为主的时代，中国彩电业要在激烈的市场竞争中生存，必须具备核心技术，掌握主动权，实现自身对产品的定义权。如果没有核心技术，不掌握核心部件器件，在未来的电视市场上将呈现"强者更强、弱者淘汰"的市场局面，而平板电视产品的定义权的拥有是中国彩电业再崛起的关键所在。

一直以来，我国彩电企业的研发投入严重不足，企业的研究开发尚处于起步阶段。技术开发多在外观、式样和外围电路的二次开发上，涉及核心技术的专利不多，在数字芯片、软件开发、显示器件等领域，中国彩电企业与国外企业差距更大。我国市场上出现的每一种新规格彩电，几乎全由外国公司首先推出。亦步亦趋的模仿，简单的外观改进，无休止的概念炒作，只能证明我们仅仅是彩电装配大国，还远不是彩电生产强国。技术是个积累的过程，如果不进行研发，差距会越来越大，以至于不可能追赶。基本上都是通过进口核心部件生存的本土企业，不约而同地意识到：平板电视正向成熟期过渡，必须加强核心技术的开发，进军上游产业，才可以控制成本，提升利益空间。

2006 年 1 月 22 日，TCL、创维、康佳、长虹四家彩电巨头与深圳市深超科技投资公司连手，在五洲宾馆正式宣布成立深圳聚龙光电有限公司，共同向平板显示产业高端领域

---

① 彩电业艰难转型 聚龙项目能否拯救彩电业，中国经济网，2006 - 04 - 7. http：//www.ce.cn/cysc/jiadian/main/yaowen/200604/07/t20060407_6628619.shtml.

进军。[①] 2007 年 9 月，中国电视行业第一条自主组建的液晶模组生产线在海信建成，2008 年，海信液晶模组二期工程建成投产，年产能达到 150 万片，并可生产 47 英寸以上的大尺寸液晶模组和 LED 背光模组。[②] 随着国内各大企业对平板上游产业的深入开发，国产平板电视自主生产的比重大幅提高，这从根本上提升了中国彩电企业在终端市场上的产品竞争力。

2006—2008 年，因受制于上游面板产业链的缺失，本土彩电巨头一度失守平板彩电市场第一阵营，外资品牌每逢旺季，便以价格战挤压国产品牌市场份额，国产彩电节节败退。在此期间，国内彩电巨头纷纷加大技术投资，进军上游产业，再加上我国"家电下乡"等惠民政策的实施，2009 年彩电行业安内之后开始攘外，开始掌握降价促销的主动权，在平板电视上的市场份额不断上升，超过国外品牌。然而，彩电市场几大巨头对峙的情形一时不会改变，中国彩电业仍然是开放程度最高、竞争最充分的产业。

7.4.2 渠道多元化

渠道在整个家电产业链的重要性不言而喻。近年来，国内家电连锁零售业经过大规模扩张和并购重组，出现了"国美与苏宁双寡头竞争"的市场格局。对于面临着行业产品更新换代速度快和上游资源严重匮乏的中国彩电品牌来说，大中城市的双寡头竞争显然又是对它们的沉重一击。随着大型家电连锁的整合，可供厂家选择的连锁销售渠道越来越少，大型家电连锁凭借其终端强大的影响力和消化力，如今已经占据了中国一、二线城市家电市场 80% 以上的零售份额，在与彩电制造企业谈判中拥有越来越大的话语权。对于彩电厂家来说，不进大连锁就等于是放弃了一、二线城市市场。彩电制造企业进入专业渠道的成本剧增，它们不得不支付高昂的进场费、选位费、促销费等，还要承担额外的返点、特价商品差额补偿等，这些费用转而成为家电卖场利润的重要来源。[③] 规模越大的家电连锁其延后支付企业货款的能力越强，国美电器 2007 年的应付账款周转天数为 123 天，2008 年为 115 天，对于家电制造企业来说也意味着应收账款周转较慢，资金被销售渠道占用，给企业带来现金流风险。

面对高昂的渠道成本和大型渠道商的控制，越来越多的彩电生产企业为获取竞争优势而直接介入终端，分销渠道渐呈扁平化特征。有的品牌建立专卖店，有的品牌直接深入地级、县级甚至乡镇建设终端网络。制造企业之间的竞争导致利润摊薄，通过减少流通费用来提高企业的利润是一种重要途径。随着三、四级市场消费力的逐渐释放，加上我国家电

① 黄汉英．彩电四巨头联手进军平板上游．南方都市报，2006－01－24．http：//tech.sina.com.cn/it/2006-01-24/1341828417.shtml.

② 国产彩电占有率超七成．信息时报，2009－05－15．http：//tech.sina.com.cn/e/2009-05-15/16543097013.shtml.

③ 刘立新．家电渠道争夺战．新财经，2007－11－05．http：//business.sohu.com/20071105/n253066727.shtml.

下乡政策的推进，彩电企业在三、四级市场上的自建渠道和开拓的其他渠道取得了不俗的成绩。然而，对于家电制造企业而言，自建渠道需要巨额资金投入，对企业的资金链是严峻的考验；另外，专业化运作也是一大难题。

不仅彩电制造企业之间竞争激烈，不同渠道之间的竞争也在不断升级，制造商与渠道商之间的矛盾也从未间断。当渠道竞争变成单纯的价格战或是渠道商和制造商之间的价格打压时，渠道的供应模式将发生新的变化。目前，家电连锁、网上商城、购物超市、百货商场、品牌专卖店等多种渠道并存，制造企业可以根据自己的企业特征理性寻求渠道模式，而不应盲目追求产品销量，不控制成本。其实，在家电产品的整个生命周期里始终保持竞争力的销售渠道是不存在的。随着企业的发展和外部环境的变化，渠道模式的变革是必要的。渠道的多元化发展，机会与威胁并存，彩电企业采取合理渠道策略，提升企业渠道竞争力，也是在激烈的市场竞争中求得发展的重要手段。

7.5　企业竞争的财务策略

2004 年四川长虹的巨亏是因为其巨额的海外应收账款无法收回；然而，长虹开拓海外市场的深层次原因则是国内彩电市场需求饱和，市场竞争激烈，彩电企业利润下降。企业的行为离不开行业的背景，国内彩电业的无序竞争是彩电业频频亏损或利润微薄的最主要原因（如图 7 - 6 所示）。在我国彩电行业内，大多数企业都是"销售导向型"而非"研发导向型"。长久以来，我国彩电企业为争夺市场份额不断采取价格大战，造成企业利润降低，而低利润空间也无法支撑企业的技术研发。没有核心技术，当然也无法分享技术更新带来的利润，彩电企业只能进行规模扩张，通过规模效应来提升利润空间；然而大规模的扩张致使市场竞争更加激烈，进一步加剧了企业的价格战，降低了企业的利润空间。彩电企业为抢占一时的市场份额，而不惜牺牲企业可持续发展的利润、品牌、技术等重要动力。

在激烈的市场竞争过程中，那些经历过成功或者失败的彩电生产企业，都为自身的发展积累了丰富的市场操作经验，为下一阶段的可持续性增长奠定了良好的基础。在目前的市场环境下，高端发展之路初显端倪，价格竞争受到一定的局限。国内大型彩电企业开始注重产品的科研开发，也将重点转向了高端技术领域，高清、数字、液晶等高档产品成为主导产品。所谓"技术进一步，价格让一步"，价格优势仍是彩电企业的发展逻辑。一旦高端发展之路步入快速成长期，价格因素可能又会显现。彩电企业如何在激烈的市场竞争中通过合理的财务策略取得高收益需要进一步的思考。

经过多年的市场化发展，整个家电行业快速发展的同时，行业内部的各种技术标准缺失严重，市场竞争无序。我国彩电业产销量都在增长，但是单品价格不断下滑，企业盈利水平较差，整体竞争同国外同行相比仍然存在较大差距。在标准缺失的背后是国家对家电

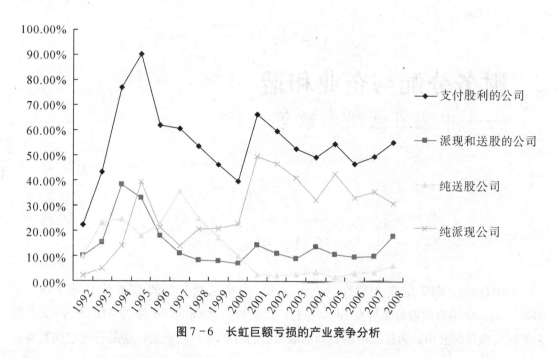

图7-6 长虹巨额亏损的产业竞争分析

行业快速发展的始料未及，配套体系的建立跟不上形式的发展，包括相关行业标准、检验检测设备、前沿技术的开发等，使得企业在参与市场竞争时没有一个标准可以依据。[①]

　　我国彩电业应在已经具有的规模优势和产业优势的基础上，实现技术创新和产业链优化，实现新一轮的产业扩张。对于国内的彩电消费市场，价格依然是最具杀伤性的武器。企业如何在附加值与价格之间取得平衡，才是企业赢得市场的关键。其实，市场竞争的优势不仅仅局限于价格，而是企业的品牌、产品、技术、服务等综合因素所带来的整体竞争优势。走出国内，参与国际竞争，我国才能成为真正的彩电生产强国。

---

　① 沈闻涧.家电观察与透视.北京：中国农业出版社，2006.

8 财务分配与企业和谐
——中国石油股利政策分析

8.1 引言

中国石油自 2007 年在 A 股高调上市以来，股价从刚开盘的 48.6 元急剧下跌，至 2009 年底，中国石油股价维持在 13 元左右，最低价为 2008 年 10 月 27 日的 9.96 元。作为亚洲最赚钱的公司，为什么中国石油的股价会自开盘来一路走低？这是否与它的财务分配政策有关？

我国大部分上市公司采取了不分红的股利政策，最典型的就是五粮液公司的"铁公鸡"——不分红，只配股，也不提公积金。但也有少数分红的公司，如佛山照明年年进行高派现等。这些现象说明我国上市公司在股利政策制定上还显得不成熟、不稳定。作为石油天然气行业的主导企业，中国石油的股利政策是怎样的呢？是一如其行业地位一样受人称赞，还是和大多数上市公司一样显得不成熟，又或者跟其股价受欢迎度一样大涨大落？

8.2 我国上市公司财务分配形式与特征

由于我国上市公司股权结构和市场法规不完善，上市公司的股利分配政策存在一些不规范之处。大部分上市公司的股利分配政策显得相对混乱，呈现出典型的短期行为特征。表 8-1 表明了我国 A 股上市公司历年来的股利发放情况，其比例走势如图 8-1 所示。

表 8-1　　　　　　　　　　我国 A 股上市公司历年股利分配情况　　　　　　　　单位：家

年份	纯派现	纯送股	派现和送股	支付股利公司	A 股上市公司数
1992	1	4	4	9	40
1993	8	38	25	71	164
1994	38	68	105	211	274
1995	117	54	98	269	298
1996	107	114	90	311	501

表8-1(续)

年份	纯派现	纯送股	派现和送股	支付股利公司	A股上市公司数
1997	98	252	78	428	707
1998	168	202	67	437	813
1999	192	157	74	423	911
2000	237	104	74	415	1047
2001	558	30	160	748	1126
2002	557	27	130	714	1197
2003	517	33	115	665	1264
2004	441	49	185	675	1364
2005	588	22	146	756	1379
2006	484	48	140	672	1445
2007	562	58	158	778	1571
2008	512	104	298	914	1648

注：对于一年内进行多次股利分配的公司只计一次。

资料来源：根据国泰安数据库数据整理所得。

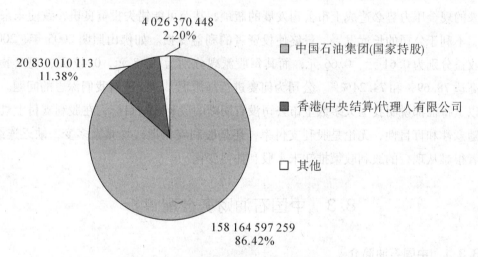

图8-1 我国发放股利的上市公司比率趋势

资料来源：根据国泰安数据库数据整理所得。

与西方国家主要以现金分配相比，我国有派现、送股、既派现又送股等股利发放形式，并且有的公司在分配股利时还伴随着配股和转增股本等股本扩张行为。从表8-1和图8-1可以看出，上市公司中发放股利的公司比例从1992年开始急剧上升，到1995年达到最大，为90.27%。1995年后又急剧下降，到2000年开始回升，之后保持在50%左右。发放纯股票股利的公司比例从1992年开始增加，到1997年达到最大，但从1998年开始呈现递减趋势，到2001年后基本维持在3%左右。这可能因为政府从1998年开始，对股票股利开始征收 20% 的所得税，股票股利避税功能丧失。发放纯现金股利的公司比例自 2001 年急剧增长，之后波动较大。这反映出我国上市公司各年的股利政策不稳定。这主要是因为 2000 年以前，中国证券监督管理委员会并没有对上市公司现金分配作出规定，2000 年后中国证券监督管理委员会把现金分红作为上市公司再融资的必要条件，因此，上市公司不得不考虑实施派现方案，使派现方式在 2000 年后成为股利发放的主流方式。而还有一种股利形式就是既派现又送股，1995 年以前这曾是股利发放的主流方式，之后采取这种股利形式的公司比例维持在 10% 左右，没有较大的波动。

我国不分配股利的上市公司普遍存在，1995—2000 年其比例一直在增加，2000 年后其比率基本维持在 50% 左右，说明有半数的上市公司没有支付股利。其中比较典型的就是五粮液公司的"铁公鸡"事件。它 2007 年是"一毛不拔"，2008 年每股派现 0.05 元，相对于其每股收益 0.477 元来说①，可谓微乎其微。四川长虹更是从 1999—2006 年一分钱未分。这说明，我国大多数上市公司没有履行回报投资者的责任。

除此之外，我国上市公司中还有进行高派现的现象。高派现是指上市公司发放每股现金股利大于每股收益，或者大于每股经营性净现金流量。高派现意味着上市公司必须动用以前年度累积的利润或现金来进行分红，不仅可能导致以后年度派现能力的下降，而且其所带来的现金压力势必造成上市公司发展的瓶颈，甚至可能错失投资良机，致使未来收益下降，不利于公司的长远发展，最终使投资者的利益受损。如佛山照明 2005 年、2006 年每股收益分别为 0.61 元、0.66 元，而其每股派现分别为 0.48 元、0.49 元，现金股利支付率高达 78.69% 和 74.24%②。公司为何要进行高派现，这是值得我们深思的问题。

以上特征都说明我国大多数上市公司没有明晰的股利政策目标，在股利支付上具有较大的随意性和盲目性，无论是股利支付率，还是股利支付形式均频繁多变，缺乏连续性，投资者很难从现行的股利政策推知未来股利如何变化。

8.3 中国石油财务分配评析

8.3.1 中国石油简介③

（1）成立背景

1999 年 11 月 5 日中国最大的国有企业之一——中国石油天然气集团公司（简称"中国石油集团"）独家发起设立了中国石油天然气股份有限公司（简称"中国石油"），它是

---

① 资料来源于新浪财经（http：//money. finance. sina. com. cn/corp/go. php/vISSUE ＿ ShareBonus/stockid/000858. phtml）。
② 资料来源于新浪财经——佛山照明股票（http：//money. finance. sina. com. cn/corp/go. php/vFD ＿ ProfitStatement/stockid/000541/ctrl/part/displaytype/4. phtml）。
③ 本小节数据除特殊说明外，均来自中国石油主页和年度报表。

中国油气行业占主导地位的油气生产商和销售商，是中国销售收入最大的公司之一，也是世界最大的石油公司之一。截至 2009 年第三季度，中国石油集团控制中国石油 86.42% 的股份。其详细控股情况如图 8 - 2 所示。

图 8 - 2　中国石油控股情况

资料来源：根据中国石油 2009 年第三季度报告整理所得。

（2）三地上市

中国石油在美国以发行上市存托凭证方式，在中国香港以发行 H 股方式，于 2000 年 4 月 6 日及 7 日，分别在纽约证券交易所有限公司及香港联合交易所有限公司上市（纽约证券交易所美国托存股 ADS 代码 PTR，香港联合交易所股票代码 857），以每股 1.28 港币（每份 ADS16.44 美元）的价格发行 1 758 241.88 万股 H 股（其中包括 41 345 210 份 ADS）。该次发行 H 股包括由中国石油发行的 15 824 176 200 股股份以及由中国石油集团公开出售其持有的中国石油 1 758 241 800 股股份。通过该次发行中国石油募集资金净额约 203.37 亿元。

2005 年 9 月中国石油以每股 6.00 元港币的价格增发了 3 196 801 818 股 H 股。国资委于 2005 年 8 月 18 日作出决定，同意中国石油集团在中国石油增发新股时同步减持 319 680 182 股国家股。通过该次增发公司募集资金净额约为 196.92 亿元。

2007 年 10 月，经中国证券监督管理委员会批准，中国石油以每股 16.7 元人民币的价格发行 40 亿股 A 股，募集资金 662.43 亿元并于 2007 年 11 月 5 日在上海证券交易所上市（股票代码 601857）。上市当天以 48.6 元的高价开盘，43.96 元收盘。这意味着中国石油的总市值，瞬间达到 1 万亿美元，超过埃克森美孚一倍以上，一举成为全球市值最大的"超级股王"。之后其股价却一路走低，到 2010 年 1 月 4 日，已跌为 13.63 元。其具体的股价走势如图 8 - 3 所示。

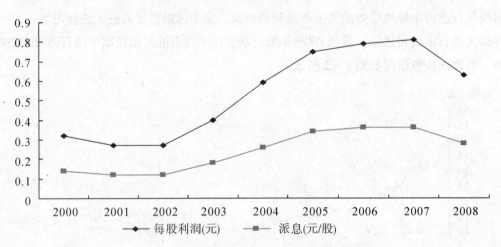

图 8-3 中国石油 2007—2009 年 A 股股价走势

资料来源：根据新浪财经中国石油 A 股股价数据整理所得。

（3）行业地位

中国石油是中国主要的油气生产商和供应商之一，油气勘探开发业务在国内居主导地位，油气产量和储量位居世界大型石油公司前列。在国内拥有大庆、长庆、塔里木、新疆、辽河、四川等多个油气区，在国内的原油年产量占全国的 57% 左右；天然气业务快速发展，连续六年保持两位数百分比的增长幅度，国内年产量占全国的 80% 左右；拥有年原油一次蒸馏能力 1.27 亿吨，形成以东北、西北、西南地区为主，覆盖全国的市场营销网络，拥有中国成品油市场 40% 左右的份额。

中国石油在全球石油上市公司中也保持着较强的竞争力。公司的海外油气投资业务已扩展到非洲、中亚、南美、中东、亚太地区 14 个国家的 27 个项目，涉及油气勘探、开发、管道建设、炼油化工、成品油销售等领域。截至 2008 年年底，海外业务实现油气净产量 9210 万桶油当量，同比增长 50%，占公司总产量的 7.8%。公司储量排名全球石油上市公司第二，仅次于埃克森美孚；产量也屈居于埃克森美孚、壳牌、英国石油之后，排名第四。[①]

《财富》杂志所公布的中国石油在全球 500 强中的排名（以主营业务收入为排名标准）也更有力地说明其国际地位的不断提高，如表 8-2 所示。

表 8-2　　　　　　　　　　　　　　中国石油全球 500 强中的排名

年度	2001	2002	2003	2004	2005	2006	2007	2008	2009
排名	83 位	81 位	69 位	52 位	39 位	24 位	24 位	25 位	13 位

资料来源：《财富》杂志中文版 500 强排名（http://www.fortunechina.com/fortune500/）。

---

① 资料来源于新浪网——中国石油专题（http://finance.sina.com.cn/focus/PTRalist/）。

8.3.2 中国石油股利分配政策评价

（1）三地分配与歧视性股利政策

中国石油2000—2008年股利发放和融资情况如表8-3所示。

表8-3 中国石油 2000—2008 年股利发放情况

		2000	2001	2002	2003	2004
净利润（亿）		544.8	468.08	469.1	696.14	1029.27
每股利润（元）		0.32	0.27	0.27	0.4	0.59
每股股利（元）		0.141 357	0.119 807	0.120 064	0.178 165	0.263 43
股利（元）	原有股	22 368 614 394	18 958 499 294	18 999 167 488	28 193 185 930	41 685 690 060
	A 股					
	H 股	1 900 954 376	1 611 152 196	1 614 608 305	2 395 944 569	3 542 579 507
	ADS	584 443 485	495 344 557	496 407 129	736 626 934	1 089 156 867
	合计	24 854 012 255	21 064 996 047	21 110 182 923	31 325 757 433	46 317 426 434
	总支付率	45.62%	45.00%	45.00%	45.00%	45.00%
分红比率	原有股	41.06%	40.50%	40.50%	40.50%	40.50%
	A 股					
	H 股	3.49%	3.44%	3.44%	3.44%	3.44%
	ADS	1.07%	1.06%	1.06%	1.06%	1.06%
融资（元）	A 股					
	H 股	23 914 339 030				
	ADS	5 627 702 432				
	净额	20 000 000 000				
		2005	2006	2007	2008	合计
净利润（亿）		1333.62	1422.24	1456.25	1137.98	8557.48
每股利润（元）		0.75	0.79	0.81	0.63	0.536 66（均值）
每股股利（元）		0.338 044	0.357 505	0.362 549	0.281 36	0.240 25（均值）

表8−3(续)

		2000	2001	2002	2003	2004
股利 (元)	原有股	53 435 068 681	56 457 932 430	57 254 491 391	44 432 955 815	341 785 605 483
	A 股			627 436 000	1 125 440 000	1 752 876 000
	H 股	5 180 090 510	6 064 850 314	6 150 418 642	4 773 097 675	33 233 696 095
	ADS	1 397 650 017	1 478 111 930	1 498 966 454	1 163 288 829	8 939 996 202
	合计	60 012 809 208	64 000 894 675	65 531 312 487	51 494 782 319	385 712 173 780
	总支付率	45.00%	45.00%	45.00%	45.25%	45.07%
分红 比率	原有股	40.07%	39.70%	39.32%	39.05%	39.94%
	A 股			0.43%	0.99%	0.68%
	H 股	3.88%	4.26%	4.22%	4.19%	3.88%
	ADS	1.05%	1.04%	1.03%	1.02%	1.04%
融资 (元)	A 股			66 800 000 000		66 800 000 000
	H 股	21 959 726 794				45 874 065 823
	ADS					5 627 702 432
	净额	19 692 000 000		66 243 000 000		105 935 000 000

注：原有股指中国石油成立时的注册股本，A 股指中国石油 2007 年在上海证券交易所发行的股票，H 股指中国石油 2000 年和 2005 年在香港证券交易所发行的股票，ADS 指中国石油 2000 年在纽约证券交易所发行的美国托存股份。

资料来源：根据中国石油年度报表整理所得。

从表 8−3 可以看出，与大多数上市公司不分配股利的行为相反，中国石油采用固定股利支付率的股利政策，平均每年每股派发现金股利 0.24 元，平均股利支付率为 45.09%，2000—2008 年总共发放了 3857.12 亿元的现金股利，远远超过了其融集的资金 1059.35 亿元，回报率为 364.10%。

中国石油在香港、纽约两个证券市场上的平均股利支付率分别为 3.88%、1.04%。其在香港和纽约市场上总共发放股利 42 173 692 297 元，融资净额为 39 692 000 000 元，可见这两个市场的股东只靠股息就已收回成本。而中国石油在上海证券交易市场上利用发行 A 股融资 66 243 000 000 元，远远超过了发行 H 股和 ADS 股所融集资金，但其共发放股利 1 752 876 000 元，平均股利支付率仅为 0.68%。中国石油通过 A 股融资最多，融资成本最小，但对 A 股股东的支付率却最低，可见中国石油对三个证券市场上的股东支付的收益并不公平，存在歧视性分红现象，即把更多的利润分配给国外的股东，而对国内股东的分配却少之又少。

（2）中国石油股利政策评价

分析股利政策就要看它支付多少和以什么形式支付，即股利支付率和股利支付形式。

好的股利政策就是选择合适的支付率和形式，以使公司、股东（中国石油的股东包括政府）、社会（国企的责任）等利益相关方达到一个和谐的状态。下面从股利支付率和股利支付形式两方面来分析中国石油的股利政策。

①中国石油固定股利支付率

固定股利支付率政策是确定一个股利占盈余的比例，长期按此比率支付股利的政策。在这一股利政策下，各年股利随公司经营的好坏而上下波动，获得较多盈余的年份股利较高，获得盈余较少的年份股利较低。它的优点是股利与公司盈余紧密地配合，体现了多盈多分、少盈少分、无盈不分的股利分配原则。而它的缺点是股利波动较大，极易造成公司不稳定的感觉，不利于稳定公司的股票价格，股利支付率的确定难度大。那么，中国石油是否适合采用固定股利支付率的股利政策呢？答案是肯定的，因为固定股利支付率的股利政策适合处于稳定发展且财务状况也较稳定的公司。而中国石油的利润连年增长，即使是在发生金融危机的2008年它仍然夺得"亚洲最赚钱的公司"的称号，这正说明了中国石油的业务日臻成熟，发展逐渐稳定，所以中国石油采用固定股利支付率的股利政策是合理的。

固定股利支付率的股利政策的一个缺点就是股利支付率的确定难度大。中国石油的股利支付率维持在45%左右，那么这个支付率是否合理呢？表8-4是中国石油与国内外主要油气公司股利发放情况对比。

表8-4　　　　　中国石油与国内外主要油气公司2002—2008年股利支付率

年份	支付率			
	中国石油	中国石化	皇家荷兰/壳牌集团	埃克森美孚公司
2000	45.62%		40.89%	34.55%
2001	45.00%		91.31%	40.82%
2002	45.00%	49.08%	72.09%	54.25%
2003	45.00%	41.10%	50.74%	30.29%
2004	45.00%	32.26%	46.69%	27.22%
2005	45.00%	28.51%	41.71%	19.89%
2006	45.00%	25.68%	32.00%	19.31%
2007	45.25%	26.81%	28.73%	18.77%
2008	45.07%	35.09%	36.28%	18.93%
平均支付率	45.09%	34.08%	48.94%	29.34%

资料来源：中国石化数据来自新浪财经（http://money.finance.sina.com.cn/corp/go.php/vISSUE_ShareBonus/stockid/600028.phtml），其余三个公司的数据根据各公司的年度报表整理所得。

埃克森美孚公司、皇家荷兰/壳牌集团、中国石油、中国石化分别在2008年美国《石油情报周刊》公布的世界 50 大石油公司名单位列第 3、5、7、25 位。①从表 8 - 4 中可以看出，除了中国石油采取固定股利支付率外，其他三个公司的股利支付率都在变化。虽然这三个公司 2001—2003 年的支付率都较高，皇家荷兰/壳牌集团 2001 年更是高达 91.31%，但之后它们的股利支付率都比中国石油的低。中国石油的平均股利支付率高于国内的中国石化和国外的埃克森美孚，但略低于皇家荷兰/壳牌集团。这说明中国石油的股利支付率在国内石油行业中较高，但在全球行业中只是处于中等位置。到底是什么决定了中国石油这样的股利支付率？

公司的股利政策必然要考虑到公司的发展和股东反应两个方面，我们就从这两个方面来看中国石油的股利支付率是否合理。

中国石油每年都在进行积极投资与收购，不断扩大自身规模，其资金需求量很大。公司的资金可以从内部留存收益获得，也可以通过外部融资获得。而中国石油自成立以来一共只进行了三次外部股权融资。一次是在 2000 年 4 月 7 日，公司发行 17 582 418 000 股每股面值人民币 1.00 元的股票，其中 13 447 897 000 股为 H 股，41 345 210 股为美国托存股（每托存股份等于 100 股 H 股）。H 股及美国托存股份的发行价分别为每股港币 1.28 元和每股托存股份 16.44 美元。中国石油所得款项净额约为人民币 200 亿元。第二次是在 2005 年 9 月，中国石油以每股港币 6.00 元的价格增发了 3 196 801 818 股 H 股，发行股份所得款项净额约为人民币 196.92 亿元。第三次是在 2007 年 11 月 5 日，中国石油以每股人民币 16.70 元的价格发行了 4 000 000 000 股 A 股，发行股份所得款项净额约为人民币 662.43 亿元。除此之外，中国石油并没有像大多数上市公司一样进行送股或转增股本融资，每年都是只发放现金股利。这说明中国石油在面对投资机会时，资金相对充裕，并不需要采用送股或转增股本等既发放股利又间接融资的形式进行融资。换句话说，中国石油是在考虑了公司的发展前景，把握了投资机会的情况下，还有剩余资金，所以才进行了现金股利分配，它的股利政策是适合公司发展的。

问题的另一方面，股东是否满意中国石油 45% 的股利支付率？对于 2000 年买入中国石油股份的股东，其只靠股息就早已收回成本了，但对于 2007 年中国石油在 A 股上市时买入股份的股东，其要靠股息收回成本很难。如果没有突发性暴涨，投资者需要在该股上苦熬多年。中国石油 2008 年发放股利每股共 0.28 元，而派息日（2009 - 06 - 19）的股价为 14.12② 元，回报率为 1.98%，而同期银行一年期存款利息为 2.25%。这意味着，投资中国石油的股票还不如把钱存入银行。所以，对于这部分股东，其股利支付率是比较低的。这导致了网上对中国石油的批评声不断，甚至有人编出中国石油版《吉祥三宝》，借以发泄心中的怨愤。可见，中国石油的股利支付率并没有得到所有股东的认可。因此，其

① 资料来源于 http://www.mysteel.com/gc/pzrd/2009/12/07/113726，2156519.html。
② 资料来源于 google 财经（http://www.google.cn/finance? q = SHA：601857）。

股利支付率还有待调整。

　　②现金股利和每股利润的关系

　　中国石油每年的股利形式只有一种——现金股利,这说明中国石油每年的现金充足,在满足了投资需求外,还有剩余现金作为股利发放。

　　从图8-4看出,现金股利在一定程度上和每股利润呈正相关关系。这说明公司每股利润的高低是影响公司发放现金股利的一个因素。那么中国石油的巨额利润到底是从哪里来的?为什么它能在金融危机中依然稳赚不亏并且照常分配现金股利?

单位:亿元

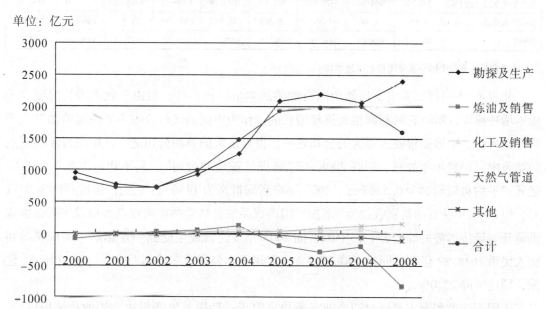

图8-4　中国石油每股利润和每股股利

资料来源:根据中国石油年度报表整理所得。

8.4　中国石油盈利能力分析

8.4.1　利润结构

　　公司要进行分红,必然要有利可分,因此,公司利润的多少便成为公司是否进行分红的一个关键因素。中国石油年年进行分红,而且支付率保持在45%左右,那它是否有相应的盈利能力作为其分红的保障呢?中国石油历年收益如表8-5所示。

表8-5　　　　　　　　　　　　　　中国石油损益　　　　　　　　　　　　　　单位:亿元

	2000	2001	2002	2003	2004	2005	2006	2007	2008
营业额	2419.92	2388.93	2444.24	3037.79	3886.33	5522.29	6889.78	8350.37	10 711.46

表8-5（续）

	2000	2001	2002	2003	2004	2005	2006	2007	2008
经营支出总额	(1562.33)	(1666.76)	(1720.83)	(2045.93)	(2420.47)	(3600.58)	(4910.02)	(6351.82)	(9118.46)
经营利润	857.59	722.17	723.41	991.86	1465.86	1921.71	1979.76	1998.55	1593.00
融资成本总额	(42.92)	(31.00)	(33.69)	(18.49)	(12.69)	(7.50)	(10.80)	(24.71)	(17.70)
应占联营公司的利润	5.84	3.41	2.68	9.85	18.24	24.01	22.77	69.97	42.99
税前利润	820.51	694.58	692.40	983.22	1471.41	1938.22	1991.73	2043.81	1618.29
税项	(269.85)	(230.54)	(222.31)	(28,0.72)	(425.63)	(541.80)	(497.76)	(491.52)	(351.78)
除少数股东损益前利润	550.66	464.04	470.09	702.50	1045.78	1396.42	1493.97	1552.29	1266.51
少数股东损益	1.65	4.04	(0.99)	(6.36)	(16.51)	(62.80)	(71.73)	(96.04)	(122.20)
净利润	552.31	468.08	469.10	696.14	1029.27	1333.62	1422.24	1456.25	1144.31

资料来源：根据中国石油年度报表整理所得。

从表8-5中可以看出，虽然中国石油的成本呈增长趋势，但由于收入增长速度大于成本增长速度，所以它的利润也是逐年增长的。作为中国油气行业占主导地位的油气生产商和销售商，中国销售收入最大的公司之一，世界最大的石油公司之一，中国石油在激烈的竞争中，仍然年年盈利，蝉联2008年"亚洲最赚钱的公司"。其平均每年盈利951.67亿元，平均每股利润为0.5367元，2007年净利润最高为1456.25亿元，每股利润为0.81元。但2008年受石油特别收益金①增加、国内成品油价格受国家宏观调控以及国际金融危机蔓延等经济形势的综合影响，中国石油2008年度经营业绩受到一定影响，实现税前利润人民币1618.29亿元，同比下降21.0%，归属于本公司股东的利润为人民币1144.31亿元，同比下降22.0%。

中国石油的利润主要通过四个业务板块来取得：勘探及生产板块、炼油及销售板块、化工及销售板块和天然气及管道板块。勘探与生产板块从事原油和天然气的勘探、开发、生产和销售；炼油与销售板块从事原油和石油产品的炼制、运输、储存和销售，化工与销售板块从事基本石油化工产品、衍生化工产品及其他化工产品的生产和销售，天然气与管道板块从事原油和天然气的输送及天然气的销售。

中国石油主营业务盈利情况如表8-6所示。

表8-6　　　　　　　　　中国石油业务板块盈利情况　　　　　　　　　单位：亿元

	2000	2001	2002	2003	2004	2005	2006	2007	2008
勘探与生产	951.43	769.32	721.39	923.70	1255.71	2080.80	2198.60	2065.87	2401.98
炼油与销售	(87.42)	(22.46)	28.18	50.35	119.81	(198.10)	(291.64)	(206.80)	(829.70)
化工与销售	0.70	(23.74)	(31.62)	10.41	76.55	32.76	50.58	78.31	(28.77)

① 石油特别收益金是指在国产原油销售价格超过一定水平时，国家按一定比例从石油开采企业销售国产原油所获得的超额收入中征收的特别收入。

表8-6(续)

	2000	2001	2002	2003	2004	2005	2006	2007	2008
天然气与管道	0.14	7.22	15.52	19.22	25.35	31.83	89.86	124.95	160.57
其他	(7.26)	(8.17)	(10.06)	(11.82)	(11.56)	(25.58)	(67.64)	(63.78)	(111.08)
合计	857.59	722.17	723.41	991.86	1465.86	1921.71	1979.76	1998.55	1593.00

资料来源：根据中国石油年度报告整理所得。

各板块利润走势如图8-5所示。

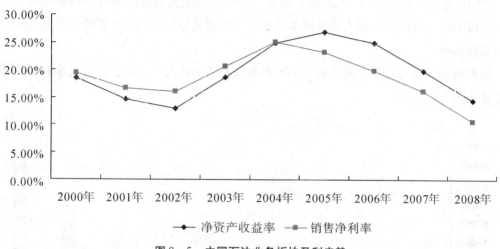

图8-5　中国石油业务板块盈利走势

资料来源：根据中国石油年度报告整理所得。

从表8-6和图8-5中可以看出，勘探与生产板块是中国石油经营利润的重要支柱，其利润除了2001年、2002年和2007年比前年有所下降外，大体呈现上涨的趋势。2001年和2002年利润的下降主要是因为原油的销量和价格都有所下降，而成本有所上升。中国石油原油价格与国际油价直接接轨，且国内原油价格受国际市场滞后作用的影响，平均实现销售价格下降4.79%，从截至2001年的每桶23.61美元下降至截至2002年的每桶22.48美元。并且由于2002年为便于管理中国石油将塔里木、长庆、西南三个油气田的小炼厂划入本板块管理，导致采购、服务及其他支出增加，勘探费用增加以及由于增加成本节约奖、超产奖引致雇员酬金成本增加。2007年虽然原油价格一路飙升，但其销量有所下降，并且国际原油价格高位运行，导致公司销售国产原油缴纳的石油特别收益金大幅增加，所以2007年本板块利润也有所下降。

天然气板块虽然每年盈利并不多，不过却是一直呈增长的态势，发展良好，这与中国石油积极开发天然气气田、铺建天然气管道、增加加气站是分不开的。不过与天然气的良好发展态势相比较，炼油与销售和化工与销售板块的情况却不尽如人意，收入不断在波动，甚至出现亏损，尤其是炼油与销售板块从2005年起一直在亏损，并且越来越严重。

这主要是受供求因素影响，成品油销量总体涨幅不大。并且因为国家对国内成品油价格宏观调控，成品油出厂价格未与国际市场成品油价格完全接轨，而受国际原油价格及其他生产资料价格上涨的影响，原油购买支出及炼油加工费却相应增加。另外，油品供应业务增加也使得经营支出相应增加，存货跌价准备及炼油装置减值准备也大幅增长。因此，国内成品油价格涨幅远低于原油价格涨幅，该板块也就一亏再亏。

图 8-5 还有一个值得注意的地方：合计后的经营利润和勘探与生产板块的利润趋势基本相同，但 2008 年的经营利润却异常走低，从 2007 年的 1998.55 亿元下降到 2008 年的 1593.00 亿元，同比下降 20.29%。这除了受炼油与销售板块巨额亏损的影响外，还受到石油特别收益金增加、国内成品油价格受国家宏观调控以及国际金融危机蔓延等经济形势的综合影响。

利润的获取受盈利能力的影响，中国石油盈利能力指标——净资产收益率和销售净利率走势如图 8-6 所示。

单位：亿元

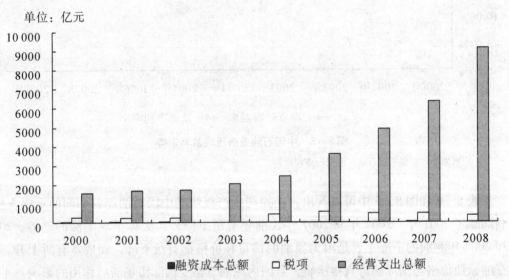

图 8-6 中国石油历年 12 月 31 日资产收益率和销售净利率走势

资料来源：根据中国石油年度报表整理所得。

从图 8-6 中可以看出，中国石油的净资产收益率和销售净利率的趋势大致相同，2000—2002 年呈下降趋势，然后开始上涨，2005 年后又开始下降。这说明中国石油的盈利能力经过公司初期发展后逐渐增加，但自 2005 年来却明显下降。到底是什么原因造成了中国石油盈利能力的这种趋势呢？这就要分析其收入结构和成本结构。

8.4.2 收入结构

中国石油主要产品——原油、成品油（汽油、柴油、煤油）、天然气的销售和价格情况如表 8 - 7 所示。

表 8 - 7 中国石油 2001—2008 年主要产品销量

产品		单位	2001	2002	2003	2004	2005	2006	2007	2008
原油		亿桶	7.16	7.35	7.26	7.302	7.888	8.328	7.774	8.494
成品油	汽油	万吨	1817	1900	1987	2171	2616	2399	2700	2940
	柴油	万吨	3155	3317	3668	4318	4781	4886	5438	5608
	煤油	万吨	193	188	197	212	201	205	378	480
	总计	万吨	5164	5405	5834	6701	7598	7490	8516	9028
天然气		亿立方英尺 (1 英尺 = 0.3048 米)	4422	5884	6510	7814	10 522	13 570	15 385	18 030

资料来源：根据中国石油年度报告整理所得。

从表 8 - 7 中可以看出，原油销量从 2001 年的 7.16 亿桶增加到 2008 年的 8.494 亿桶，增长幅度为 18.63%；成品油销量从 2001 年的 5164 万吨增长到 2008 年的 9028 万吨，增长幅度为 74.83%；天然气销量从 2001 年的 4422 亿立方英尺（1 英尺 = 0.3048 米，全书同）增长到 2008 年的 18 030 亿立方英尺，增长幅度为 307.73%；除了原油销量增长较缓慢外，成品油和天然气销量都有大幅增长。这主要因为中国石油自成立以来，每年都在积极进行投资并购。

上游方向：收购中国石油集团未上市销售的企业、吉林化学工业股份有限公司、辽河金马油田股份有限公司、锦州石化股份有限公司、Devon Energy 公司在印度尼西亚的油气资产等；建成涩宁兰（青海涩北地区—西宁—兰州）输气管道、忠武（连接湖南省的长沙、岳阳、湘潭、株洲、醴陵五市）管道、沧州—淄博输气管道、兰成渝（兰州—成都—重庆）输油管道等油气管道；投资抚顺石化千万吨炼油和百万吨乙烯工程、广西石化千万吨炼油工程等炼油化工工程；开发塔里木英买力气田群（包括英买力 7、羊塔克、玉东 2 三个凝析气田）；西气东输工程的建成投产。这些举措都极大地扩大了公司的生产规模和油气源头，保证了产品的产量满足市场日益增长的需求。

下游方向："能源一号"网站平台（www.energyahead.com）的建成，不断加强电子商务工作，通过实施物资采办业务的整合，有效促进大宗物资的集中采购，降低了物资采购成本；对成品油销售网络建设的投资，以增加更多的加油站和储存设施；在炼油业务上加强终端销售网络建设，在化工业务上实行集中统一销售，使得规模实力和盈利能力明显增强；积极适应市场变化，采取灵活有效的营销策略，强化产销衔接和调运组织，优化资源流向、市场投放和物流配送，着力开发高效市场；加快商业储备能力建设，强化零售管理，提高终端销售量和销售效益，努力扩大市场份额。通过这些措施，产品的销量得到了大大的提高。

公司的收入等于产品销量乘以产品的价格，中国石油产品的销量呈现一个上涨的趋势。那么它的价格是什么样的趋势呢？中国石油主要产品价格如表8-8所示。

表8-8　　　　　　　　　　　　　中国石油主要产品价格

	2000	2001	2002	2003	2004	2005	2006	2007	2008
原油价格（美元/桶）	27.21	23.61	22.48	27.2	33.88	48.37	59.81	65.27	87.55
汽油价格（元/吨）	2697	2591	2570	3023	3542	4221	5034	5168	5881
柴油价格（元/吨）	2477	2426	2384	2735	3165	3702	4409	4668	5526

资料来源：根据中国石油年度报告整理所得。

从表8-8可以看出，中国石油所生产的原油、汽油、柴油的价格虽然在2001年和2002年有所回落，但基本呈现出上涨的趋势。原油价格从2000年的27.21美元/桶上涨到2008年的87.55美元/桶，汽油价格从2000年的2697元/吨上涨到2008年的5881元/吨，柴油价格从2000年的2477元/吨上涨到2008年的5526元/吨。

中国石油的产品销量大幅增加，加上价格也大幅上涨，则其收入增加就是必然的。

8.4.3　成本结构

表8-9列出了中国石油2000—2008年每年的成本项目。

表8-9　　　　　　　　　　中国石油2000—2008年成本支出　　　　　　　　单位：亿元

	2000	2001	2002	2003	2004	2005	2006	2007	2008
经营支出									
采购、服务及其他	(625.98)	(768.59)	(716.90)	(908.50)	(1163.53)	(2003.21)	(2711.23)	(3707.40)	(5621.22)
雇员酬金成本	(144.30)	(139.92)	(162.48)	(195.42)	(223.09)	(296.75)	(391.61)	(506.16)	(620.65)
勘探费用	(86.80)	(73.44)	(80.95)	(105.77)	(117.23)	(155.66)	(188.22)	(206.48)	(218.79)
折旧、折耗及摊销	(337.60)	(333.67)	(367.82)	(405.31)	(464.11)	(513.05)	(613.88)	(666.25)	(946.03)
销售、一般性和管理费用	(166.49)	(208.37)	(224.74)	(239.30)	(263.77)	(365.38)	(432.35)	(515.76)	(594.57)
裁员费用及关闭生产设施	(65.79)	(4.78)	(21.21)	(23.55)	(2.20)				
除所得税外的其他税赋	(132.30)	(139.16)	(146.13)	(158.79)	(186.85)	(236.16)	(566.66)	(737.12)	(1241.15)

表8-9(续)

	2000	2001	2002	2003	2004	2005	2006	2007	2008
物业、厂房及机器设备重估减值				(3.91)					
其他收入／(支出)净值	(3.07)	1.17	(0.60)	(5.38)	0.31	(30.37)	(6.07)	(12.65)	123.95
经营支出总额	(1562.33)	(1666.76)	(1720.83)	(2045.93)	(2420.47)	(3600.58)	(4910.02)	(6351.82)	(9118.46)
融资成本									
外汇收益	14.06	3.90	1.33	0.53	0.50	9.42	18.30	16.93	17.74
外汇损失	(23.4)	(1.40)	(4.49)	(2.33)	(1.23)	(8.54)	(17.56)	(25.59)	(28.55)
利息收入	5.84	7.99	4.63	6.77	11.07	19.24	20.66	19.90	22.74
利息支出	(60.48)	(41.49)	(35.16)	(23.46)	(23.03)	(27.62)	(32.20)	(35.95)	(29.63)
融资成本总额	(42.92)	(31.00)	(33.69)	(18.49)	(12.69)	(7.50)	(10.80)	(24.71)	(17.70)
税项	(269.85)	(230.54)	(222.31)	(28,0.72)	(425.63)	(541.80)	(497.76)	(491.52)	(351.78)
合计	(1875.1)	(1928.3)	(1976.83)	(2345.14)	(2858.79)	(4149.88)	(5418.58)	(6868.05)	(9487.94)

资料来源：根据中国石油年度报告数据整理所得。

中国石油的成本主要分为三大块：经营成本、融资成本、税项。三项成本的比较如图8-7所示。

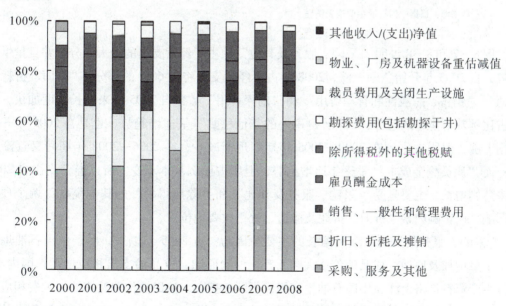

图8-7 中国石油三项成本比较

资料来源：根据中国石油年度报表整理所得。

从图8-7中可以看出，中国石油成本支出中主要为经营支出，税费只占了很小的一部分，而融资成本相对来说可以忽略不计；税费从2004年起基本维持在500亿元左右，而经营成本在2003年前基本保持稳定状态，2003年后开始增加，最近几年更是呈急剧增加的态势。

经营支出各个项目的比例和趋势分别如图8-7、图8-8所示。

单位：亿元

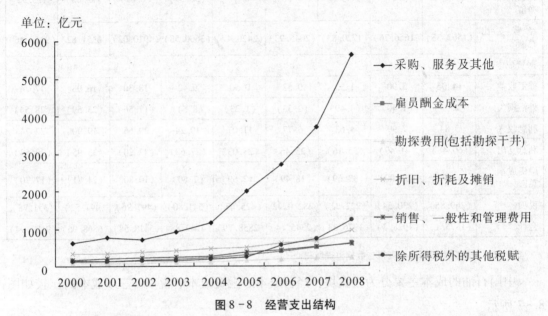

图8-8　经营支出结构

资料来源：根据中国石油年度报表整理所得。

图8-7和8-8说明"采购、服务及其他"项占了经营支出的绝大部分，并且呈增长趋势，自2005年开始急剧上涨，2008年占了经营支出将近60%的部分；"折旧、折耗及摊销"、"销售、一般性和管理费用"和"勘探费用"数额自2005年来增长速度加快，但所占比例基本呈递减趋势；"除所得税外的其他税赋"呈递增趋势，也是自2005年开始急剧上涨，但所占比例在2000—2005年期间逐渐减少，在2006—2008年期间又逐渐增加；而"雇员酬金成本"呈逐年递增趋势，但所占比例基本不变。所以经营支出自2005年来急剧增长，主要是受"采购、服务及其他"和"除所得税外的其他税赋"两个项目的影响，而影响因素"折旧、折耗及摊销"处于次要地位。

"采购、服务及其他"项目增长的主要原因为：自2005年以来，由于中国石油炼油厂加工量增加及原油、成品油价格大幅上升，外购原油、成品油支出相应增加；国内水、电等生产资料价格上涨及中国石油生产规模不断地扩大，油田操作费及炼油加工费相应增加；另外，油品供应业务增加也使得购买支出相应增加。并且由于2008年金融危机的影响，公司计提存货跌价损失人民币86.08亿元。

"除所得税外的其他税赋"项目增长的原因为：2005年汽柴油出厂量增加导致消费税

及其附加增加；由于收入增加，相应使矿产资源补偿费增加；国家上调资源税税额标准使得资源税增加。自 2006 年 3 月 26 日起，中国政府对石油开采企业因价格超过一定水平（每桶 40 美元）销售国产原油所获得的超额收入按比例征收特别收益金，使得公司的税赋比 2005 年有大幅增加。2006 年国家扩大消费税征收范围，导致消费税及其附加大大增加。2007 年国际原油价格高位运行，中国石油销售国产原油缴纳的石油特别收益金大幅增加。2008 年全年平均原油价格处于高位，本集团销售国内生产原油缴纳的石油特别收益金较上年增加人民币 406.29 亿元。

而"折旧、折耗及摊销"项在 2008 年也大幅上涨：一是因为固定资产平均原值及油气资产平均净值增加，计提折旧折耗相应增加；二是由于 2008 年国际原油价格大幅波动，并且第四季度以来国内外整体经济状况下滑，导致部分资产可收回金额小于其账面价值，因此 2008 年度计提了炼化装置减值准备人民币 119.49 亿元，油气资产减值准备人民币 42.35 亿元。

8.4.4　特殊利润

中国石油的高盈利固然与管理阶层的有效管理、积极投资、员工的辛勤劳动分不开，但其中还有部分特殊利润基于它的特殊身份产生。这包含两个方面：一方面，它在石油行业处于一个寡头垄断的地位，是一个上、中、下游一体化的企业；另一方面，它是由国家控股的国有企业，在某些方面具有很大的政策优势。基于这两重身份，中国石油具有以下优势：

垄断价格。作为一个垄断企业，中国石油在制定产品价格的时候，考虑的是使企业利润最大化。据中国石油主页发布的信息，其曾两次大范围提高产品价格。[①] 一次是在 2000 年 5 月 9 日，在全国范围内调整汽、柴油批发和零售价格。中国石油对汽、柴油零售中准价一律在现行基础上每吨分别提高 240 元和 210 元，实际执行价是在调价后的基础上再上浮 5%。汽、柴油的批发价也相应提高，总体价格上调幅度达到 8% 左右。其实在 1999 年 11 月 5 日和 2000 年 2 月 20 日，中国石油（11 月 5 日为"母公司"——中国石油集团调整）分别对汽、柴油零售价作了两次上调，调整的幅度均未超过 5%。而此次成品油价格的上调，是 1998 年成品油价格改革以来的第三次调整，与前两次调整相比，具有与国际市场成品油价基本接轨、调价幅度大等特点。另一次是在 2001 年 6 月 1 日，中国石油将销往四川省各种用途的天然气价格每立方米均上调 0.03 元，以工业用气为例：由每立方米 0.733 元调至 0.763 元。这是继北京、天津以及华北地区天然气调价后的又一次局部天然气调价。据测算，这次调价使当年中国石油提高 8000 万元的收入。

税费优惠。按我国现行法律体系，中国石油的税费除了企业增值税、所得税和城市维

[①] 摘自中国石油主页发布的信息，并不包括其小范围的调价次数。

护建设税等针对所有企业普遍征收的税费之外，还有矿产资源税费（由税、资产收益和行政事业性收费三部分组成）。不过，对于中国石油这样的国企，原油、天然气的税额标准是相当低的。2005年7月，国家税务总局发布《关于调整原油天然气资源税税额标准的通知》（以下简称《通知》）。①《通知》表示调整之后的原油、天然气资源税税额标准只有14～30元/吨和7～15元/立方千米。相对于现在每吨高达四五千甚至六七千元的原油价格和每立方米1～2元的天然气使用价格而言，其调整幅度非常有限，税率低到只有象征意义的程度。《矿产资源勘查区块登记管理办法》② 中规定的探矿权使用费标准是，第一个勘查年度至第三个勘查年度，每平方公里每年缴纳100元，从第四个勘查年度起，每平方公里每年增加100元，但是最高不得超过每平方公里每年500元；《矿产资源开采登记管理办法》中规定的采矿权使用费标准为每平方公里每年1000元。所以，探矿权和采矿权使用费是相当低的，这大大降低了中国石油勘查、开采资源方面的成本。另外，国家还向中国石油提供税费返还政策，如2007年中国石油收到税费返还10.47亿元，2008年更是达到了142.65亿元③。如此大的税费返还，是其他企业可望而不可即的。

政府补贴。中国石油作为一家国企，控制着国家经济命脉，支配着整个石油行业，所以政府在某种程度上给予其补贴。如2006年政府给予其6.1亿元补贴，2007年的补贴达11.97亿元，而2008年的补贴多达169.14亿元。④ 这主要是因为2008年国际原油价格上涨，进口原油以生产成品油无利可图，所以2008年中国石油返还的税费和补贴都大幅上涨。不过即使如此，中国石油仍然蝉联了"2008年亚洲最赚钱公司"的称号。

8.5　和谐财务分配与企业可持续发展

中国石油的利润是在协调相关方利益的基础上产生的，这又构成了其股利分配的基础；中国石油要获取利润，必须先协调好各相关方的利益。中国石油与各方利益相关者的关系如图8-9所示。

图中把中国石油对油气资源的垄断地位和自身产业链比为树的根，而把其各利益相关方比为树的叶子。树的根部从土壤中获得营养传递给树叶供其生长，而树叶又通过光合作用产生有机物供树木吸收，同时吸收二氧化碳，排出氧气，净化空气。因此，树木要生长，必然要协调好根部和树叶之间的营养分配。根部的生长是基础，树叶的生长是必需。中国石油的发展也是如此。它"根部"垄断的油气资源经过产业链整合后产生利润，利润再分配给"树叶"——中国石油的利益相关方。其中向供应商买入材料和设备、向员

---

① 资料来源于国家税务局主页（http: //www.chinatax.gov.cn/n8136506/index.html）。
② 资料来源于国务院法规网（http: //www.people.com.cn/item/flfgk/gwyfg/1998/112505199801.html）。
③ 根据中国石油年度财务报表整理。
④ 根据中国石油年度财务报表整理。

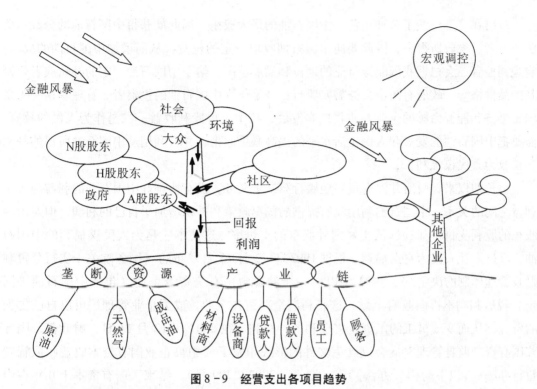

图 8-9　经营支出各项目趋势

资料来源：根据中国石油年度报表整理所得。

工支付工资福利形成经营支出；向贷款人支付利息形成利息支出；向社区大众捐赠、提供环保费用形成营业外支出；向顾客提供合格的产品、向借款人提供资金，得到经营收入和利息收入。这是中国石油和谐分配的第一层含义。"树叶"利用中国石油分配的利润使自身得到更好的发展，反过来又对中国石油进行回报，如股东对其提供资金，社区大众对其提供支持帮助，政府对其提税费优惠政策等，这是中国石油和谐分配的第二层含义。

中国石油这棵"大树"，若要持续地茁壮成长，必然要处理好利益分配中的这两层关系，以使自己不仅"根深蒂固"，而且"枝繁叶茂"。作为资源型企业，其对环境的影响较大，中国石油应担负起相应的环保责任，对这一片"树叶"分配更多的养分。作为国有企业，中国石油成长的同时必然要肩负起更多的社会责任，因为企业的油气资源来自社会，企业的利润来源于社会，企业的员工、股东生活于社会中，必然受到社会的影响。如金融风暴来袭时，中国石油在保证自己这棵"大树"屹立不倒的基础上，应勇于为我国的中小企业"挡风遮雨"。而在对股东分红这一问题上，中国石油须一视同仁，公平分红。中国石油坚持年年分红，并且平均支付率为45.09%，在全球行业中处于中等水平，这是在公司投资和股东报酬间协调后的结果。虽然它的股利政策中规中矩，但是却还有不少因在2007年买入股票而被套牢的股东对此并不满意。怎样协调好股东的利益，这值得中国石油深思。

政府在这里扮演了多种角色：中国石油的最大股东，因此能获得中国石油的分红；资源所有者、税收所得者，因此要向中国石油收取一定的税费，从而增加中国石油的成本；宏观调控者，会根据我国能源行业的地位和发展情况，给予中国石油一定的补贴或者管制其产品价格等。政府有两个义务需要履行：一是作为中国石油的投资者，管理着这一关系国家经济和能源命脉的企业并使其良好发展，从中获得股利收益；二是作为人民的政府，需要把中国石油的发展和人民生活水平的提高联系起来，并且利用从中国石油所得的红利与税收为人民谋福利。

但长期以来，政府并没有很好地履行第二个义务，没有协调好中国石油的利益与人民利益之间的关系。中国石油利用政府提供的优惠政策和补贴增加了自己的利润，但对国内股东的股利支付率却远远低于对国外股东的支付率。这使本应是为人民谋福利的中国石油，反过来让人民为它谋福利。根据1993年12月15日发布的《国务院关于实行分税制财政管理体制的决定》①，1993年以前注册的多数国有全资老企业（包括中国石油等国企）税后利润不再向政府上缴，这些利润全部留在企业，成为企业管理层可以自己支配的资金，从而变成员工的工资、奖金和各种福利。在2007年12月11日，财政部、国务院国有资产监督管理委员会以红头文件的形式印发了《中央企业国有资本收益收取管理暂行办法》（以下简称《办法》）②（财企〔2007〕309号），结束了国有资本十几年在中央企业无收益的局面，为解决国企利润分配关系及由此带来的社会公平问题迈出了重要的第一步。不过该办法中规定的国企上缴利润比例最高也不过10%而已。10%是怎么确定的？到底应该上缴多少才合理？对于上千亿的国企利润分配问题，不仅需要一个简单的《办法》和百分比，还需要的是这些《办法》和百分比背后的合理逻辑和科学根据，以此达到股利分配的最终目的：使公司、股东、政府、社会公众等利益相关方达到和谐状态。

---

① 资料来源于法律法规库（http://www.people.com.cn/item/flfgk/gwy/czjr/s931225.html）。
② 资料来源于国务院国有资产监督管理委员会（http://www.sasac.gov.cn/n1180/n1566/n6061496/n6061574/6213871.html）。

9　财务并购与企业扩张
——中铝公司并购分析

9.1　引言

2009年2月12日，中国铝业公司与力拓集团签署战略合作协议，中铝公司将投入195亿美元收购力拓相关股份及资产，巨额交易引发各界关注。但是，经过漫长的等待，力拓集团董事会于6月5日撤销对双方战略合作交易的推荐，交易宣告失败。这仅仅只是一项纯粹的商业行为，还是隐藏着深层次的政治、文化因素？同年7月5日，力拓上海公司胡士泰等四名员工被上海相关机构拘留。随后，上海市检察机关以涉嫌侵犯商业秘密罪、非国家工作人员受贿罪，对澳大利亚力拓公司上海办事处四人作出批准逮捕决定。这是否可以视为中国政府对力拓毁约的嫉恨和报复呢？我国资源企业应该如何应对国际市场上错综复杂的政治因素呢？

中铝公司在国内产业链重组过程中如鱼得水，充分享受到其作为国资委"亲了"的所有利益，大量吸收优势电解铝企业，提升公司电解铝产能，兼并重组铝加工企业，打造完整的铝产业链，并在中央主导下通过并购重组方式逐步进入铜业、稀有金属产业。在海外市场上，中铝公司依靠其强大的国内市场和资本优势参与巴西、澳大利亚昆士兰等项目的开发，成功收购加拿大秘鲁铜业，并与美国铝业联合入主力拓集团。虽然，中铝公司已经成为力拓集团的最大单一股东，却没有参与力拓经营管理的权利。2009年2月的合作协议让中铝公司有机会获得力拓集团董事会席位和公司财务控制权，但此次交易却遭受重创。中铝公司的政府背景在其国内外发展中好似一把双刃剑，在刺激国内发展的同时，却成为海外发展的阻碍因素。我国国有资源企业应该如何合理规避政治风险，实现跨国并购呢？

9.2　我国资源企业跨国并购概述

9.2.1　跨国并购的背景

跨国并购（Cross - border Mergers and Acquisitions）是指一国企业出于某种目的，通过

一定的渠道、手段和方式，对另一国企业的整个资产或足以行使经营权的资产份额进行购买或实行控制的行为。实现并购的支付手段包括现金支付、从金融机构贷款、以股换股和发行债券等方式。[①]跨国并购交易在组织结构上有着不同的形式，如控股合并、新设合并和吸收合并。根据收购的控股股份比重差异对控股合并有着不同的划分，收购对象可以是一家当地企业，也可以是一家国外子公司。新设合并的方式实现的是一种平等合作的关系，参与合并的原有各公司均归于消灭。而吸收合并中，主并购方将继续存在，成为新公司主体，被并购各方主体资格消失。[②]跨国并购涉及两个或两个以上国家的企业及其在国际间的经济活动，因而它的内涵及其对经济发展的影响也与一般的企业并购完全不同。从经济发展的历史进程上看，跨国并购又是在企业国内并购的基础上发展起来的，是企业国内并购在世界经济一体化过程中的跨国延伸。

近年来，世界大型资源企业为了增强产业竞争力，强化资源优势互补效应，扩大全球市场份额，纷纷利用资本运营等手段大力开展国际间收购、兼并活动。经过近几次的并购浪潮，全球矿业集中度进一步提高，跨国矿业公司规模逐步扩张，对全球矿产资源市场的控制能力增强，并主宰了矿业市场和矿产品价格。

从世界铝资源行业来看，大型铝业集团之间的世界霸主地位角逐更是风起云涌。2006年10月，全球第三大、俄罗斯最大的铝业公司——俄罗斯铝业公司（Rusal）收购俄罗斯第二大的西伯利亚乌拉尔铝业公司（Sual）和瑞士的嘉能可国际公司（Gencore International）氧化铝资产，组建成为铝业巨型航母——俄罗斯铝业联合公司（UCRusal），达到年产400万吨铝和1100万吨氧化铝的生产能力，并将原先排名全球第一、第二的美国铝业公司（Alcoa）和加拿大铝业公司（Alcan）抛在身后。2007年7月，澳大利亚力拓（Rio Tinto）斥资381亿美元成功收购加拿大铝业集团（Alcan Inc.），超过俄铝联合公司（UCRusal）成为全球最大的铝生产商。从近年全球铝业并购案例来看，世界各大铝业公司最为关注的是铝土矿资源的开采以及对世界各地优质铝土矿资源的进一步控制。而在世界铁矿石市场上，全球三大矿业巨头——巴西淡水河谷、英国力拓和澳大利亚必和必拓控制着全球铁矿石出口市场的70%以上，形成了明显的寡头垄断格局。

鲁桐（2003）根据国内政治经济发展实际情况，以及中国对外直接投资流量数据，将中国企业对外投资分为四个阶段：1985年之前为起步阶段，1985—1991年为调整整顿阶段，1992—2000年为稳定发展阶段，2001年开始进入快速成长阶段。[③]截至2008年年底，我国8500家境内投资者设立对外直接投资企业12 000家，分布在全球174个国家和地区，对外直接投资累计净额1839.7亿美元，境外企业资产总额超过1万亿美元。[④]

---

① 宋军. 跨国并购与中国发展. 北京：中国财政经济出版社，2005.
② UNCTAD. 2000年世界投资报告：跨国并购与发展. 北京：中国财政经济出版社，2001.
③ 鲁桐. 中国企业跨国经营战略. 北京：经济管理出版社，2003：129.
④ 根据2008年中国对外直接投资统计公报数据整理.

如图 9-1 所示，2002 年以来，我国对外直接投资流量及存量迅速增长。其中，以并购（收购、兼并）形式实现的投资总额由 2003 年的 5 亿美元，增加到 2008 年的 302 亿美元，并购投资占对外直接投资总额的比重也由 18% 上升到 54%，交易主要集中在能源、矿产、制造业、商贸、服务等领域。①

单位：亿美元

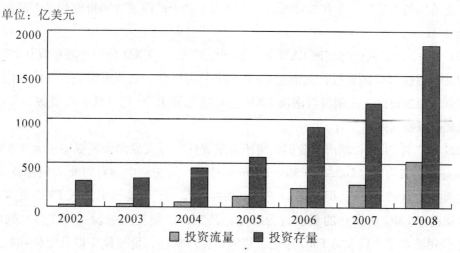

图 9-1　2002—2008 年中国对外直接投资流量及存量

资料来源：2002 至 2008 年数据来源于中国商务部统计数据。

9.2.2　我国资源企业跨国并购成效

为保障我国工业化高速发展对矿产资源需求的快速增长，对增加资源储量及获得稳定供给的需求，我国资源企业在"走出去"战略的指引下，逐步开始了海外资源领域的并购探索。2005 年 10 月 26 日，中石油通过其子公司中油国际公司以每股 55 美元，共计 41.8 亿美元的价格 100% 收购了哈萨克斯坦 PK 石油公司，成为当时我国企业最大的海外并购交易。2008 年 2 月 1 日，中铝公司联合美国铝业投资 140.5 亿美元，获得力拓英国 12% 的股权，我国资源企业海外并购的交易金额及交易的影响力逐渐扩大。

（1）海外矿业市场并购实例

2008 年 9 月 17 日，中钢集团正式完成对澳大利亚中西部公司（Midwest）98.52% 的股权收购，成功控股该公司。此次收购是中国国有企业第一宗成功的敌意收购案例，对鼓舞中国企业开展跨国并购产生了积极影响。

2008 年 10 月，鞍钢成功收购意大利维加诺（Vigano）公司 60% 的股权。这意味着鞍钢将拥有海外的首个钢材加工中心，也使鞍钢开始进入海外钢材加工行业。2009 年 2 月，澳大利亚金达必公司通过了向鞍钢集团定向增发该公司股份的议案，鞍钢将持有金达

---

① 引自商务部、国家统计局、国家外汇管理局，《中国对外直接投资统计公报》。

必公司 36.28%的股份，从而成为其第一大股东，获得更多稳定的铁矿石资源。

2008 年 11 月 3 日，首钢旗下的两家公司拟出资约 1.625 亿澳元，以每股 0.6 澳元的价格认购吉布森山铁矿公司（Mount Gibson Iron Ltd）的股票。12 月 17 日，收购案获得澳大利亚外国投资审核委员会批准。首钢集团在年初被指涉嫌违规被迫放弃收购吉布森山，却因矿业市场的不景气，重获投资机会，并以大大低于此前的收购报价获得该矿业公司的控股权。

2008 年 12 月，武钢与南澳 CXM 公司签署框架协议：CXM 公司按照每股 0.25 澳元向武钢增发不超过 15%的股权；武钢在 CXM 上市公司拥有一名董事席位，并成为该公司第二大股东。根据协议，武钢将与南澳 CXM 公司联合开采 20 亿吨铁矿石资源，其中的 10 亿吨铁矿石权益属武钢拥有。

2009 年 3 月 31 日，湖南华菱钢铁集团有限责任公司入股澳大利亚第三大铁矿石生产商 Fortescue 金属集团（Fortescue Metals Groups Ltd）的交易申请获得澳大利亚政府批准，持股比例将达到 17.40%，但是附加了三个条件：其一，华菱提名进入 FMG 董事会的代表，必须遵守 FMG 所设立的董事行为准则；其二，必须提交一份书面文件，列明根据 2001 年公司法案董事代表与 FMG 市场、销售、客户概况、价格设立以及定价和航运上的成本结构可能存在的潜在冲突；其三，华菱和任何被华菱指派进入董事会的代表，必须遵守华菱与 FMG 达成的信息分离协议。

2009 年 4 月 23 日，澳大利亚政府正式同意中国五矿有色金属公司收购 OZ 矿业公司大部分资产。获批的新方案剥除了位于澳大利亚军事敏感地区附近的 Prominent Hill 铜金矿，而 OZ 矿业公司已表示将继续管理和经营这一核心资产。但五矿须作出一系列"合法的强制性承诺"，包括承诺独立经营这些矿山，继续以澳大利亚为总部，由澳大利亚人员主要管理等。此外，全部产品价格必须根据公平原则由澳大利亚销售人员参照国际标准制订。这些承诺要求是为保护澳大利亚的就业以及确保新收购方案符合澳大利亚的国家利益。

2009 年 4 月，武钢斥资 2.4 亿美元入股加拿大矿企 Consolidated Thompson，成为该公司的第一大股东，并参与该公司 Bloom Lake 矿区的运营。5 月，武钢与澳大利亚矿业公司 WPG 签署框架协议，将成为后者第二大股东，并与其合资开发位于南澳大利亚中部的一处矿产。6 月 24 日，武钢与巴西铁矿石供应商 MMX 公司签订协议，出资 2.8 亿美元收购 MMX 新发普通股 9.09%的股份和 MMX 子公司 MMXSudeste 23%的股份。

2009 年 11 月 24 日，宝钢集团以现金 2.86 亿澳元（约 17.94 亿元人民币）收购 Aquila 15%的股权，成为其第二大股东，并向 Aquila 委派一名董事，双方将在资源项目层面开展进一步的合作。

（2）海外能源市场并购实例

2008 年 7 月 7 日，中海油田服务股份有限公司（隶属中国海洋石油总公司）与挪威海上钻井公司 Awilco Offshore ASA（AWO）达成协议，以每股 85 挪威克朗发起获得现金要约收购 AWO 公司 100% 的股权，涉及金额为 127 亿挪威克朗（25 亿美元）。10 月 31 日，挪威 Awilco Offshore ASA 退市标志着交易全部实施完毕。此次收购有利于中海油服务股份有限公司快速更新部分钻井平台和船只，绕开造船时间，把握住市场。

2008 年 12 月 31 日，中信集团成功完成了对加拿大内森斯能源公司的收购，将其在哈萨克斯坦的石油资产收入囊中，交易金额约 19.1 亿美元。此次收购将使中信集团获得一处探明储量逾 3.4 亿桶、日产量超过 5 万桶的油气田近 15 年的开采权。

2009 年 8 月 13 日，兖州煤业披露收购澳洲煤矿 Felix 公司 100% 股权，交易收购价为每股 16.95 澳元，总收购代价约为 33.33 亿澳元。2009 年 10 月 23 日该项收购获澳政府有条件批准，成为中国在澳大利亚的最大投资交易。

（3）海外有色金属市场并购实例

2008 年 1 月 25 日，中国五矿集团公司与江西铜业联合收购在加拿大上市的北秘鲁铜业股份公司 100% 股权宣告成功，获得了秘鲁北部的 El Galeno 铜金矿和 Hilorico 金矿等资产。同年 4 月 29 日，中国五矿集团公司控股的五矿有色金属股份有限公司收购德国 HPTec 公司股权，100% 控股德国 HPTec 公司。

2009 年 7 月 1 日，广东省广晟资产经营有限公司以 1.4 亿美元认购泛澳公司 4.6 亿股新股，约占扩股后 19.9% 的股权，成为第一大股东。

2009 年 2 月，中金岭南公司收购澳大利亚上市公司 Perilya Limited 50.1% 的股份，价值 4500 万澳元。Perilya 公司旗下共有三个矿山，按照已探明的情况估计，三个矿山的锌储量约 222 万吨，铅储量约 141 万吨，铜储量约 20 万吨。

2009 年 6 月 3 日，澳大利亚外国投资审查委员会同意中色股份向澳大利亚锌矿企业 TZN 公司（Terramin Australia Limited）购买其增发股份 1550 万股，交易额约为 1000 多万澳元。配售完成后，中色股份将持有 TZN12.29% 的股份，成为其第一大股东。

Jemison & Sitkin（1986）的研究指出，并购过程本身是并购活动和结果的重要决定因素[1]，Habeck、Kroger& Tram（2000）的研究表明，并购前的失败风险为 30%，谈判和交易阶段的失败风险为 17%，并购完成之后的阶段存在高达 53% 的失败风险。[2] 即使并购交易得以实现，也只是迈出了海外发展的第一步，整合过程将面临更大的挑战。因此，在确定跨国并购战略需求之后，我国企业应该对目标公司进行有效的评估，并综合分析自身能力和并购风险。从公司经营规模、财务实力、管理水平以及并购中的风险处理能力和并购完成后的整合能力等方面进行评价。只有在确认企业拥有完成并购交易和后期整合的能力

---

① DAVID B, JEMISON, SIM B, SITKIN. Corporate acquisitions: a process perspective. Academy of Management Review, 1986, 11 (1): 145.

② MAX M, HABECK, FRITZ KROGER, MICHAEL R, TRAM. After mergers: seven rules for successful post-merger integration London: FT. Prentice, 2000.

之后，才能作出理性的竞购选择。

9.2.3 我国资源企业跨国并购实力

据瑞士洛桑国际管理学院（IMD）发布的 2008 年世界竞争力年鉴显示，中国的世界综合竞争力居世界 17 位。我国企业无论从规模、产业优势或管理水平上看，都已经具备了较强的国际竞争力。

在最新的《财富》杂志评选出的 2009 年世界 500 强企业中，中国企业占据了 43 席，其中大陆企业有 34 家。其中包括以 2078.14 亿美元营业收入排名第 9 位的中国石油化工集团公司、排名第 13 位的中国石油天然气集团公司和排名第 318 位的中国海洋石油总公司三大石油天然气集团；宝钢集团、中国五矿集团公司、中国铝业公司等国有大型矿业集团；国有四大银行、联想集团、中粮集团公司等也位列其中。我国企业规模已经发展到较高的水平。

2005 年，联想成功完成了对 IBM 个人电脑业务的收购，中国石油天然气集团公司也顺利获得了哈萨克斯坦石油公司的炼厂及油气资源。同年，中国海洋石油总公司撤回了对美国第九大石油公司优尼科公司的收购邀约，宣告竞购失败。2008 年 9 月 23 日，中海油田服务股份有限公司宣布，已完成对挪威海上钻井公司 AWO 总价 25 亿美元的收购。在出海寻求发展的道路上，我国企业通过对过去成功和失败经验的分享，已经具备相当强的海外业务开发能力。

瑞士洛桑国际管理开发学院（IMD）依据其评价理论和有关原则，将我国企业管理国际竞争力划分为劳动生产率、公司绩效、管理的有效性和企业文化。[1] 随着"走出去"战略的不断深化，我国企业已经积累了较为丰富的海外经营实践经验，并拥有了一批具有一定海外业务运营能力的管理者队伍和一批专业知识丰富的技术人员队伍。

9.3 中铝公司发展历程

9.3.1 中铝公司简介

中国铝业公司（简称"中铝"或"中铝公司"）是国资委直属央企，是国有重要骨干企业，成立于 2001 年 2 月 21 日。公司成立至今发展快速，截至 2008 年 6 月底，公司资产总额达到 3777 亿元，在 2009 年《财富》世界五百强中排名第 499 位，固定资产增值保值率、净资产收益率在全国 100 亿元资产以上的国有企业中一直名列前茅，是全球第二大氧化铝和第三大原铝生产商。公司控股的中国铝业股份有限公司分别在纽约、香港、上海

---

① 根据瑞士洛桑管理学院（IMD）公布的 2008 年度国际竞争力排名相关资料整理所得。

上市，企业信用等级连续三年被标准普尔评为 BBB + 级。①

中铝着眼于国际化多金属矿业公司的战略定位，立足国内，面向海外，积极整合国内资源，加快开拓全球业务并进行广泛的产品组合。中铝从事铝土矿采选，铝冶炼、加工及贸易；稀有稀土金属矿采选，稀有稀土金属冶炼、加工及贸易；铜及其他有色金属采选、冶炼、加工、贸易；相关工程技术服务。中铝从成立以来，不断发展壮大，现有下属企业34 家，分布在 22 个省、市、自治区。中铝公司控制的境内、外重要子公司如表 9 - 1、表9 - 2 所示。

表 9 - 1　　　　　　　　　　中铝公司控制的境内重要子公司

子公司全称	持股比例（％）	表决权比例（％）	子公司类型	业务性质	注册资本（人民币千元）
中铝国际贸易有限公司	90.5	90.5	B	进出口业务	200 000
山西华泽铝电有限公司	60	60	B	原铝，阳极碳素生产销售，电力生产、供应等	1 500 000
山西华圣铝业有限公司	51	51	B	原铝、铝合金、碳素产品生产和销售	1 000 000
抚顺铝业有限公司	100	100	A	铝冶炼、有色金属制造及销售	500 000
中国铝业遵义氧化铝有限公司	67	67	B	氧化铝的生产及销售	1 400 000
山东华宇铝电有限公司	55	55	B	原铝的生产及销售	1 627 697
甘肃华鹭铝业有限公司	51	51	B	原铝的生产及销售	529 236
遵义铝业	61.29	61.29	B	原铝的生产及销售	260 000
包头铝业	100	100	A	铝、铝合金及其加工产品、碳素制品等的生产和销售	500 000
青岛轻金属有限责任公司	100	100	A	铝及铝产品的加工及销售，废旧有色金属的进口、加工、综合利用	418 000
中铝矿业有限公司	100	100	A	铝土矿、石灰石矿、铝镁矿及相关有色金属矿产品的生产、收购、销售等	1 000 000
中铝南海合金有限公司	100	100	A	有色金属的加工及销售	100 000

---

① 中铝公司的数据和资料均来自中铝公司主页和中国铝业股份有限公司年报。

表9-1(续)

子公司全称	持股比例(%)	表决权比例(%)	子公司类型	业务性质	注册资本(人民币千元)
中铝西南铝板带	60	60	B	金属材料的加工、销售(不含稀贵金属),销售普通机械设备	540 000
中铝河南铝业有限公司	84.02	84.02	B	铝及铝合金板、带、箔及型材产品的生产及销售	932 460
华西铝业	56.86	56.86	B	纯铝、铝制品、机电产品及设备的生产及销售	604 360
中铝瑞闽	75	75	B	生产铝、镁及其合金加工产品,对外贸易	416 244
中铝西南铝冷连轧板带有限公司	100	100	A	铝及铝合金压延加工,高精铝板带生产技术开发,货物及技术进出口	50 000
焦作万方铝业股份有限公司	29	29	B	铝冶炼、有色金属制造及销售	480 176
山西龙门铝业有限公司	55	55	B	原铝的生产及销售	35 978
陇兴铝业	100	100	A	铝锭、铝制品、碳素制品的生产及销售;经营本企业自产产品的出口业务	988 880

注:A 为全资子公司;B 为控股子公司;C 为控股子公司的控股子公司。其他重要控制子公司见本章附表。

资料来源:根据中国铝业公司主页提供资料整理所得。

表9-2 中铝公司所控制的境外重要子公司的情况

子公司全称	持股比例(%)	表决权比例(%)	子公司类型	注册地	业务性质	注册资本(人民币千元)
中国铝业香港有限公司	100	100	A	香港	海外投资及氧化铝进出口	849 940
中国铝业新加坡有限公司	100	100	C	新加坡	投资	0
中国铝业澳大利亚控股有限公司	100	100	C	澳大利亚	投资	0
中国铝业澳大利亚有限公司	100	100	C	澳大利亚	氧化铝生产	0
奥鲁昆氧化铝有限公司	100	100	C	澳大利亚	铝土矿的勘探和开发	0

注:A 为全资子公司;B 为控股子公司;C 为控股子公司的控股子公司。

资料来源:根据2008年中国铝业股份有限公司年度报告整理所得。

中国铝业股份有限公司（简称"中国铝业"）是由中国铝业公司、广西投资（集团）有限公司和贵州省物资开发投资公司共同以发起方式设立，并于 2001 年 9 月 10 日在中华人民共和国注册成立的股份有限公司。2001 年 12 月 11 日、12 日，中国铝业股票分别在纽约证券交易所和香港联合交易所有限公司挂牌上市，被列入美国股市中国指数成分股、香港恒生综合指数成分股和富时指数成分股。2007 年 4 月 30 日，中国铝业成功回归 A 股，在上海交易所挂牌上市。中铝公司直接持有中国铝业 38.56% 的股权，并通过其附属公司共持有中国铝业 41.82% 的股权，是中国铝业的控股股东。中国铝业股本结构及重要股东结构如图 9-2、图 9-3 所示。

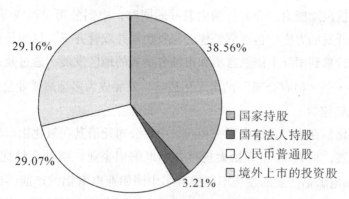

图 9-2　中国铝业股份有限公司股本结构

资料来源：根据 2008 年中国铝业股份有限公司年度报告整理所得。

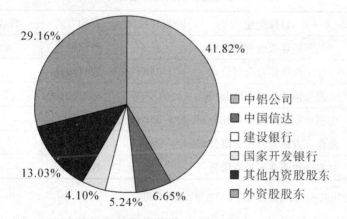

图 9-3　中国铝业股份有限公司重要股东持股比例

资料来源：根据 2008 年中国铝业股份有限公司年度报告整理所得。

中国铝业主要从事氧化铝和电解铝生产，拥有 11 家分公司、1 家研究院和 19 家主要子公司，是中国最大的氧化铝和原铝生产商，是全球第三大氧化铝生产商和第四大原铝生产商，企业信用等级被标准普尔评为 BBB + 级。

9.3.2 中铝公司的国内外扩张

中国铝业公司和中国铝业股份有限公司自 2001 年重组以来，在收购式扩张的推动下发展迅速，2008 年总资产为 1335 亿元，与上市时相比增长了 311%。中铝公司经过 2005 年和 2006 年两大并购年，通过包括并购和新建产能两种手段在内的"规模扩张"路径，实现了电解铝产能从 67 万吨到 367 万吨的突破。而在纵向产业链上，中铝公司也加快步伐，纵向扩张，打造上下游一体化产业链，在上游加快矿山建设，在下游不断收购铝加工企业，借此提高抗风险能力。在实行国内兼并的同时，中铝公司也积极寻求全球性资源，进一步加大海外开发的力度，包括海外建厂与收购兼并双管齐下，目的是将公司资源和环境成本高的项目转移到国际上能源富集和市场容量大的地区发展。通过兼并扩张，中铝公司积极实施"铝 + 铜 + 稀有金属"的多元化战略，发展成为多金属矿业公司。

（1）铝产业链整合

电解铝和氧化铝在铝产业链中紧密相连，中铝公司凭借其在氧化铝市场上的绝对优势以及三年多的发展，从 2005 年开始大规模并购电解铝企业，吸纳大量优势电解铝企业，如表 9－3 所示。电解铝产业的发展不仅提升了中国铝业电解铝的产能，也有力促进了公司氧化铝的生产销售，使得利润在氧化铝产业和电解铝产业之间转移，有效控制了业绩的波动幅度。

表 9－3　　　　　　　　　　　　中国铝业并购的电解铝公司

并购时间	目标企业	股权比例	并购方式	转让价款（万元）
2005 年 3 月	兰州铝业股份有限公司	28%	股权转让	76 730.5
2006 年 3 月	辽宁抚顺铝业有限公司	100%	股权转让	50 000
2006 年 7 月	遵义铝业股份有限公司	61.29%	股权转让	20 225.1
2006 年 7 月	山东华宇铝电有限责任公司	55%	股权转让	41 225.2
2006 年 9 月	焦作万方铝业股份有限公司	29%	股权转让	24 745.4
2006 年 9 月	甘肃华鹭铝业股份有限公司	51%	现金出资	27 030

资料来源：根据中国铝业股份有限公司历年年度报告整理所得。

在重组电解铝行业的同时，中铝公司也意识到了其下游铝加工产业的重要性，为了打造完整的产业链，增强抗风险能力，从 2004 年底开始了兼并重组铝加工企业的历程。铝加工业务的并购主要由中铝公司完成，并择机注入其控股上市公司——中国铝业，以增强中铝公司资本运作平台的盈利能力。

2004 年 9 月 16 日，由中铝公司和西南铝业（集团）有限责任公司共同投资组建的中铝西南铝板带有限公司注册成立，注册资金为 5.4 亿元人民币，主要产品为高精铝及铝合金板带（卷）材等。2005 年 4 月 15 日，中铝公司与洛阳市伊川电力集团、新安电力集团、中色科技股份有限公司四方签订了合作框架协议，携手组建中铝河南铝业公司，除保证在建和拟建的一批项目正常运行外，在郑州还建了一个年产 12 万吨的铝加工项目。2005 年 8 月 16 日中铝河南铝业有限公司成立，中铝持股 71.01%。2006 年 8 月 30 日，中铝又与中核四川五洲工业公司就华西铝业有限责任公司 56.86% 的股权转让签约，进一步壮大了铝加工能力。2007 年 9 月，中国铝业公司和哈尔滨市人民政府重组东北轻合金股份有限公司（简称"东轻公司"），中铝公司以受让和增资扩股方式实现了对东轻公司的重组。重组完成后，东轻公司的股本为 16 亿元。其中，中铝公司出资 12 亿元，占 75%；哈尔滨市国资委出资 4 亿元，占 25%。

　　我国属于铝土矿短缺国家，由于近年来氧化铝、电解铝、铝加工行业的快速发展，造成铝土矿供不应求，大量依赖进口。为了解决下游产业的发展瓶颈，中国铝业积极实施"走出去"战略，到国际市场寻找铝土矿，并取得了较大突破，分别在越南、澳大利亚、几内亚、巴西获得多个铝土矿开发权，如表 9-4 所示。

表 9-4　　　　　　　　　　　　中铝海外铝土矿项目

时间	项目	具体描述
2004 年 5 月	巴西项目	与巴西淡水河谷公司签订建立合资公司的框架协议，研究建立 ABC 氧化铝铝厂，首期规模 180 万吨/年，总投资约 10 亿美元，于 2005 年开工，2008 年投产。
2006 年	几内亚铝土矿勘察项目	2006 年以来，中国铝业对几内亚铝土矿勘探项目作了大量的前期准备工作，几内亚矿业部向中国铝业颁发了面积达 1 万平方公里区块勘许可证。
2006 年 11 月 16 日	越南多农项目	与越煤集团签署了多农项目合作协议，开发越南多农省的铝土矿。
2007 年 3 月 23 日	奥昆项目	中国铝业与澳大利亚昆士兰州政府正式签署奥鲁昆项目开发协议，中国铝业将建设一座每年开采 1000 万吨铝土矿原矿的矿山，建设一座年产 210 万吨氧化铝的工厂，项目总投资约 30 亿澳元。
2007 年 10 月	沙特阿拉伯项目	中国铝业与马来西亚矿业公司（MMO）签署了在沙特阿拉伯合作建设年产能 100 万吨的电解铝厂谅解备忘录（MOU），并于 11 月正式签署了合作框架协议。沙特政府投资局向项目方颁发了项目许可。根据框架协议，中国铝业将拥有 40% 的股权，成为该电解铝项目的最大股东。预计项目总投资约为 45 亿美元。

　　如图 9-4 所示，经过一系列的兼并重组，中铝形成了包括氧化铝提炼、原铝电解以及铝加工生产在内完整的铝产业链。氧化铝和原铝的产量都有较大增长。同时，中铝拥有了与铝产业密切相关的电力、电子、机械及运输等重要子公司，增强了盈利能力。

　　截至 2008 年，氧化铝产量 975 万吨（含化学品氧化铝折合量，其中冶金级氧化铝

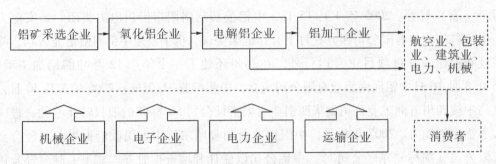

图9-4 中铝公司铝产业链布局

注：实线框表示中铝公司有子公司涉足。

902万吨），与2001年上市时相比增长了127%（冶金级氧化铝增长了122%）；电解铝325万吨，与上市时相比增长了385%；铝加工材从0.5万吨增加到35万吨。中国铝业在2007年通过换股吸收合并山东铝业、兰州铝业，成功完成A股上市；2008年又吸收合并中铝公司的六家铝加工公司，企业规模不断扩大，资产总额也从上市时的337亿增长至1335亿。中铝公司原铝及氧化铝产量如图9-5所示。

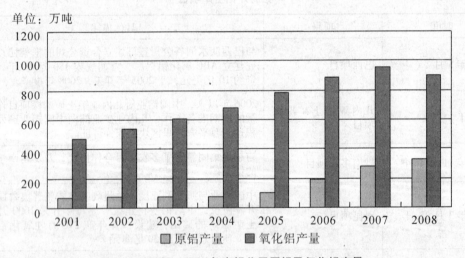

图9-5 2001—2008年中铝公司原铝及氧化铝产量

资料来源：根据历年中国铝业股份有限公司年度报表整理所得。

（2）进军铜产业

进入铝之外的有色金属行业是中铝公司实施多元化战略的必然选择，所以中铝公司在扩张主业的同时，也开始进入具有较强竞争力和盈利能力的铜产业，而其并购过程也是遵循打造完整产业链的思路逐步进行整合的。

中铝迈入铜业的第一步是入主湖北大冶有色金属公司。2004年9月，中铝公司收购湖北大冶有色金属公司，成立中铝大冶铜板带有限公司。紧接着，中铝公司开始了并购洛阳铜加工厂的计划。2005年12月28日，中铝与洛阳市就重组洛铜签订协议，成立中铝洛阳铜业有限公司。为进一步增强中铝在铜加工行业的影响力，2005年开始中铝对上海有色集团进行重组。经过一年多的努力，中铝公司最终出资5.4亿元重组上海有色集团，于2006年8月28日在上海注册成立中铝上海铜业有限公司，投资11亿元将其铜板带生产规模将从年产5万吨增加到12万吨。洛铜和上海有色是中国数一数二的铜加工企业，中铝对它们的重组初步实现了铜产业的扩张战略。

2007年10月30日，中国铝业公司在昆明与云南省第一大企业、中国第三大铜企业云南铜业（集团）公司正式签署"战略合作暨增资扩股"协议，中铝注资95亿元，以增资扩股的方式收购其49%的股权。此次收购将使中铝间接获得云南铜业股份有限公司26.6%的股权，成为云铜的第一大股东。在海外方面，2007年8月1日，中铝公司完成了对加拿大秘鲁铜业公司91%股份的收购。此次全面收购秘鲁铜业的总金额约为8.6亿美元。中铝公司收购云南铜业和秘鲁铜业进一步完善了其铜产业链。

（3）涉足稀有金属产业

2003年年初，国务院委托中铝公司负责牵头组建中国南方稀土集团股份有限公司。2007年7月，中国稀土开发公司划转中铝公司。

2004年4月，中铝公司与陕西省人民政府签署经济合作协议。根据协议，中铝公司控股陕西有色金属控股集团有限公司（以下简称"陕西有色"），无偿获得陕西有色72%的国有股权。陕西有色的划入，不仅给中铝公司增加了84亿的资产，也使其产业开始向钼、钛等非铝行业延伸，为公司稀有金属板块的发展奠定了基础。2008年3月，中铝重组沈阳有色金属加工厂。中铝与沈阳市人民政府签订关于沈阳有色金属加工厂"资产转让协议"，此次重组的资产受让总价格为4.12亿元。

2005年以来，中国铝业公司和Aricom公司（在伦敦注册并上市的俄罗斯公司）就合资建设海绵钛项目进行了多次富有成效的磋商。该项目利用境外钛矿资源，在黑龙江省佳木斯市建设规模为一期1.5万吨/年海绵钛，并留有扩建二期1.5万吨/年的余地，一期总投资约22亿元人民币。该项目在2009年投产。

（4）其他海外项目

2004年中铝公司组建中铝国际工程有限责任公司，积极参与国际工程建设招投标，走产业化发展道路。近几年来，中铝公司在印度Balco铝厂、Hindalco铝厂改造、Ashapura氧化铝厂、哈萨克斯坦Pavlodar铝厂、伊朗Jajarm氧化铝厂改造和伊朗南方电解铝厂等项目的竞标中接连获胜，大大提升了中铝公司在全球铝工业技术领域的地位和影响力，为中铝公司实施海外开发提供了坚实的技术支持。

2008年初，中铝联合美国铝业公司，出资140亿美元完成对英国力拓股份有限公司（Rio Tinto plc）约12%股份（约合力拓集团9.3%股份）的收购，成为力拓集团的单一最大股东。

中铝在铝行业的纵向一体化发展以及有色金属等领域内的横向多元化发展都是围绕着产业链整合这一目标进行的。中铝作为国资委下属的大型国有资源企业，利用有利的政府资源优势，通过兼并重组，进一步加强了对国内铝行业的控制力，并通过不断成熟的海外项目经营，完善了其铝产业链的发展，并已经形成集铝、铜、稀有金属为一体的三大产业结构。

9.3.3　中铝公司经营主要财务概况

2001—2007 年，中铝公司的盈利能力呈上升趋势，公司资产总额不断增加。2008 年由于氧化铝市场和原铝市场受到价格冲击，导致其销售收入和销售净利润分别降低了9.94% 和 99.17%。2009 年，世界铝市场持续低迷，中铝的盈利情况没有明显改进，利用债券融资收购力拓股份及资产后，公司的偿债风险和压力会有所增大。中铝公司历年主要经营财务数据如表 9-5 所示。

表 9-5　　　　　　　　　　　中铝历年主要经营财务数据　　　　　　　　　单位：百万人民币

年份	负债额	权益额	资产总额	销售收入	年净利润	现金净流量	投资收益
2001	19 301.43	14 096.08	33 397.51	15 978.91	1588.08	283.57	19.00
2002	16 396.02	15 523.94	31 919.96	16 792.77	1401.61	674.60	(30.00)
2003	16 335.95	18 742.34	35 078.29	23 245.86	3552.03	2596.44	(351.00)
2004	21 824.22	27 156.14	48 980.36	32 313.08	6223.94	6223.76	
2005	24 804.99	34 204.89	59 009.88	37 110.32	7246.43	7597.73	
2006	30 238.39	47 765.93	78 004.32	61 896.27	12 386.68	9802.78	17.77
2007	36 413.70	57 924.66	94 338.36	85 198.84	10 753.04	7707.00	33.21
2008	80 529.04	54 998.48	135 527.52	76 725.94	9.23	15 982.00	305 157.00

资料来源：根据中国铝业股份有限公司历年财务报表分析整理所得。

近年来，公司的财务政策较为稳健，负债率长期控制在 50% 以内，只有 2008 年由于收购英国力拓股份导致资产负债率增至 59.42%，体现出其相对较小的经营风险。然而流动负债占总负债的比例较高，使其面临一定的偿债风险。中铝公司历年主要财务指标数据如表 9-6 所示。

表 9-6　　　　　　　　　　　中铝历年主要财务指标数据

年份	负债率（%）	流动负债占负债比率（%）	流动比率	权益报酬率（%）	权益乘数	资产报酬率（%）	销售净利率（%）	资产周转率（%）
2001	57.79	22.72	1.0825	13.27	2.37	5.60	9.94	56.36

年份	负债率（%）	流动负债占负债比率（%）	流动比率	权益报酬率（%）	权益乘数	资产报酬率（%）	销售净利率（%）	资产周转率（%）
2002	51.37	20.98	0.5784	10.44	2.06	5.08	8.35	60.81
2003	46.57	62.88	0.8410	22.77	1.87	12.17	15.28	79.63
2004	42.03	64.09	1.0882	29.70	1.72	17.22	19.26	89.40
2005	42.04	60.22	1.1356	30.37	1.73	17.61	19.53	90.16
2006	38.76	71.30	1.1933	39.93	1.63	24.45	20.01	122.19
2007	38.60	56.54	1.3903	39.84	1.63	24.46	18.89	129.51
2008	59.42	51.04	1.1050	28.63	2.46	11.62	12.03	96.61

资料来源：根据中国铝业股份有限公司历年财务报表分析整理所得。

9.4 中铝注资力拓过程分析

9.4.1 力拓集团简介

力拓集团是一家集矿产资源勘探、开采及加工于一体的全球第三大矿业集团，总部设立在英国伦敦，其生产经营活动遍布全球，其主要产品包括铝、铜、钻石、能源产品（如煤和铀）、黄金、工业矿物（如硼砂、二氧化钛、工业盐和滑石）以及铁矿石。力拓集团属双上市的公司结构，即英国力拓股份公司（Rio Tinto plc）在伦敦与纽约上市，澳大利亚力拓有限公司（Rio Tinto Limited）在澳大利亚上市。根据《财富》杂志评选出的2009年世界500强企业排行榜，力拓集团以542.64亿美元的营业收入，位列第134位，较2008年上升129位。2008年年末，公司资产达到1013亿美元，并实现利润73亿美元。如表9－7所示：力拓集团铝产业的营运资产总额和营业收入最高，但其盈利水平较低；铁矿石产业净利润最高，盈利能力最强。

表9－7　　　　　　　　　**力拓集团经营资产结构组成**　　　　　　单位：亿美元

资产类型	营运资产	营业收入	净收益
铝	357.30	238.39	11.84
铜、钻石	55.36	66.69	17.58
能源、矿物	56.39	109.98	28.87
铁矿石	76.32	165.27	60.17

资料来源：根据2008年力拓集团年度报表整理所得。

2007 年 8 月，力拓为完成对加拿大铝业公司的收购，融资 400 亿美元。2008 年下半年经济危机来临后，这些负债成为力拓的沉重负担。为应对外部经济环境的不景气，2008 年 12 月 10 日，力拓集团宣布了一系列的举措，旨在通过减缩现金支出和降低债务水平保障股东利益。这些举措包括大规模减少 2009 年甚至 2010 年的资本支出。未来两年，力拓有将近 190 亿的债务需要偿还，迫使其不得不向外寻求融资和处置资产的途径，以缓解其近期的偿债压力，从而提供了中铝参与力拓资产层面投资的机会。

力拓集团是世界上最早认识到中国增长潜力的矿业公司之一，早在 1973 年就开始向中国出口铁矿石，并于 1987 年在中国建立了第一家铁矿石合资公司。此次与中铝公司建立的战略合作伙伴关系是力拓集团与中国市场关系的延续。如果交易完成，力拓集团从本次交易所获的 195 亿美元资金，将部分用于提前偿还并购加铝的贷款中于 2009 年 10 月到期的 89 亿美元和 2010 年 10 月到期的 100 亿美元。

交易获得的资金将显著改善力拓集团的财务状况，帮助力拓集团重新取得 A 级长期信用评级，提高其在信贷市场上的融资能力。力拓集团还将拥有更大的财务灵活性，运用所获现金投资于公司现有资产和高增长性资产项目，同时有选择地投资于有巨大增值潜力的收购机会，比如 Hail Creek 的扩建、西澳皮尔巴拉扩产 320 百万吨/年的初扩建、Yarwun、Kestrel 和 Clemont 的扩建。

力拓集团由于收购加拿大铝业而背负了巨额债务，且其经营活动在金融危机中陷入困境。2008 年年底，力拓集团负债率较高，且短期债务占总负债的比例很大，面临较为严重的债务危机。同时，力拓表现出存货不足，资产周转率和资产报酬率较低的特点。力拓集团 2008 年各项指标对比如表 9-8 所示。

表 9-8　　力拓集团 2008 年财务指标

	指标	比率
资本结构	负债率（%）	69.03
	短期债务/负债总额（%）	73.03
	经营活动产生的现金/销售收入（%）	77.33
资产结构	流动资产/流动负债	1.08
	流动资产/总资产（%）	54.45
	存货/流动资产（%）	0.21
营运能力	资产周转率	0.0070
盈利能力	资产报酬率（%）	0.52
	销售净利率（%）	0.7495
	权益报酬率（%）	0.016 929

资料来源：根据力拓集团 2008 年财务报表分析整理所得。

9.4.2 中铝注资力拓交易阶段

（1）股份及资产交易详情

第一阶段：

2008 年 2 月 1 日，中铝联合美国铝业投资 140.5 亿美元，获得力拓英国 12% 的股权。美国铝业以认购中铝新加坡公司债券的形式出资 12 亿美元，其余 128.5 亿美元均为中铝方面出资，中铝实际获得力拓英国 11.0143% 的股权。收购交易事宜如图 9-6 所示。

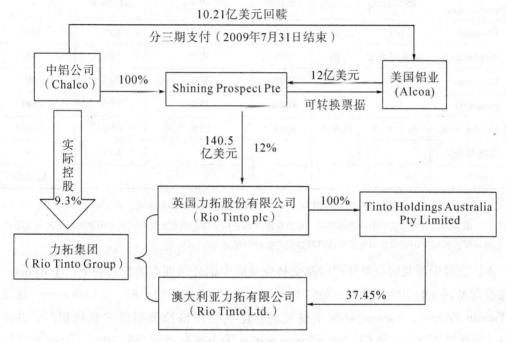

图 9-6　2008 年 2 月 1 日中铝收购力拓股份示意图

资料来源：根据中国铝业公司发布的交易相关公告整理所得。

第二阶段：

2009 年 2 月 12 日，中铝公司与力拓集团宣布建立新型战略合作关系，中铝公司将通过建立战略联盟和认购可转换债券向力拓集团投资 195 亿美元。其中 72 亿美元用于购买英国力拓股份有限公司与澳大利亚力拓有限公司分别发行的次级可转换债券，两部分可转债的转股价格分别为 45 美元和 60 美元。该债券转股后将使中铝公司持有英国力拓股份有限公司的股份比例升至 19%，并且持有澳大利亚力拓有限公司 14.9% 的股权，相当于力拓集团总股本的 18%。其中 123 亿美元将用于投资铝、铜、铁矿石战略联盟，包括认购战略联盟票据或股权投资。中铝公司投资战略联盟涉及的业务资产如表 9-9 所示。

表 9 - 9   中铝公司投资战略联盟涉及的业务资产

资产	资产所在国	资源类型	力拓集团当前权益	中铝公司在力拓权益中的持股比例	交易后力拓集团的权益	中铝公司入股价格（百万美元）
Weipa	澳大利亚	铝	100%	30%	70%	1200
Yarwun	澳大利亚	铝	100%	50%	50%	500
Boyne	澳大利亚	铝	59.40%	49%	30%	450
Gladstone Power Station	澳大利亚	铝	42.10%	49%	21.50%	
Escondida	智利	铜	30%	49.75%	15%	3388
Grasberg	印度尼西亚	铜	40%	30%	28%	400
La Granja	秘鲁	铜	100%	30%	70%	50
Kennecott	美国	铜	100%	25%	75%	700
Hamersley Iron	澳大利亚	铁矿石	100%	15%	85%	5150
发展基金					50%	500
合计						12 338

注：发展基金由中铝公司与力拓集团共同持有，在相关战略联盟的框架内开拓铁、铜、铝的业务机会，用于收购开发项目。潜在的投资包括在中国的勘探项目、双方在澳大利亚和中国的铝业务发展以及力拓集团目前的开发项目。

资料来源：根据中国铝业公司发布的战略联盟报道整理所得。

本次交易中涉及的业务资产以及交易完成后中铝公司拥有的权益如下：①Weipa——间接投资 Weipa 的 30%，Weipa 是位于澳大利亚昆士兰州的铝土矿。②Yarwun——间接投资 Yarwun 的 50%，Yarwun 是位于澳大利亚昆士兰州格拉德斯通的氧化铝厂。③Boyne——间接投资 Boyne 和 Gladstone Power Station 中力拓权益部分的 49%（力拓集团持有 Boyne 股份的 59.4% 并负责运营管理，持有美国能源公司 NRG 运营的 Gladstone 电厂股份的 42.1%），Boyne 是位于澳大利亚昆士兰州格拉德斯通的电解铝厂，Gladstone Power Station 是其附属发电厂。④Escondida——入股力拓 Escondida 公司 49.75%，而力拓 Escondida 公司持有 Escondida 铜矿 30% 的权益。Escondida 是位于智利阿塔卡马沙漠的铜矿，由必和必拓运营。⑤Grasberg——入股力拓印度尼西亚公司 30%，力拓印度尼西亚公司是 Grasberg 铜金矿的共同拥有者。位于印度尼西亚的 Grasberg 由自由港铜业公司拥有并运营。力拓集团拥有 Grasberg1995 年扩建项目（合资公司）40% 的权益。⑥La Granja——间接投资位于秘鲁北部的 La Granja 铜矿开发项目的 30%。⑦Kennecott——间接投资 Kennecott Utah 铜矿的 25%，位于美国犹他州的科力托犹他的业务包括铜矿的开采和冶炼。⑧Hamersley Iron——间接投资 Hamersley Iron 的 15%，Hamersley Iron 拥有约 700 公里的专用铁路以及位于西澳大利亚丹皮尔的港口及相关基础设施。上述资产作为统一的整体由力拓铁矿石业务部门运营及维护。本次投资不包括入股力拓铁矿石业务部门下属的任何皮尔巴拉地区合资公司，例如 Robe River、Hope Downs、BaoHI、Channar 以及 Rhodes Ridge。中国铝业公司注资力拓交易如图 9-7 所示。

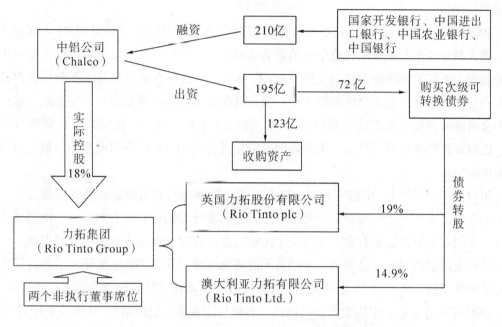

图 9-7　2009 年 2 月中国铝业注资力拓集团示意图

资料来源：根据中国铝业公司发布的交易相关公告整理所得。

同时，2009 年 2 月 12 日，中铝公司和美铝签订了一项协议。根据该协议，中铝公司将赎回其全资子公司 Shining Prospect Pte. Ltd. 2008 年向美铝发行的可转换票据。该票据为 Shining Prospect 用于收购在伦敦交易所上市的英国力拓矿业股份有限公司的普通股股权。该票据的本金于 2011 年 2 月 1 日到期。根据所签订协议的条款，该票据将由中铝公司以总额 10.21 亿美元回赎，分三期向美铝支付（付款期于 2009 年 7 月 31 日结束），并且美铝在 Shining Prospect 所持力拓股份中的担保权利和间接利益将随之终止。回赎总额为票据本金的折现值（并且如果任何分期付款在该协议所拟议时间之前支付，则回赎总额还将进一步折现）。该协议还规定，自票据发行起至今，力拓所派发股利中美铝所占的比例份额，将在 Shining Prospect 能够并且已经取回时支付给美铝。这样，中国铝业公司将持有 2008 年收购的力拓英国公司 12% 的股份，约合力拓集团 9.3% 的股份。

（2）交易审批全过程

本次交易完成的前提条件包括中国、英国、澳大利亚、美国的政府审批以及澳大利亚和德国政府的反垄断审批。本次交易同时需要获得力拓集团股东大会的批准。如果全部相关交易条件均得到满足或者豁免，本次交易的绝大多数要素将在 2009 年 7 月 31 日前生效。根据中铝公司与力拓集团签署的合作与执行协议，中铝公司应该在 2009 年 3 月 31 日之前完成认购力拓集团可转换债券和投资力拓集团资产的融资事宜。同时，澳大利亚监管部门要求力拓公司任命一家第三方咨询机构，以对中国铝业的交易是否满足相关独立性的规定进行评估。

2009 年 3 月 16 日，澳大利亚财政部宣布对中铝注资力拓的交易延期 90 天审批。随后，澳大利亚反垄断审查机构竞争和消费者委员会（ACCC）发布公告称，将不反对中国铝业公司 195 亿美元注资力拓的交易。ACCC 表示，中铝与力拓的交易既不会单方面造成铁矿石价格的下降，也不会降低铝土矿、铜、氧化铝等产品市场竞争水平，因此，这一交易不会对削弱市场竞争造成实质性的影响。德国反垄断机构——德国联邦企业联合管理局、巴西保护经济行政委员会、美国外国投资委员会（CFIUS）分别批准了中铝公司与力拓集团的交易。

2009 年 3 月 27 日，中铝完成与力拓集团建立战略合作关系所需的融资安排。本次交易的融资由国家开发银行股份有限公司牵头，由国家开发银行股份有限公司、中国进出口银行、中国农业银行股份有限公司以及中国银行股份有限公司组成的银团共同安排。中铝公司已与上述银团签署了总额约 210 亿美元的贷款协议，其中 195 亿美元用于履行其在本次交易条款下的义务，约 15 亿美元用于与本次投资活动相关的其他资金需求。

2009 年 6 月 5 日，中国铝业公司确认，力拓集团董事会已撤销对 2009 年 2 月 12 日宣布的双方战略合作交易的推荐，并将依据双方签署的合作与执行协议向中铝公司支付 1.95 亿美元的"分手费"。7 月 1 日，中铝全数执行力拓新股认购权，以维持现有的持股比例。

9.5　中铝注资力拓隐含的资源定价权

9.5.1　资源控制权与定价权

在全球铁矿石市场上，交易主要采取长期协议合同（简称"长协交易"）和现货交易两种方式。世界铁矿石进口大国一般采用长协交易，以获得长期稳定的铁矿石供应。长协价由供求双方一年一议。国际铁矿石长协谈判分别在上游矿业公司与中游钢铁企业之间展开。按照惯例，任意两方的谈判首发价都将被其他各方接受，虽然，近年来这一机制略有打破，但谈判格局没有发生根本性转变。铁矿石谈判价格涨幅的变化（如表 9 - 10 所示）表明，我国资源企业缺乏国际铁矿石定价权。

表 9 - 10　　　　　　　　　　2005—2009 年铁矿石谈判价格涨幅

年份	达成协议时间	谈判双方		铁矿石涨幅	
		购买方	供应方	粉矿	块矿
2009 年	2009 年 8 月	中钢协	FMG	-35.02%	-50.42%
	2009 年 5 月	新日铁	力拓	-33%	-44%
2008 年	2008 年 6 月	宝钢	力拓	79.88%	96.50%
	2008 年 2 月	日本新日铁	淡水河谷	65%	71%
		韩国浦项			
2007 年	2006 年 12 月	宝钢	淡水河谷	9.50%	9.50%
2006 年	2006 年 5 月	蒂森克虏伯	淡水河谷	19%	19%
2005 年	2005 年 2 月	日本新日铁	力拓	71.50%	71.50%

资料来源：根据宝钢、中钢协官方网站，新浪财经网站信息整理所得。

　　我国铁矿石进口价格长期跟随首发价，直到 2007 年，宝钢第一次取得中国首发价，然而 2008 年，宝钢与力拓达成的协议价格却高于国外钢企已达成的长协首发价，对我国钢铁行业造成了严重的影响。2009 年，金融危机的加剧抑制了全球铁矿石需求，新日铁与力拓首先就粉矿和块矿分别降价 32.95% 和 44.47% 达成一致。但是，中钢协认为首发价不足以反映当前市场需求，坚持要求更大幅度的降价。2009 年 8 月，中钢协与 FMG 签署协议，同意较大幅度的降价，但受 FMG 产能的限制，该协议价格没有改变三大矿山的态度。直到新一年的谈判拉开，中方与三大矿业巨头之间依然没有达成一致意见。

　　从经济学的角度分析，价格由供求关系相互作用形成，国际铁矿石定价也主要取决于市场供求关系。[1]但铁矿石作为一种尚未受到广泛认可的期货品种或期货市场的初级产品，其价格基本上由市场上的主要买方和卖方每年谈判达成。[2] 因此，国际铁矿石定价权的争夺，实质上是一种买卖双方实力的较量。[3]铁矿石价格的波动不仅体现国际铁矿石供需关系的变化，而且进一步反映国际铁矿石市场上买卖双方的谈判能力以及国际资源定价权差异。

　　我国资源企业所取得的成功并购交易并没有从根本上改变我国资源企业的全球地位，在全球资源市场上，依然缺乏定价权。作为世界铁矿石消费大国，我国每年消费全球海运铁矿石的一半以上，在铁矿石长协谈判中却只能被动接受国际矿业巨头的频繁涨价；同

　　[1]　王中亮. 国际定价权缺失的原因及其对策——基于我国铁矿石价格谈判失利的思考. 价格理论与实践，2006 (8) .

　　[2]　褚永. 国际铁矿石贸易垄断价格的形成机制. 对外经贸实务，2007 (4) .

　　[3]　王中亮. 国际定价权缺失的原因及其对策——基于我国铁矿石价格谈判失利的思考. 价格理论与实践，2006 (8) .

时，我国稀土储量约占世界基础储量的60%，并控制了世界稀土年产量的97%[①]，却依然只能卖出"烂泥"的价格。我国资源企业为什么参与海外上游资源领域竞争？怎样才能增强对全球资源的控制权和定价权？

9.5.2 产业链整合与财务控制权

汝小洁（2005）认为，国际贸易定价权就是由谁来确定商品国际贸易的交易价格，包括商品贸易中潜在的或普遍认可的定价规则和贸易双方所确定的或参考的基准价格。[②]迈克尔·波特（1980）在他提出的行业结构分析模型——五力模型（Five-force Model）中论述了供应商和购买者的议价能力。他认为，供应商可以通过提价或降低产品服务质量的威胁来向某个产业中的企业施加压力。供方实力的强弱是与买方实力相互消长的。[③]梅新育（2005）的研究指出，完全竞争的市场上不需要定价权问题，定价权只能存在于完全垄断或垄断竞争的市场上，无论买方还是卖方，具有垄断地位的一方掌握着定价的主动权，而高度分散的一方只能被动地接受。[④]

产业链控制策略已经成为市场竞争的重要手段，[⑤]产业链的本质是打破资源流动空间约束的一种整合资源的机制，[⑥]因此，跨国并购是我国资源企业基于全球资源市场的产业链整合，是提升国际资源控制权和定价权的重要手段。

以钢铁产业为例，钢铁产业链具有很强的关联效应和价格传导机制，产业链内部价格波动表现出显著的趋同性。上游铁矿石价格的波动，将推动中游企业产成品的价格波动，进而导致下游消费品市场的价格变化。反之，下游市场需求的增加将会驱动产业链中上游市场的繁荣，并引起上游铁矿石价格的上涨。

根据定价权博弈模型（如图9-8所示）分析，铁矿石谈判中各方实力对比集中体现在产业集中度、资源占有量和矿山控制力三个方面，反映谈判主体的企业能力。产业集中度的高低反映产业垄断实力的强弱，体现产业链该层链条中企业的能力，并直接影响谈判的主体地位。资源占有量的多寡以及对矿山的控制力体现企业对产业链关键资源的控制权，决定各方在谈判中的底线，也是影响上游矿业公司与中游钢铁企业较量的关键因素。

上游矿业巨头依靠其垄断地位和铁矿石资源的稀缺性，行使卖方垄断力量，通过控制产量降低现货市场供应，抬高现货矿供应价格，以此积蓄提高长协价的压力，在谈判中占据主动地位。钢铁企业作为定价权博弈的另一主体，通过缩小产能降低需求，行使买方垄

① USGS. MINERAL COMMODITY SUMMARIES 2009.
② 汝小洁. 中国需要国际贸易定价权. 世界有色金属，2005（10）：43.
③ 迈克尔·波特. 竞争论. 北京：中信出版社，2003.
④ 梅新育. 中国没有定价权. 世界知识，2005（15）.
⑤ 郁义鸿. 产业链类型与产业链效率基准. 中国工业经济，2005（11）.
⑥ 程宏伟，冯茜颖，张永海. 资本与知识驱动的产业链整合研究——以攀钢钒钛产业链为例. 中国工业经济，2008（3）.

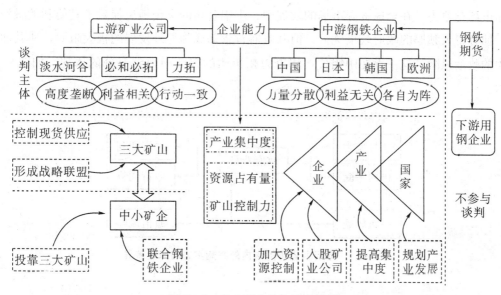

图9-8 铁矿石定价权博弈模型

断力量，向上游矿业企业施压，但由于其刚性需求的存在，在谈判中处于不利地位；同时，作为博弈主体以外的第三方，中小矿业企业的行为也对谈判产生影响。中小矿企与中游钢铁企业的联合，或其自身的成长和市场份额的扩大将有力地牵制三大矿山的谈判主动权；反之，中小矿企之间或与三大矿山之间的联盟又将增强上游矿业公司的谈判话语权。

钢铁企业的国际谈判实力是以国家能力为基础，依托国内钢铁产业竞争力而实现的宏观、中观与微观三层次的合力。国家通过对钢铁产业发展的合理规划，实现产业升级，淘汰落后产能，提高钢铁行业集中度，调节铁矿石进口秩序，有效提升钢铁企业的国际铁矿石定价权。钢铁企业通过增加海外矿产资源占有量，提高对上游矿业企业的股权控制力，将有利提升国际铁矿石的定价权。

财务控制权是企业所有权的核心内容，[①] 所以，对财务控制权的配置问题也成为并购活动中各利益相关者关心的问题。我国资源企业在实施海外并购的过程中，通过获取有效的财务控制权，有利于实现对目标企业经营管理的更好控制。

9.5.3 中铝国内外并购实力及风险比较

中铝公司作为国资委直属重要央企，其许多并购重组活动在国资委推动下完成，在国内市场重组过程中相对阻碍较少。同时，中铝公司的国内铝产业老大地位，使其成为国内铝产业链整合的主导力量，并拥有一定的国内垄断实力。

中铝公司在国内的企业规模的扩大以及国内产业链及市场控制能力的提升，增强了其

---

① 李心合．利益相关者财务论．会计研究，2003（10）：15.

国际市场竞争力。在全球资源市场的发展中，中铝公司的央企地位保障了其便利的融资条件，拥有得天独厚的政府政策优势，但其政府背景却成为海外发展的极大阻碍，使其面临极大的政治风险，这一点在中铝公司注资力拓集团的失败中得到充分的体现，如图9-9所示。

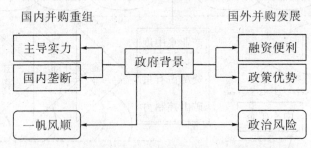

图9-9　政府背景下的国内外并购实力与风险差异

9.5.4　中铝注资力拓的意义

新世纪伊始，中央在提出"走出去"发展战略以来，积极鼓励我国资源企业通过市场化手段，利用海外资源，参与海外并购，提升企业全球实力，打破国际资源市场垄断。我国资源企业跨国并购所取得的成绩在一定程度上增加了我国资源企业的矿产资源储量，实现了对海外上游资源的控制权，并取得了部分矿业企业的董事会席位，成为重要的大股东，在矿业企业的经营活动中具有重大决策权，进而实现了对海外矿业公司的控制，符合我国资源企业"走出去"战略发展的要求。

如果中铝注资力拓的交易得以实现，力拓集团将获得195亿美元资金偿还债务并维持经营，包括资本结构、资产结构、盈利能力在内的各项指标都将得到优化，两家公司的整体表现也可能会朝着更有利的方向发展，如表9-11所示。

表9-11　　　　　　中铝注资力拓后两个企业的主要财务指标变化情况

主要项目	中铝的变化	力拓的变化	整体变化趋势
流动资产	— （不变）	↑ （优化）	↑ （优化）
资产总额	↑ （优化）	— （不变）	↑ （优化）
流动负债	— （不变）	↓ （优化）	↓ （优化）
负债总额	↑ （不优化）	↓ （优化）	…… （不确定）
所有者权益	↑ （优化）	↑ （优化）	↑ （优化）
负债率	↑ （不优化）	↓ （优化）	…… （不确定）
盈利能力	↑ （优化）	↑ （优化）	↑ （优化）
偿债能力	↑ （优化）	↑ （优化）	↑ （优化）

注：假设中铝公司此次融资全部为长期贷款，则不影响流动负债。

中铝公司为了完成此次交易，将增加210亿美元的负债，资产负债率进一步上升；同时，中铝公司资产总额和所有者权益都会增加，但其他的主要指标几乎都出现下降，对中铝的财务能力、盈利能力和偿债能力都有一定的负面影响。中铝公司财务及经营能力是否实现优化，主要取决于交易完成后力拓集团的经营能否好转，是否可以给中铝带来预期的收益。

如果中铝注资力拓的交易获得通过，中铝将获得力拓集团两个非执行董事席位，其中一名为独立董事，作为对力拓集团现有董事会构成的补充，参与力拓集团管理，符合中铝国际化战略发展的目标，也有利于我国铁矿石定价权、谈判地位的提升。购买力拓核心矿产资源的权益，将大大提升中铝对全球铝、铁、铜资源的控制权，不仅能够保证中铝未来发展的原料供应，还能够在管理和技术上学到更加先进的经验和技术。

虽然，中铝注资力拓的交易最终失败，但交易协议的达成足以体现中铝公司的海外竞争实力，这也得益于2005年以来中铝国内铝产业重组和产业链整合的发展。中铝跨国并购发展实践体现了我国资源企业对国内资源控制力增强的海外延伸，集中体现了跨国并购是企业国内实力的自然外延。

在全球经济陷入低谷时期，为摆脱债务危机，力拓董事会向股东提交了与中铝实现战略合作以获得195亿美元资本的方案。然而四个月后，澳大利亚力拓的股价上涨了近70%，英国力拓的股价也上涨了近1倍，力拓董事会认为已经有能力依靠新股发行从资本市场上融到所需偿还到期债务的资金，交易宣告失败。虽然在力拓宣布毁约以后，澳大利亚政府表示这一结果纯属商业行为，并强调高度重视与中方的合作以及对中国资本的需求，但其背后隐藏的更深层次的政治、文化等因素依然是此次注资失败不可忽略的影响因素。同时，中铝公司位于力拓集团的产业链下游，力拓集团不愿意看到下游企业参与上游的利润分配，并有可能在谈判中失去一定的产品定价权，与上游必和必拓的强强联合显得更有利可图。

相对于中铝注资力拓的交易而言，其他成功并购交易的金额相对较小，大多数只有数亿美元，甚至不足一亿。这些并购交易的目标企业相对规模较小，在产业链上游的影响力较弱，不足以促使我国资源企业的国际资源定价权产生根本性的变革，但这些交易的成功经验对我国资源企业的跨国并购具有借鉴意义。

为进一步增强我国资源企业的并购能力，提高对产业链关键资源的控制权，提升国际资源定价权，我国资源企业应首先加快产业链国内资源的整合，实现国内实力的自然海外延伸。同时，实施产业链跨国并购战略的重点在于对海外资源企业财务控制权的取得，并实现全球产业链的和谐稳定发展。

附表　　　　　　中铝公司控制的产业链下游及铝业相关境内子公司

子公司全称	持股比例（%）	表决权比例（%）	子公司类型	业务性质	注册资本（人民币千元）
山东山铝电子技术有限公司	75	75	B	电子设备的生产和销售	20 000
山东齐韵有色冶金工程设计院有限公司	100	100	A	有色冶金工程设计、咨询及加工造价咨询	9900
淄博万成工贸有限公司	100	100	A	机电设备维修	13 830
山西铝厂碳素厂	72.57	72.57	B	铝电解用预备阴阳极碳块	11 820
郑州海赛高科技陶瓷有限责任公司	80	80	B	氧化铝陶瓷制品的生产及销售	5000
中铝佛山贸易有限公司	89.6	100	C	销售有色金属材料及矿产品	10 000
中铝重庆销售有限公司	90.05	100	C	销售有色金属材料及矿产品	3000
中铝国贸（北京）货运有限公司	88.69	100	C	运输服务	6000
上海中铝凯林铝业有限公司	89.6	100	C	销售有色金属材料及矿产品	3000
西部国贸	81.45	90	C	自营和代理各类商品及技术的进出口业务	15 000
中铝山东国际贸易有限公司	81.9	90.5	C	进出口业务	10 000
中铝河南国际贸易有限公司	81.9	90.5	C	进出口业务	3000
沈阳中铝贸易有限公司	90.5	100	C	销售有色金属材料及矿产品	10 000
中铝凯华（北京）铝材销售有限公司	90.5	100	C	销售有色金属材料及矿产品	5000
上海中铝凯华铝材销售有限公司	90.5	100	C	销售有色金属材料及矿产品	5000
中铝成都铝材销售有限公司	90.5	100	C	销售有色金属材料及矿产品	5000
中铝武汉凯华铝材销售有限公司	90.5	100	C	销售有色金属材料及矿产品	5000
中铝佛山铝材销售有限公司	90.5	100	C	销售有色金属材料及矿产品	5010
河南华慧有色工程设计有限公司	100	100	A	有色冶金工程设计及加工造价咨询	5000
山西华泰炭素有限责任公司	98.34	98.81	B	碳素制品的生产及销售	42 000

附表(续)

子公司全称	持股比例(%)	表决权比例(%)	子公司类型	业务性质	注册资本(人民币千元)
白银瑞园金属有限公司	48.87	95.83	C	轻有色金属的加工与销售	4800
无锡新包铝业有限公司	90	90	C	金属材料、碳素制品、耐火及保温材料、化工产品等的销售	2000
上海畅乐工贸有限责任公司	60	60	C	有色金属、金属材料、机械设备以及铝冶炼等所需原材料等的销售	10 000
兰州铝业河湾发电有限公司	100	100	A	火力发电、发电副产品的开发和利用	816 330
重庆黔北铝销售有限公司	49.03	80	C	销售有色金属原辅材料、有色金属、化工产品、化工原料	1000
青岛华烨工贸有限公司	100	100	C	铝及铝产品的加工及销售,废旧有色金属的进口、加工、综合利用	6000
汝州金华矿业有限公司	51	51	C	铝矾土开采、氟化盐相关技术开发	6000
兰州铝业建筑安装有限公司	93.33	93.33	B	提供建筑服务	1500
中铝太岳矿业有限公司	51	51	B	铝土矿和铁矿的收购和销售	60 000
抚顺氟化盐有限公司	100	100	A	金属结构制作、氟化盐相关技术开发	30 000
上海万方铝业经贸发展有限公司	26.1	90	C	有色金属、金属材料、机械设备、仪器仪表、建材、铝冶炼所需原材料等的销售	10 000
焦作爱依斯万方电力有限公司	29	100	C	运营维护维修自备发电厂,售电开发和经营与电力有关的综合利用	447 580

注:A 为全资子公司;B 为控股子公司;C 为控股子公司的控股子公司。

资料来源:根据中国铝业公司主页所提供的资料整理所得。

10　财务腐败与企业治理
——古井集团腐败窝案分析

10.1　引言

2007年4月13日，古井集团原董事长王效金①因"涉嫌违纪"在家里被纪委部门带走。随后，古井集团先后有20余名高管及中层人员接受调查，并有10人确定涉案，是典型的腐败窝案。经过相关审判，王效金以受贿罪、挪用公款罪、职务侵占罪等被判处无期徒刑；古井集团古井贡酒股份有限公司亳州古井销售公司原常务副总经理郭新民被判死刑，缓期两年执行；其他人员被判处有期徒刑15年、11年、7年不等。高层人员的集体腐败窝案，也导致了古井集团国有产权四次挂牌均无人接手，成为"烫手山芋"。

此外，因涉案金额之大而闻名的南航集团腐败案、因涉案人员众多而轰动的中国轻骑集团、成为云南省官员因职务犯罪被判处死刑第一例的云南铜业腐败窝案、因资源匮乏造成的茅台"批条权"衍生物——乔洪案等，无一不是社会影响巨大的上市公司集团腐败事件。2010年1月4日，王荣利推出的"国内首篇年度企业家犯罪报告"——《2009年中国企业家犯罪报告》在业内广受关注。② 那么，为什么在外同时接受监控的上市公司会频发集团腐败案呢？

10.2　中国上市公司腐败案例一览

中国上市公司腐败现象层出不穷。陈信元③等通过公司年报披露和公开报道，建立了

---

① 王效金是土生土长的安徽省亳州人，曾被视为当地人的骄傲。他被提拔当亳州古井酒厂厂长两年后，于1989年推出"降价降度"策略，在全国引发了一场"白酒革命"。此后，古井酒厂一度成为中国白酒业的龙头企业，而王效金也被称为"中国酒界第一人"。（商业领袖：http://hi.baidu.com/%BA%FC%C0%EA%F3%A6%D0%B7/blog/item/c39978240278b635c9955974.html）

② 王荣利在"2009中国企业家犯罪报告"中选取了85例案件，按国企、民营分为两大部分进行分析。结果是：民营企业涉案人员49名，其中身价逾亿元或者涉案金额逾亿元的36人以上。30.76%的民营老板涉及合同诈骗，27.69%的民营老板涉及暴力犯罪，此外民营老板还有涉黑犯罪以及暴力诱惑下的非法经营等罪状。国有企业涉案34名，落马国企老总平均比民营老板大7岁（民营企业涉案人员平均年龄为46.04岁，国有企业为53.36岁）。（详细报道见中国日报网：http://www.chinadaily.com.cn/hqcj/2010-01/06/content_9271952_3.htm）

③ 陈信元，陈冬华，万华林，梁上坤. 地区差异、薪酬管制与高管腐败. 管理世界，2009（11）：139.

2005 年以前公开披露的中国上市公司高管腐败数据库。至 2005 年，共计 116 家上市公司发生过高管犯罪案件，涉案高管达到 332 人，如表 10-1 所示。

表 10-1　　　　　　　分年度首次披露高管腐败情况

年份	1998 及以前	1999	2000	2001	2002	2003	2004	2005	合计
公司数	3	10	13	18	11	21	31	9	116
高管数	3	10	20	23	41	53	36	9	332

资料来源：陈信元、陈冬华、万华林、梁上坤．地区差异、薪酬管制与高管腐败．管理世界．2009（11）：139.

　　案件不仅数量众多，且金额巨大。这些案件的累积金额高达 310 亿元。其中，挪用资金及资金黑洞、账外资产这一犯罪类型的案件数最多，共计 45 起，涉案金额约 140 亿元。具体的高管犯罪类型、案件数量和涉案金额的描述性统计如表 10-2 所示。

表 10-2　　　　　　　高管犯罪案件类型、金额一览表

案件类型	涉案数量	涉案金额
违规担保、违规借贷	11	约 75 亿元
违规投资、违规理财	5	约 10 亿元
挪用资金及资金黑洞、账外资产	45	约 142 亿元
非法集资	1	约 1.3 亿元
职务侵占	10	约 2.7 亿元
玩忽职守	3	约 21 亿元
滥用职权	3	1800 万元
巨额财产来源不明	4	2535 万元
受贿	27	4475 万元
贪污	18	约 1.4 亿元
内幕交易买卖本公司股票	11	约 4.4 亿元
违规炒股操纵证券价格	7	约 5.6 亿元
走私普通货物罪	4	7655 万元
信用证、合同、货款诈骗	10	约 49 亿元

　　注：上述案件合计数为 159 件，由于存在高管一人多项犯罪的情况，案件数量计算有一定重复，但涉案金额不存在重复计算。

　　资料来源：陈信元，陈冬华，万华林，梁上坤．地区差异、薪酬管制与高管腐败．管理世界．2009（11）：139.

　　2005 年及其以后又接连爆发了多起上市公司高管腐败案，典型的案例如表 10-3 所示。

表 10 - 3　　　　　　　　　　2005 年后上市公司腐败典型案例

时间	公司	涉案人员	涉案金额	案件类型	最高处分
2005	中国南方航空股份有限公司	陈利明等 3 人以及汉唐证券企业	15.9 亿元以上	行贿、受贿、挪用资金、贪污	陈利明死刑，缓期两年
2007	中国轻骑集团有限公司	张家岭等 44 人	10.9 亿元	挪用公款、故意伤害、偷税、信用证诈骗	张家岭、张春生无期徒刑
2007	云南铜业（集团）股份有限公司	余卫平等 3 人	1.2 亿元人民币及 1.4 万美元	受贿、挪用公款、贪污公款	余卫平死刑
2007	贵州茅台股份有限公司	乔洪	1442 万余元	受贿	侦查中

资料来源：根据中国反渎职侵权调查网（http：//www.cnfdzqq.com/article/show.asp? id = 1369）相关资料整理所得。

表 10 - 3 中列举案例的典型性在于：南航集团腐败案的涉案金额之大（约 16 亿元），属国内罕见；轻骑集团腐败窝案因涉案人员众多而异常轰动；[1] 云南铜业腐败案因余卫平是云南省官员因职务犯罪被判处死刑的第一人而成为典型；贵州茅台的乔洪案因"一把手"的"批条权"[2] 而受到国资委和大众的关注。无独有偶，中国酒业的另一翘楚——古井贡酒也出现了腐败案。

10.3　古井集团腐败窝案解析

10.3.1　古井集团简介

安徽古井集团有限责任公司[3]位于安徽省亳州市，前身为 1959 年建厂的亳州古井酒厂。1992 年，安徽古井集团有限责任公司在亳州市人民政府的组建下成立。公司在董事长王效金的带领下，经过十几年的快速发展，成为拥有 30 多个直接投资或控股子公司，集酒业、酒店业、房地产业、金融业、制药业、高科技等产业为一体，是跨行业、跨地区、多层次、多功能的国家大型一档企业和全国轻工行业的重点骨干企业。其下属五大事

---

[1]　案件组已经立案 22 起，查处 44 人，其中厅级干部 5 人，轻骑集团高层管理人员 20 人，一般人员 19 人。

[2]　作为中国资源垄断型企业的代表，茅台经历了连续九年的高速增长且成长为中国股市中深受追捧的第一高价股。多年的实验结果证明，受特殊的水源、气候和微生物环境影响，离开茅台镇，就生产不了茅台酒；且并不是茅台镇所有的地方都可以生产出茅台酒，能生产的大概只有 2 平方公里多一点的地方。因此，茅台酒产量有限，2000 年以前茅台酒的销售基本实行计划配给，"没有批条就搞不到酒"。即使在上市七年后的今天，茅台酒的销售仍依循计划经济模式下的操作手法。"批条权"便是茅台乔洪案的根源。（资料来源：中国反渎职侵权调查网：http：//www.cnfdzqq.com/article/show.asp? id = 1369）

[3]　关于古井集团的资料均来自于安徽古井贡酒股份有限公司网页（http：//www.pinsou.com/company/templet/tour001/About _ index.asp? bd = 20685）。

业部：酒业事业部（主体为安徽古井贡酒股份有限公司）、酒店事业部（主体为安徽古井酒店集团有限责任公司）、房地产事业部（主体为安徽古井房地产集团有限责任公司）、金融事业部（主体为东方瑞景企业投资发展有限公司）和中小企业事业部。

在安徽古井集团有限公司的几大产业中，白酒业、酒店业、精品零售业在品牌忠诚度、综合竞争力和资产规模等方面已稳坐安徽省内同行第一把交椅，房地产业发展势头强劲，金融业也呈现出良好的发展态势。白酒业是目前安徽古井集团公司的支柱产业，其中安徽古井贡股份有限公司是中国白酒行业的著名企业。其拳头产品古井贡酒为中国老八大名酒之一。古井贡酒的历史始自曹操向汉献帝进献的九酿春酒，至今已有 1800 多年的历史，并以"色清如水晶、香醇如幽兰、入口甘美醇和、回味经久不息"的独特风格，被誉为"酒中牡丹"，该酒自参加全国白酒评比以来四次蝉联金奖，并荣获巴黎第十三届国际食品博览会金奖和原国家轻工部质量大赛金奖、出口产品金奖，1987 年更是被选为国宴用酒。1999 年经国家工商行政管理局认定，"古井贡"被评为中国驰名商标。目前安徽古井贡酒股份有限公司已形成两大香型（浓香型、兼香型）、四大品牌（古井贡牌、古井牌、野太阳牌、老八大牌）的完整产品体系。1996 年古井贡 A 股（000596）、B 股（200596）在深圳成功上市，成为中国第一家白酒上市企业。

古井白酒业在历史上曾创下了五个"中国酒界之最"：一是人工老窖的研制成功，打破了白酒界"百年老窖出好酒"的神话；二是"降度降价"的经营革命，拉开了白酒界向市场经济过渡的序幕；三是"五年陈酿"、"十年陈酿"古井贡酒的推出，开辟了白酒界以酒龄出酒的先河；四是"双赢战略"的实施，创造了工商联手共建白酒市场的先例；五是创新传统白酒风味，推出了市场新宠"淡雅型"白酒。

截至 2008 年年末，安徽古井贡酒与实际控制人之间的产权关系和控制关系如图 10-1 所示。

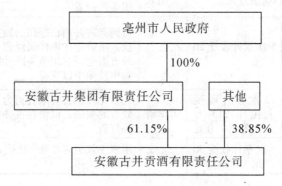

图 10-1 古井贡的产权及控制关系

资料来源：根据古井集团 2008 年年报整理。

10.3.2　古井集团腐败窝案的侦查与处理

（1）各方对古井集团腐败窝案的影响

2007 年 4 月 13 日，＊ST 古井发布公告称，泰国首富苏旭明已经成为古井集团国有产权 100% 转让中标候选方。当天晚上 10 点左右，古井集团原董事长王效金从家里被纪委部门直接带走，原因是"涉嫌违纪"。在王效金之后，古井集团先后有 20 余名高管及中层人员接受调查，并有 10 人确定涉案。多名高管的出局，也给古井集团丢下了一个烂摊子。

2008 年 7 月 24 日，王效金首次接受庭审。据检察机关指控，王效金最早的一次受贿是在 1991 年。为进一步打开古井市场并巩固与古井酒厂的业务关系，四川省君乐酒厂负责人李宗义往王效金的办公室送了 5 万元。在此后 10 余年内，李宗义累计送给王效金 66 万元人民币和 56 万美元。王效金被指控的最后一笔受贿时间是 2007 年 3 月。《财经界》杂志工作人员为了能得到王效金的关照，以便在古井集团承接一些广告，送给王效金 2 万元。

在王效金后，相继侦查出了古井高管错综复杂的行贿、受贿细节。表 10-4 列举了部分古井高管为了一己私利收受他人现金、房产、贵重物品的相关信息。

表 10-4　　　　　　　　　　　古井集团高管腐败概括

受贿人	时间	金额	行贿人	原因	业务
王效金	1991—2001 年	7 次累计收受人民币 66 万和美元 56 万	李宗义	使四川君乐酒厂成为古井集团长期的散酒供应商。截至案发，君乐总共供应古井集团散酒 1.1 万吨，价值约 1.7 亿元人民币。	原料采购
	2000 年至案发	60 余万元	姜国武	山东烟台华新集团有限公司为古井集团生产瓶盖①	采购渠道
	1998 年起	5 次累计收受 20 万元	申桂荣	得到老古井酒在亳州的独家销售代理权。王效金在申桂荣经营、资金周转等方面也同甘绍玉②打过招呼，让其对申桂荣予以支持。	经销业务
	1997—2007 年	12 次累计收受人民币 213 万元，美元 4 万元	潘学清	北京龙骏广告有限公司为了能得到王效金的关照，以便在古井集团承接一些广告	广告承揽
	2003 年 10~11 月	3 次累计收受 30 万元	陈伟东	请求王效金对万基③收购古井集团一事给予关照	股权改制

---

　　① 姜国武为古井股份公司生产的瓶盖因不符合质量要求，古井股份公司质检部门不同意使用。但是，在古井股份常务副总经理朱仁旺的帮助下，该批瓶盖被特批专门用于河南市场。

　　② 甘绍玉是古井贡酒股份有限公司原总经理。

　　③ 万基是一家民营企业，其董事兼实际控制人陈伟东发迹于保健品，其时旗下拥有烟台发展（深圳交易所代码：600766，后更名为园城股份）和香港上市公司万基药业控股（香港交易所代码：00835，后更名为汇宝集团）。

表10-4（续）

受贿人	时间	金额	行贿人	原因	业务
刘俊德	2003年	收受一套当时价值122万元的住房	陈伟东	古井通过委托理财业务向万基拆借了7000万元。并在对该集团股票强行平仓及延长还款期限上为其谋取了利益。	理财业务
	2003—2004年	8万元	姜国武	为感谢刘俊德对山东烟台华新集团有限公司的关照（与上面王效金的受贿案有关）	采购渠道
甘绍玉	1997—2002年	6次累计收受6万元	申桂荣	为取得甘绍玉的帮助（与上面王效金的受贿案有关）	经销业务
朱仁旺	1999—2007年案发	22次累计收受41.1万元	申桂荣孔永红	申桂荣通过贿赂先后取得了38度"十年陈"在亳州的总经销权、精品幽雅古井贡酒的经销权等（与上面王效金的受贿案有关）	经销业务
何飞王亚洲	2000—2005年	共同贪污人民币780多万元，受贿400多万元		利用坐庄炒股吃返佣、非法质押公司持有股票私下融资供自己炒股、用公款为他人锁庄提供帮助或泄漏内部信息。	证券业务
李万林	1987—1993年	16次累计收受27.6万元	张益和、苗太山	为太和县第二建筑公司在工程承包、工程款拨付等方面谋取利益	建筑业务
卢建春	2001—2006年	人民币120万元、美金1.5万元	四川某酒厂副总经理	在业务上对该酒厂给予帮助	经销业务
李运杰	2000—2007年	收受42万元，索取40万元	浙江某机电设备安装公司	在工程承包、施工建设等方面给该公司提供帮助	建筑业务

注：①每个古井高管每项业务均只列举一例，相同业务的受贿实例不一一列举；②如不说明，表中涉及的金额货币为人民币。

资料来源：根据中国法院网的"古井集团腐败窝案专题"整理所得。

由表10-4可知，古井集团高管的受贿行为涉及企业经营链条中的各个环节：为了给新产品开发人更多的优惠，使新产品的总经销商获得较多的利润，古井集团高管人员在新产品开发中狂敛新产品总经销商所送财物；在包装材料采购过程中，收取供应商的回扣贿赂；在古井酒类销售过程中，经销商为了获得更多的优惠待遇，向掌握销售策略制定权的高管人员行贿，分管销售的管理人员也借着手中权力，来者不拒；在广告推介过程中，广告商为了获得古井集团更多的广告机会，向古井高管人员行贿。更有甚者，一些高管直接把公款占为己有，赤裸裸地进行贪污，毫无顾忌。①其中，王效金更是在原材料采购、广告承揽、合股经营、企业收购等多个业务环节收受贿赂，甚至在国有产权转让过程中也大肆敛财，几乎囊括了古井的所有业务。其权力之大，一把手的影响之深，因此可见一斑。外部相关涉案人员对古井窝案的发生也具有推动作用。

不仅集团外部的人给古井高管行贿，集团内部也有互相行贿的现象。在对王效金的诉讼书中就多次出现"王效金给甘绍玉打招呼"、"王效金安排郭新民给予关照"等话语。

（2）古井集团腐败窝案的特征

由表10－4还可以看出古井集团腐败窝案的七大特征：②

第一，涉案人员多。在被查处的古井高管中，任职最高的为王效金，任古井集团董事长、总裁，其他涉案人员中还有集团副总裁、子公司总经理、副总经理甚至基建部负责人也大伸其手，不遗余力地捞取钱财。这些涉案的古井集团的高层管理人员掌握着集团的经销权，集各种权力于一身，成为行贿者的主攻目标，以致"查一案，带一串，办一案，挖一窝"。

第二，辐射范围广。古井集团系国有大型企业，其主营产品古井系列白酒位居全国酒类产品前茅。该集团的业务范围遍及全国各地，上海、广东、福建、重庆、四川、内蒙古、辽宁、浙江、江西、安徽等省内外的众多客户，同检察机关已查办的古井集团高管人员有着不正当的经济关系，他们大肆进行权钱交易，行贿受贿，给古井集团造成了重大损失。

第三，涉案案值大。在已查办的古井集团高管人员案件中，涉嫌受贿数额高者达500万元，如古井贡酒有限公司销售公司原常务副总经理郭新民涉嫌受贿达500万元。有的达百余万元，有的案值几十万元，有的一次受贿竟达几十万元。

第四，涉案物品种类多。在已查办的古井高管人员受贿案中，犯罪嫌疑人不仅收受人民币，而且收受美元、港币、家用电器、贵重饰品、房产甚至名人字画等。

第五，案件跨度时间长。从查办案件的情况看，有的从20世纪90年代初至2007年4月案发，不间断地收受贿赂，跨度时间近20年，有的犯罪时间持续10多年。有的受贿次数多达100次，如犯罪嫌疑人朱仁旺在古井贡酒股份有限公司任职期间，114次收受30余名客户贿赂金额200余万元。

第六，受贿地点多。犯罪嫌疑人的受贿地点已经从住宅转移到了办公室、出差所住的宾馆等场所。

第七，行贿、受贿相互交织。古井集团高管人员系列案件，有的受贿人收受多人所送钱物，有的行贿人向多名古井集团高管人员行贿。

---

① 资料来源于中证网（中国股权分置改革网）——古井集团腐败窝案侦破纪实（http://www.cs.com.cn/gz/01/6/）。

② 资料来源于中证网（中国股权分置改革网）——古井集团腐败窝案侦破纪实（http://www.cs.com.cn/gz/01/6/）和腾讯网（http://news.qq.com/a/20090228/000127.htm）。

（3）古井集团腐败窝案审理结果

经过长达一年多的侦查和审理，得到"一口古井淹没一群高管"的审理结果。具体宣判结果如表10-5所示。

表10-5　　　　　　　　　　　古井高管宣判结果

姓名	职务	原因	审判结果
朱仁旺	古井贡酒股份有限公司原董事、常务副总经理、销售公司总经理	受贿人民币212万元、美金9000元	未宣判
卢建春	古井贡酒股份有限公司原副总经理	受贿人民币200多万元	未宣判
何飞	古井集团原副总经理	挪用公款罪（3300万元）和职务侵占罪（将返还项目组的佣金非法占为己有，数额巨大）	未宣判
刘俊德	古井集团原财务总监、副总裁	收受万基价值人民币122万元房屋一套	11年
李万林	古井贡酒股份有限公司基建修缮部原经理	受贿人民币39.6万元	7年
阮昆华	古井集团安徽老八大酒业有限公司原董事长	受贿人民币35万元	10年
郭新民	古井集团古井贡酒股份有限公司亳州古井销售公司原常务副总经理	受贿人民币637.4万元、美元2万元、港元20万元及国画、手表、电视机等贵重物品	死刑，缓期两年执行
甘绍玉	古井贡酒股份有限公司原总经理	受贿人民币134.8万元、股份价值人民币168.412万元（未遂）、港币6万元、美元1.6万元	15年
李运杰	古井集团原副总裁、古井房地产集团原董事长	受贿人民币227万元、港币30万元、美金0.2万元	15年
王效金	古井集团原董事长	受贿人民币508万元、美元67.6942万元、港币5万元	无期
王亚洲	古井集团子公司东方瑞景企业投资发展有限公司（上海）业务总监	侦查中	尚未进入审判

资料来源：根据中国法院网的"古井集团腐败窝案专题（http://www.chinacourt.org/zhuanti/subject.php? sjt_id=388&kind_id=6&order_set=0&law_key）整理所得。

10.4　古井集团腐败窝案的内部控制分析

10.4.1　内部控制分析框架

为深入分析古井集团腐败窝案的特点，Treadway委员会发起组织委员会构建了古井集团内部控制分析框架①，如图 10 - 2 所示。企业腐败与企业治理结构和内部控制息息相关。有效的控制环境为内部控制提供基础，而规范的控制过程是内部控制的关键，可以促使内部控制达到预期的效果。偏离预期的控制结果可以促进企业发现内部控制的局限，完善企业治理结构和内部控制体系。

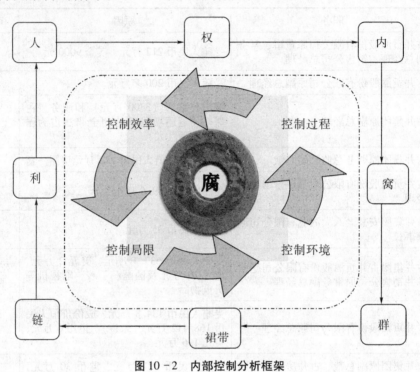

图 10 - 2　内部控制分析框架

在整个控制过程中，"人"是关键。内部控制的实施主体是人，实施客体也是人，对控制过程起监督作用的还是人。人的诚信、道德价值观、胜任能力、经营理念等决定了企业控制环境是否有效；"一把手"和高管权力的大小不仅决定了内部控制过程的规范程度和严格程度，而且是产生腐败窝案的根源。"窝案"顾名思义就是多人作案，即群体作案。出现群体作案的原因是错综复杂的"裙带"关系，而要带上关系，就必须是链上的利益相关者。这里的"链"不仅是价值链，也是腐败链。为了自身利益，链上各利益相关者纷纷向链上有权的人行贿，使内部控制机制形同虚设，不能发挥作用。

因此，腐败窝案便是一颗腐败的种子在腐败的土壤中长出了一颗腐败的树，这棵腐败的树又庇荫这一片它生长的腐败的土地。

---

① Treadway 委员会发起组织委员会（COSO）提出了内部控制整合框架相关理论，具体参见"内部控制——整合框架（Internal Control - Integrated Framework）"。

10.4.2　古井集团内部治理结构

上市公司外有审计人员、政府等的监管，内有监事会、职工代表大会的监管，本应是监管最严、最不易出现腐败的地方，但是中国屡见不鲜的集团腐败案，尤其古井集团的"连锅端"却不得不引起我们反思：是机制问题，是监管不力，还是人的贪婪和无穷的欲望？

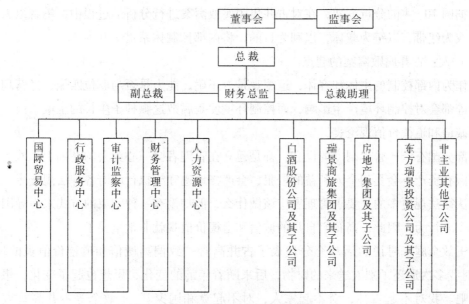

图 10－3　古井集团组织架构

资料来源于古井集团主页（http．//www．gujing．com/sm2111111170．asp）。

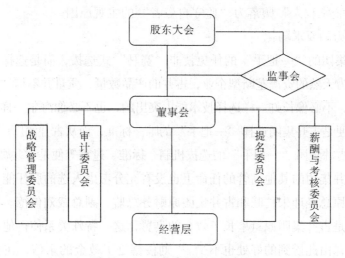

图 10－4　古井集团治理结构图

资料来源：根据古井集团 2008 年年度报告整理所得。

由图 10-3 和图 10-4 可知，古井集团的组织架构和治理结构为集团的内部控制提供了平台和条件，此外，集团还设有独立董事等监管机制。那么，该内部控制机制是否有效？控制环境是否有效？控制过程是否严谨？控制结果是否合理？

10.4.3　古井集团的内部控制分析

根据图 10-4 的分析框架，在对古井集团腐败窝案进行分析的过程中，笔者以人为起点，以权为纽带，以链为载体，以利为目的，将内部控制体系贯串其中。

（1）人：古井腐败窝案的起点

人作为内部控制的主体和客体，道德观是否正确，能力是否与职位匹配，经营理念是否积极等都会对控制环境产生影响，而控制环境便是腐败这颗种子生长的土壤。

①诚信和道德价值观沦丧

大部分国有资产管理制度的设立，都是建立在管理者会一心为公的基础上，认为他们会保证国有资产不会受到个人利益的侵犯，会严格地遵守与执行政府各种法规法令。国家相关的法律法规更多的是要求管理者应该做什么，但却没有一种约束的方式来引导国企领导人的个人行为。因此，高管们自身的诚信和道德价值观就非常重要了。

但王效金庭审时说的话却充分代表了古井高管一致偏离诚信和道德价值观的现状："开始时我多次退还了别人送来的财物，后来随着年龄的变化，思想也起了变化，想送来就收下吧。我对不起古井，对不起家人，对不起党和国家。"王效金等古井高管人至中年，信念动摇，角色意识模糊，没有充分协调好企业高管人员的"双重角色"问题，即国有企业经营者的社会责任、政治责任与商人追逐利益、实现自身价值的矛盾无法调和，是促使其从"国企掌权人"堕落为"监守自盗者"的主观原因。

②对胜任能力的要求弱化

首先，古井集团的"一把手"的任免就非"赛马"式选拔，而是选择了老古井酒厂的厂长王效金。作为天然的资源垄断型企业，古井的产品数量、质量并不与"一把手"的人选直接相关，因此，不必像长虹一样选择技术能力突出的，也不必像海尔一样选择管理能力优异的。人际关系便是古井集团选择"一把手"的唯一标准，而从古井酒厂厂长走过来的王效金便成了首选。古井集团"一把手"的选拔机制、标准、过程等便是古井腐败的根本。

其次，在古井集团的其他高管的任命上也没有充分考虑人选的胜任能力。典型人物就是古井销售公司原总经理朱仁旺和古井集团原财务总监、副总裁刘俊德。朱仁旺虽然职务不高，但因为他是古井集团原董事长王效金的妻舅，这一特殊关系使得他在古井集团内部的地位非同一般，由此捞到的好处也不少。① 刘俊德是王效金的亲信，在担任古井贡董事

----

① 如不特别说明，古井集团高管腐败的相关资料均来自中国法院网的古井集团腐败窝案专题（http://www.chinacourt.org/zhuanti/subject.php? sjt_id=388&kind_id=6&order_set=0&law_key）。

长期间，私自挪用巨额公款进行炒股，损失了一个多亿；而且刘俊德还指示多个子公司进行委托理财，大多亏损数额巨大，给古井带来了数亿元的损失。在古井高层多次向王效金反映情况时，他大多时间"没有理会"，后来迫不得已让刘"引咎辞职"，同时又安排刘俊德担任古井集团的副总裁，职务不降反升。

最后，在20世纪90年代初期，古井投资的项目众多，由于没有太合适的人选，王效金就从自己身边提拔一些亲信，在"矮子"里面找"高个"，一流的项目让二流的人才去操作，导致投资结果不乐观。早期投资的塑料，因经营人员缺乏经验，生产出来的产品销售不出去。还有个矿泉水厂，安装的一流设备，后来也成了一堆废铁。失败的原因，一是因为建在厂区内，各种微生物的存在使矿泉水无法克服沉淀的问题；二是因为生产矿泉水，使得地下水开采过度，影响了酒的生产。这些都是由于高层不具备胜任能力所造成的。

③理念和经营风格强势独断

古井集团管理层信奉的是"铁腕"管理观。"做事很果断也很专断"是许多人对王效金的评价。王效金强势且专断，很少采纳别人的意见。在古井集团，王效金一天至少有一半的时间在不停地讲话：对外面的客商、记者、政府官员、各界朋友不停地说；对内部的人员不停地发号施令，大谈自己的感想见闻；或是召集有关人员向他们灌输自己的想法。

在舆论宣传上，王效金在公司内组织各种各样的学习班、培训班、公司大会、职工对话会。在《古井报》上可以看到各种形式宣传王效金的文章，像"给王厂长画像"、"王效金故事"、"王效金的经营之道"、"董事长信箱"等专栏就有好几个；关于王效金讲话、活动的报道更多；"向董事长学习"、"向王效金学习什么？"、"古井离不开王效金"的言论更是时常出现。

王效金上任之初就认为一个企业应该有一种"效忠精神"，并曾在公开场合说，王效金就是古井，古井就是王效金，而效忠古井就是效忠王效金，效忠王效金的目的就是为了古井和每一个职工的发展。为此，王效金在2002年创造了著名的"铁篦梳理"，即集团的管理人员要用"铁篦子"梳理自己思想行动上与市场经济不相适应的问题；要梳到痛处、理到本质，梳理出内心深处的落后意识。"铁篦梳理"所形成的震动，在古井历史上是前所未有的。一些老同志至今提起当时的情况仍然心有余悸——不换脑筋就换人，批判不深就下岗，而结果就是一些没有"梳理"好自己思想的人开始调职、离职。

在这种经营理念和经营环境下，董事会或审计委员会不仅成为了摆设，组织结构也有形无实。

（2）权：古井腐败窝案的纽带

权力是腐败的根源，权力过大会导致管理层凌驾于内部控制之上，使内部控制有形无实；掌权的多人为了稳固自己的权力会相互串通，导致内部控制体制瘫痪。

管理层凌驾。管理层凌驾①（management override）是指，出于个人利益或虚夸主体的财务状况或合规情况等不法企图，而拒绝执行既定的政策或程序。当王效金的"一把手"变成"一霸手"，自然就拥有了凌驾于内部控制之上的权力。现在的许多国有企业，特别是像古井这种在行业、地区具有举足轻重地位的国有企业，由于其特殊的社会背景、特殊地位、高贵身份以及复杂的关系，很多都成了"独立王国"，其"一把手"都"享有"至高无上的权力，投资、经营、分配、人员安排等，都是一个人说了算。② 因此，王效金在公开场合、大的问题上，表面上民主，听党委和工会的意见，但落实具体问题时却是他一个人说了算。

串通。两个或多个人的串通行为会导致内部控制失效。古井现任某高层负责人表示，以前的古井权力过于集中，最容易出现问题的销售环节也是几个高层在"把关"，而高层只在内部之间"互通"，旁人根本无法过问，以至于高层出现的问题都有着某种相似性，即"链"。在面临腐败之前，古井高管也许有所担忧，但在一把手权力的淫威下，他们不得不顺从，从而串通作案。③

（3）链：古井腐败窝案的载体

这里的"链"有两层含义：腐败链和价值链。古井集团董事会的董事长带头"作案"，王效金下属又"拷贝"其受贿模式，连续作案，形成了古井"腐败链"。古井集团高管腐败的过程又涉及供、产、销等一系列环节，此为"价值链"。"腐败链"穿插在"价值链"中，最后扭在一起，形成了一条链。

王效金与经销商合谋发财的大致链条是：把高价酒低价卖给经销商，经销商再以稍高的价格卖出，差价部分由王效金和经销商瓜分；或者就是在货款支付、经营代理方面给予优惠。而他与供应商的腐败链条便是：高价收购供应商的散酒，生产加工成成品酒，再卖出，收受其中的差价或回扣。

相似的受贿案例还有古井集团的甘绍玉、朱任旺、阮昆华等。古井贡酒股份有限公司原总经理甘绍玉在任职期间先后涉嫌收受20余名客户贿赂270.8万元、6万港元、1.6万美元。作为回报，甘绍玉要为行贿人在广告业务承接、产品供应、货款支付、经营代理等方面提供便利。销售商和代理商们向朱任旺行贿的目的主要有几方面：开发新品种酒、争取经销权、降低供货价格、扩展销售区域范围、获得销售补偿等。古井贡酒股份有限公司的全资子公司、安徽老八大酒业有限公司原董事长阮昆华所收受的贿赂中，大部分也是来自于酒类销售商。

---

① 管理层凌驾与管理层干预（management intervention）不同，后者表示管理层出于合理的目的而偏离既定政策或程序的行为。管理层干预在处理非经常性和非标准的交易或事项时是很有必要的，因为如果不这样做，控制系统将无法对其进行适当处理。在所有内部控制体系中预留管理的干预行为一般是公开进行的，通常要加以记录或者向适当的人员披露，而凌驾行为因为具有掩盖的企图，所以通常不会被记录或披露。

② 090527 亚博经济（http：//www.maowu8.com/show.aspx？cid=99&id=110#_top）。

③ 资料来源于品牌世家——古井贡专区（http：//guide.ppsj.com.cn/art/1489/gjjtggwhjtlx/）。

2001—2006 年，原古井贡酒股份有限公司副总经理、质量部经理卢建春收受四川省某酒厂副总经理人民币 120 万元、美金 1.5 万元，并在业务上对该酒厂给予帮助；2003—2007 年，卢建春利用职务之便，收受山西省文水县一酒厂董事长人民币 70 万元，并在业务上对该酒厂给予帮助。

古井高管刘俊德的受贿来源也是供应商。其一，他在任古井集团财务总监、副总裁，古井贡酒有限责任公司董事长期间，为古井集团设计生产各种酒瓶瓶盖的山东省烟台市新华包装有限公司董事长，为感谢刘俊德对其公司的关照，2003—2006 年中秋节及春节期间，先后四次送给刘俊德共 8 万元。其二，2004 年 3 月份，安徽盛强集团总经理，为了把从古井集团恒信典当公司拆借的资金尽快转到自己的账户上，在合肥刘俊德的办公室，送给刘俊德美元 2 万元（折合人民币 16.554 万元）及价值 2.408 万元的瑞士产欧米茄男式手表一块。其三，刘俊德在古井集团负责委托理财业务时，于 2003 年 12 月和 2004 年 1 月间，先后四次拆借给深圳万某集团共 7000 万元资金，为感谢刘俊德的帮忙，万某集团在上海市购买一套价值 122 万的住房送给刘俊德。刘俊德于 2005 年 6 月 3 日以其家属的名字将房屋办理了房地产权证。

（4）利：古井腐败窝案的目的

所谓"人不为己，天诛地灭"，利益不仅是企业、商人追求的最终目的，也是人类摆脱不了的束缚。古井出现"腐败链"也是高管出于利益均沾的心态，主动要求适应潜规则，去迎合"一把手"，在利益驱动下，他们形成了息息相关的利益联盟，彼此感染、彼此结盟。①

图 10-5 反映了因各种利益而与王效金产生纠葛的利益相关者。除了前面讲述的其他古井高管、供应商、销售商外，王效金与员工、广告商等的关系也十分密切。

图 10-5　王效金利益关系图

①王效金与员工

由于市场不景气，古井于 2004 年开始进行改制，而王效金给出的改制方案为：政府拿出的 1.6 亿多元资金中，对员工的奖励大约是 8600 万元，对管理层的奖励大约是 7600 万元。根据这一改制方案，古井集团普通职工平均每人将分到 3 万元左右的股权，副总经理以上的高层平均分到 80 万元左右的股权，王效金一人独享 1000 万元的股权，即古井的中高层占据

①　资料来源于品牌世家——古井贡专区（http://guide.ppsj.com.cn/art/1489/gjjtggwhjtlx/）。

了总股权的近一半。比例悬殊的分配方案在古井掀起了轩然大波。自改制方案通过后，古井集团随即发生了一场人事地震：集团到旗下的多家子公司，有多名高层的职务被撤掉或被调离到其他岗位，逼得不少员工以罢工表示抗议。古井集团出现的管理层人事震动和罢工事件，一时波澜起伏，但这种结果也与在改制初期王效金的想法不谋而合：王效金"想方设法弄掉与他意见不合的高管，再提拔上来一些人"，这样内部基本也就没有人敢监督了。

②王效金与广告商

这里的广告商分为两种：想通过古井打广告，为古井打广告。第一种前面已经介绍，在此仅介绍古井自身的广告策略。

在一系列非"赛马"式的选拔后，王效金登上了古井的舞台，而国企"一把手"上台后想的只是一件事：把企业做大（而不是做强、做精）。同大多数国企老总的想法一样，企业大就是要规模大、产销量多。产量增加导致的市场供需不平衡只能通过采用价格战的方式降价促销（如前所述，王效金首推降价降度策略，成为中国白酒业第一人）。而价格战中必不可少地伴随着广告战。然而，王效金在广告战中却走入了误区，他大力广而告之的并不是古井贡酒，而是他自己。除了把王效金著的《总要比别人好一点》一书当作礼物放在古井的高档酒中，让全国的消费者都能看到王效金外，还把王效金的头像激光印在古井贡酒的酒瓶上，既是一种防伪也是一种宣传，这种方式可以说在国内企业中是独一无二的。

10.5 古井集团腐败窝案的影响

10.5.1 古井集团财务数据变化

对公司事件最直接的反应就是财务数据的变化。图10-6反映了古井集团及古井贡酒2001—2008年的主要财务指标变化。

由图10-6可知，古井从2002年开始销售收入和净利润开始下滑，随着白酒行业供大于求形势的加剧，加上2001年白酒实施消费税政策，古井酒业在激烈的竞争中开始走下坡路。随后，上市公司的利润也不断下滑。到2004年，总额约1亿元的国债投资亏损，加上高达1.5亿元的"合并缴税"缺口，使得古井股份公司2004年度净利润亏损高达1.8亿元。① 虽然2005年、2006年净利润都为正，可弥补完上年亏损后仍为负，即在2007年4月13日王效金案发之前，公司的财务数据首先有了反应。

王效金案发之后，公司的收入和净利润均有所增加，可是随着其他10人的相继落网，公司2008年虽然收入持续增长，但是净利润却出现严重滑坡。人们期待古井新高管能扬起古井复兴的旗帜，带领古井集团回归老八酒应有的地位和盈利水平。

---

① 资料来源于商业领袖（http://hi.baidu.com/% BA% FC% C0% EA% F3% A6% D0% B7/blog/item/c39978240278b635c9955974.html）。

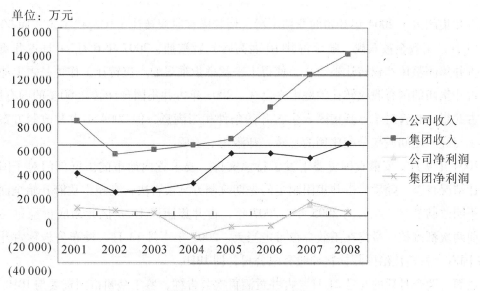

图 10-6　古井集团财务数据

注：公司表示古井贡酒股份有限公司，集团表示古井集团股份有限公司。

资料来源：根据古井贡酒 2001—2008 年年报整理所得。

10.5.2　古井集团股改受阻

2005 年开始的股权分置改革受阻在很大程度上体现了古井集团的危机前兆。表10-6是古井集团的国有股权转让中一波三折的相关信息。

表 10-6　　　　　　　　　　古井集团国有股权转让过程

次数	时间	挂牌价格	结果	原因
第一次	2005-11-7	10.8 亿元	首次挂牌无果而终①	古井未能与有关意向受让方达成共识
第二次	2007-01-16	10.8 亿元	无果	没有产生合格的中标候选人
第三次	2007-02-17	9.8 亿元	IBHL②中标候选仍终止	王效金被捕，古井腐败案爆发

资料来源：根据中证网（中国股权分置改革网）的"古井集团腐败窝案侦破纪实（http://www.cs.com.cn/gz/01/6/）"整理所得。

---

① 古井集团的挂牌公告显示，亳州国资委对古井集团的意向受让方在资产规模、盈利能力、品牌保护等方面的限定为：截至 2005 年末，境外意向受让方（或其母公司）境外实有资产总额不低于 2 亿美元或管理的境外实有资产总额不低于 10 亿美元。盈利能力方面：意向受让方 2005 年度营业收入须在 15 亿元以上、利润总额在 1 亿元以上。此外，意向受让方受让后不改变古井集团和古井贡酒现有的注册地、纳税地、原产地注册保护和"古井贡"商标的注册保护，不以任何形式淡化或弱化"古井贡"商标。

② IBHL（International Beverage Holding Limited）公司是泰国 TCC 集团 2005 年在香港注册并在新加坡证券交易所上市的子公司。TCC 集团由泰籍华人苏旭明创办，是东南亚最大的啤酒、白酒制造商和经销商，世界 500 强之一，苏旭明及其家族持有 TCC 集团 63% 的股权。2006 年，TCC 集团在新加坡交易所上市，一举成为泰国最大的公司，市值达到 44 亿美元。近年来，TCC 集团开始向泰国以外的市场扩张。

古井集团由于 2004 年开始的业绩下滑，使其国有股权转让工作起伏不定，而 2007 年 4 月 13 日，王效金被双规，随后古井 10 名高管先后被捕，2007 年 6 月 21 日古井贡酒公告，古井集团整体产权转让被终止，使得本来就举步维艰的产权转让工作更是雪上加霜。

古井集团的国有股权转让问题由来已久。2003 年古井集团预计转让 60% 的国有股权，尽管古井集团高管对于万基集团入主古井的条件相当满意，但 2004 年古井改制方案中普通职工与高管之间股权分配比例的悬殊，却激化了矛盾。

2004 年 9 月，安徽省国资委下发了特急文件，要求省内地市的国资部门对于国企产权转让情况自查。随后，古井集团制定的先期改制方案被否决，亳州市政府开始全面接手古井集团改制事宜。此后的 2005 年、2007 年，古井集团以 10.8 亿元为底价经过三次拍卖，前两次都流拍，最终在王效金被带走当天，2007 年 4 月 13 日，发布公告称古井集团 100% 国有产权转让给国际饮料控股有限公司，即 IBHL。

然而，两个月后的 6 月 21 日，古井贡酒再次公告称，鉴于亳州市国资委与 IBHL 在商务谈判中存在重大分歧，无法达成一致意见，决定终止公司控股股东古井集团 100% 国有产权转让工作。

白酒企业一般位于经济欠发达地区，白酒的税收是当地政府的重要财政支柱，因此地方政府对并购非常谨慎，这也是亳州市政府出让古井集团整体产权时开出苛刻条件的主要原因。白酒行业进入门槛较低，特别对于大型白酒企业而言，由于规模效应，其自建成本要低于并购成本；此外，白酒有不同香型，即使在生产相同香型的白酒企业之间，品牌诉求也不尽相同，因此国内白酒企业难以对古井集团起收购之心。①

时至今日，古井改制之路仍在彷徨之中。2008 年全国"两会"期间，古井集团现任董事长曹杰说："古井集团是改制的客体，具体改制方案由亳州市政府决定。"目前古井集团仍是亳州国资委下属的全资企业。

10.5.3　古井集团股票的市场反应

图 10 - 7 反映了古井集团自 1996 年 9 月 27 日上市以来，每年年末的收盘价。

古井贡酒股票自 2000 年开始持续下跌，2004 年被 ST，年末股价跌至 5 元以下。而 2005 年古井贡酒持续亏损，同年 7 月，古井股价更是创下了 1.61 元的历史最低点，古井贡酒被 *ST，依靠 500 万财政补贴才勉强保牌，年末交易日的收盘价更是创了历史新低。2007 年古井腐败案发生后的股价变化如图 10 - 6 所示。2008 年金融危机的爆发使股市全盘大跌，至 2009 年经济复苏，古井的经营也进入正常轨道，股价有所回升。

由图 10 - 8 可知，古井集团 2007 年刚开盘就呈现了上涨的趋势，从 2007 年 1 月 12

---

① 资料来源于搜狐财经（http://business.sohu.com/20070625/n250744494.shtml）。

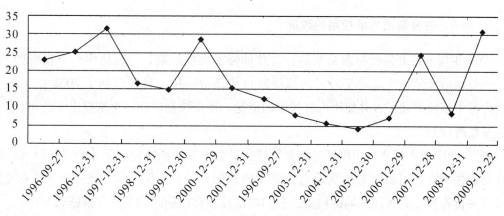

图 10-7　古井集团历年年末收盘价

资料来源：根据国泰安数据库资料整理所得。

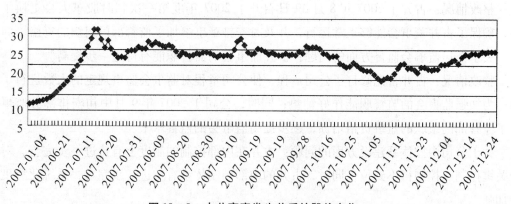

图 10-8　古井窝案发生前后的股价变化

资料来源：根据国泰安数据库资料整理所得。

日到 2007 年 6 月 21 日，古井集团因国有股权转让连续四个月停牌，是自上市以来停牌时间最长的期间。

在停牌期间的 4 月 13 日王效金被捕。6 月 21 日古井集团因国有股权转让工作终止而继续挂牌。复牌后古井贡酒连续涨停，这是出于补涨的需要，因为古井贡酒作为区域龙头，合理市盈率应在 30～35 倍左右，其市场地位应和沱牌曲酒类似。①随着古井腐败案中高管的相继被捕和审判，股价也有所起伏。而古井新高管的相继入主，古井集团的业绩也逐渐恢复，12 月开始股价出现稳中有升的态势。古井股价并未大幅波动是因为古井贡酒的产品质量、自然资源垄断权等硬性优势并没有因腐败窝案的发生而受到威胁或降低。

---

① 资料来源于搜狐财经（http://business.sohu.com/20070625/n250744494.shtml）。

10.5.4 古井集团内部控制的改进

2007 年爆发古井集团腐败窝案后，古井加强了内部控制，并在历年财务报告的第五节——公司治理结构中新增了公司内部控制自我评价一项，且延续到了 2008 年年报中。新增内容中不仅阐述了古井集团内部控制的概况、重点控制活动，更是提出了公司存在的问题及整改计划。

根据 2007 年 3 月 9 日中国证券监督管理委员会发布的证监公司字【2007】28 号《关于开展加强上市公司治理专项活动有关事项的通知》①（以下简称"通知"）相关精神，通过古井自查和安徽省证监局的检查，公司内部控制存在的问题及整改措施如下：

关于公司董事会建设方面的问题：因古井三位董事涉嫌违纪正接受组织部门的调查而不能够履行董事职责，能够正常履行职责的董事会成员没有达到公司章程规定的人数。

整改情况：古井于 2007 年 8 月 29 日召开了 2007 年度第一次临时股东大会更换了董事，确保了古井董事会能够正常运行，并及时安排董事参加了监管部门组织的资格培训。

关于公司监事会监督方面的问题：古井监事会的监督职能有待进一步提高。

整改情况：古井首先修订了公司章程，使公司章程对监事会监事规定的人数进行了调增，为加强监事会的监督职能作好铺垫；同时，公司于 2007 年 9 月中旬安排部分监事参加了监管部门组织的监事资格培训，逐步提高监事会的监督水平。

关于公司内控体系建设方面的问题：古井在内部控制的制度上有待进一步完善，对部分关键控制点控制得不到位；同时，古井的内部控制体系有待进一步完善，系统化程度有待加强。

整改情况：古井按照交易所对上市公司内控指引的要求，成立了审计管理部，负责监督和考核公司内控体系运行状况；同时，古井按照标准的内控体系修订和制定了公司的有关制度，包括内部控制制度、内部审计管理暂行办法、接待和推广工作制度、关联交易管理办法、对外担保管理办法和募集资金管理办法，使古井内控制度体系得到了完善。

关于公司管理层方面的问题：公司管理层有待进一步充实，常务副总经理朱仁旺和副总经理卢建春涉嫌违纪正在接受组织部门的调查，不能正常履行职责。

整改情况：公司在报告期已经调整了公司管理层，确保了管理层的正常履职，保证公司的生产、销售、质量、采购等各项业务有条不紊地开展。

古井股东大会、董事会相关授权委托书不符合规范化要求。

整改措施：古井在以后组织召开股东大会、董事会时按照监管部门的规定制作统一规范的授权委托书，并要求载明委托人对审议事项的意见和态度。

---

① 中国证券监督管理委员会. 关于开展加强上市公司治理专项活动有关事项的通知. 证监公司字（2007）28 号，2009 - 03 - 09.

古井部分监事会会议通知时限不符合公司章程规定。

整改措施：古井在组织召开监事会会议时，会议通知的发出时间将严格按照《安徽古井贡酒股份有限公司监事会议事规则》的规定执行，正常情况下提前 10 个工作日通知到人，临时会议提前 2 个工作日通知到人。

公司监事会会议表决方式规定可采用举手表决方式，不符合规范化要求。

整改措施：古井将在下次召开监事会时修改《安徽古井贡酒股份有限公司监事会议事规则》，取消可采用举手表决方式的规定，严格按照《公司法》的规定执行。

但是，为什么企业总是在案发了才会自检，进行"亡羊补牢"式的机制改革？为什么不能将腐败扼杀在摇篮里呢？

10.5.5　古井集团的艰难复兴

"谁能打垮古井？将是古井自己人，"王效金的这句名言还挂在古井集团办公大楼显眼处，像是对古井腐败窝案的辛辣讽刺。在这场中国白酒界最为震动的腐败案背后，留下的却是"新古井"的艰难复兴。

2007 年，公司董事会在广大股东的支持下，带领全体员工努力克服来自公司内外的影响和压力，紧紧围绕"全面提升，振兴古井"的主旋律，在保持稳定的基础上积极改善工作。经公司全体员工的共同努力，公司取得了较好的成绩并呈现出良好的发展态势。古井集团旷日持久的国有产权整体转让依然没有觅得合适的买家，但公司的基本面已经开始好转。目前，古井集团的生产和经营均处于正常运转的状态。2008 年年底，古井集团首次面向全公司公开招聘中、高级管理人员，内部选拔有突出贡献的人员。

对于 2009 年的发展规划，现任古井集团董事长曹杰将这一年定位为"营销与转型年"，全力推动和实施企业产权制度改革。曹杰对古井员工表示，此次古井改制先实行全员身份置换，然后吸收管理团队、技术骨干、投资伙伴、经销商等入股，实施股权多元化，最终实现国有股的全部退出。目前，集团职代会已经高票通过了此改制方案与职工安置方案。在品牌方面，集团确立古井贡酒高档白酒的市场定位，力争 2009 年主营业务收入、利润均同比增长 15% 以上。[①]

10.6　财务腐败与内部治理的有效性

古井的天然资源垄断权决定了古井的非理性"一把手"选拔机制，该选拔机制决定了古井的管理策略是"人治"，而不是"法治"，王效金在古井拥有至高无上的话语权。国有大型企业领导者的通病——好大喜功则促使了王效金的一步步沦陷。王效金想把古井

---

① 资料来源于腾讯网（http：//news.qq.com/a/20090228/000127.htm）。

做大，必然要扩大古井规模，产销量也随着剧增，伴随着增长的还有供应商、销售商的数量。供应商、销售商为了取得古井的供应权、经销权，争相向王效金行贿。产量上升导致的供求不平衡，使得王效金采取降价降度策略，打响了我国酒业的价格战，相应的广告战也越来越激烈。而王效金抓住广告机会，不断通过各种渠道打开个人知名度。而在古井内部更是为所欲为，对自己利益团队以外的人施压和免职，连企业最重要的股权分置改革也是以自己的利益为先，将古井的股权改制一拖再拖，股改方案的不平等也在古井内部掀起波澜。

古井集团腐败窝案的根源在王效金这颗腐败的种子上，但是，培养种子成长的这块腐败的土壤也脱不了干系。古井的一系列高管和价值链上的利益相关者就是这块土壤。

有人说，高明的下属应该同流而不合污，随波而不逐流，事实上，这何其难矣，在权力"绑架"下，有多少人敢不乖乖就范？最终往往是随波逐流、同流合污。[1]古井的高管也不例外。掉在古井这缸酒里，要么和王效金等人一起"醉倒"，要么就等着被王效金剔除出利益团体。价值链上的各利益相关者也一样，企业要生存，免不了和别人竞争，在古井高管集体对贿赂"受之无愧"的情况下，更大面额、更加频繁的行贿行为就不可避免。

虽然很难说到底是各利益相关者的腐败引起了王效金的腐败，并带动了古井高管集体腐败，还是古井腐败的土壤培育了王效金的腐败，从而又带动了整个价值链的腐败，但是对于古井这种拥有资源垄断权的企业，尤其是国企来说，非理性的选拔机制、非理性的经营理念、非理性的个人欲望使得古井腐败窝案并不是首个集团腐败案例，也绝对不是最后一个。在新古井，即使新任董事长曹杰及相关高管可以做到廉洁奉公，但再下一届的高官们是否能"久走河边而不湿脚"则很难说。

---

① 资料来源于品牌世家（http://guide.ppsj.com.cn/art/1489/gjjtggwhjtlx/）。